GOOD IDEA!

Gute Idee!: In sieben Schritten kreativ denken lernen

by Martin Korte, Gaby Miketta

© 2024 by Deutsche Verlags-Anstalt, a division of Penguin Random House Verlagsgruppe GmbH, München, Germany. All rights reserved.

Korean Translation Copyright © 2025 by Cheongdam Publishing
Published by arrangement with Penguin Random House Verlagsgruppe GmbH through BC Agency, Seoul

이 책의 한국어판 저작권은 BC에이전시를 통해 저작권사와 독점 계약을 체결한 '청담출판사'에 있습니다. 저작권법에 의해 국내에서 보호를 받는 저작물이므로 무단 전재와 복제를 금합니다.

마틴 코르테 교수 / 개비 미케타 공저 | 이지윤 옮김

GOOD IDEA!

창의적 사고를 학습하는 7단계 법칙

신경생물학자 마틴 코르테 교수가 직접 알려주는

진짜 창의성을 얻는 쉬운 길

청담출판사

차례

들어가며: 우리에게 창의성이 꼭 필요한 이유 7

1장. 경탄하라: 창의성은 무엇인가 21
2장. 이해하라: 뇌는 언제, 어떻게 창의적으로 일하는가 49
3장. 시험하라: 나는 얼마나 창의적인가 99
4장. 파악하라: 무엇이 창의성을 강하게 혹은 약하게 하는가 127
5장. 연습하라: 모두를 위한 일상 훈련법 157
6장. 학습하라: 당신을 도와줄 창의력 기법 185
7장. 생각하라: 창의적인 사회를 위한 전략 225

부록

연습문제 259

들어가며:
우리에게 창의성이 꼭 필요한 이유

창의성이란 지능이 즐겁게 노는 것이다.
-알버트 아인슈타인 Albert Einstein, 물리학자(1879-1955)

"제발 새로운 걸 생각해보세요!" "더 색다른 레시피는 없나요?" "지금 우리에겐 신선한 아이디어가 필요해요!" 이런 요구, 왠지 익숙하지 않은가? 행동으로 옮기기는 쉽지 않지만…

신경과학자들의 말에 따르면, 매일 우리 머리에는 수 천 개의 생각이 스쳐 지나간다고 한다. 이 중 대부분은 몇 초만 지나도 기억하거나 되짚을 수 없으며, 애초에 의식이 인지하지 못하고 흘려보내는 생각도 많다. 매일 많은 생각이 방대한 네트워크 속으로 홀연히 사라져버린다는 뜻이다. 하지만 뇌의 입장에서는 이것이 오히려 다행스러운 일이다. 그렇지 않으면 우리의 뇌는 감당할 수 없을 정도로 과부하에 걸릴 것이다. 뇌는 불필요한 에너지를 낭비하지 않는, 매우 경제적인 기관이다. 그래서 약 860억 개의 뇌 신경세포는 익숙한 습관과 반복되는 사고 경로를 선호한다. 특정 행동을 한 후 몇 번 긍정적인 결과나 단기적인 보상이 뒤따르면 우리에겐 해당 행동을 반복하려는 강한 경향성이 생긴다. 하물며 야식을 먹거나 스마트폰을 계속 들여다보는 것처럼 장기적으로는 바람직하지 않으리라는 것을 알면서도 우리는 그 행동을 반복한다. 그만큼 우리는 정해진 사고를 그대로 따라가길 좋아하고, 손해 없이 즉각적인 이익이나 즐거움을 준 경험에 이끌린다.

우리가 하루 동안 내리는 결정의 85%는 무의식적인 습관과 굳어진 루틴의 산물이다. 미국 생물심리학의 창시자인 윌리엄 제임스(William James)는 이미 100년도 더 전에 이 사실을 밝혀냈다. 매일 다니던 출근길이 공사로 폐쇄되거나 회사 시스템 관리자가 불현듯 업무용 컴퓨터 비밀번호를 바꿔버리지 않는 한, 우리는 특별히 애쓰지 않아도 자동으로 굴러가는 일상 속에서 무난하게 하루를 보낸다. 그리고 이러한 무의식적 자동화 덕분에 인생의 상당 부분을 비교적 수월하게 살아가곤 한다.

여기까지는 아무 문제가 없어 보인다. 그렇다면 이 책은 여기서 끝나야 할지도 모른다.

하지만 우리는 인생이 그저 루틴만으로 해결되지 않는다는 것을 안다. 직장은 물론 감정이 얽힌 사적인 관계에서도 습관과 자동화된 반응만으로 모든 것을 해결할 수 없다.

우리를 둘러싼 환경이 변하기 때문이다. 그 속도는 빠르기도 느리기도 하지만 변화는 그치지 않는다. 가령 어느 날 부모의 이혼과 재혼으로 인해, 가족이 완전히 다른 형태로 재구성되는 상황이 닥친다. 여러 개의 천 조각을 바느질로 이어붙인 것처럼 피 한 방울 섞이지 않은 사람들과 소위 '패치워크 가족'의 일원이 되는 것은, 아마도 우리가 오랫동안 바라거나 기대했던 바와 다를 것이다. 또는 직장에서 새로운 시장을 디지털 방식으로 개척하라는 임무를 받을 수도 있다. 전통을 자랑하던 회사가 외국계 회사에 매각되면서 익숙하던 업무 방식이 하루아침에 바뀔 수도 있다. 이러한 변화의 순간에 사고의 전환과 새로운 생각, 즉 창의성이 요구된다. 달라진 환경에서 새로운 해결책을 찾아내려면 기존의 익숙한 틀을 넘어서는 유연한 사고가 필요하다. 창의적으로 생각하고 독창적인 아이디어를 떠올려야 한다. 하지만 그게 어떻게 가능하단 말인가?

이 대목에서 당신에게 전할 희소식이 있다. 바로, 창의성은 배울 수 있는 능력이라는 것이다.

당신은 이 책을 통해 영감을 바탕으로 독창적 아이디어를 떠올리는 방법과 그 생각을 토대로 새로운 해결책을 만들어내는 방법을 배울 수 있다. 그렇게 발굴한 해결책은 자녀의 디지털 학습 환경을 구성하는 방법일 수도, 멀티태스킹을 하면서도 균형을 잃지 않는 기술일 수도 있으며 직장에서 변화를 정착시키는 방안일 수도 있다. 뿐만 아니라, 나이가 들어서도 뇌의 유연성을 유지하며 변화에 적절하게 반응하고 변화를 기꺼이 받아들일 수 있는 비결 또한 생각해낼 수 있지 않을까?

틀을 벗어나야 성공한다

"와! 어떻게 그런 생각을 다 했어?" 만약 당신이 이런 말을 들었다면 그것은 더할 나위 없는 칭찬이다. 새로운 사고방식이란 고정관념을 벗어나 생각하며, 한계를 뛰어넘는 상상을 하고, 맨손으로 시작하는 실험정신까지를 포함한다. 그리고 이는 오늘날 개인의 삶과 직업에서 성공을 거두는 데 없어선 안 될 자질이다. 개인을 넘어 공동체 차원에서도 우리는 기후변화, 에너지 전환, 인재 부족, 경제 시스템상의 결손, 난민 등 중대한 문제들과 직면해 있으며 이전과 다른 사고방식을 통해 새로운 해결책을 모색하길 요구받고 있다. 사실 창의성이 그저 요구되는 정도를 넘어 창의성 없이는 살아남기 힘든 시대가 되었다.

하지만 이렇게 중요한 창의적인 사고는 어떤 방식으로 생겨나는 걸까? 아니, 그보다 먼저 창의적 사고란 도대체 무엇을 뜻할까? 우리가 가진 지식을 문제 해결에 창의적으로 활용하려면 어떻게 해야 하는 걸까?

창의성은 무엇인가?

'창의적'이라는 말을 들었을 때 사람들은 대부분 특별한 예술적 재능을 가장 먼저 떠올린다. 화가, 음악가, 디자이너, 소설가와 같은 예술가들, 혹은 손으로 무언가를 만들길 좋아하는 사람과 집을 멋지게 잘 꾸미거나 특별한 감각으로 공간을 디자인하는 사람들의 모습이 주로 떠오른다. 그러나 실제 삶에서 나타나는 창의성의 형태는 그보다 훨씬 다양하다.

예를 들어, 발명가는 새로운 해결책을 찾고 검증하며 여러 접근 방식을 시도하는 과정에서 창의성을 발휘할 수 있다. 그들은 분석적인 사고를 바탕으로 자신이 맡은 과제에 다양한 전문 지식을 적용하는데 이 또한 창의성의 한 면모다.

일상에서 문제를 즉흥적으로 해결하는 데 창의력을 발휘하는 사람들도 있다. 그들은 낯선 상황에서도 사고를 빠르게 전환하여 유연하게 대응하는 데 뛰어나다. 그래서 남들이 상황 변화를 받아들이느라 우왕좌왕할 때, 바뀐 형편 속에서 해결의 실마리를 재빨리 찾아내곤 한다. 예를 들면, 철도 파업이나 도로 점거 농성으로 자동차 출근길이 막혔을 때, 곧바로 대안을 모색할 줄 아는 능력이 일상 속 창의성이다. 코로나 팬데믹은 우리가 지켜왔던 질서를 하루아침에 무너뜨렸다. 하지만 그 위기 속에서 사람들의 창의성은 오히려 폭발했다. 외식업계는 발 빠르게 배달 중심으로 서비스를 전환했고, 직장인들은 유연성을 발휘해 재택근무로 업무방식을 조정했다. 2020년부터 수백만 명의 목숨을 앗아가고 우리 사회의 일상을 완전히 뒤흔든 이 끔찍한 위기를 '파괴적 변화'의 도화선으로 삼은 대표 사례다.

지금 현재도 은행, 유통, 교통, 여행, 주거, 의료, 교육, 미디어 등 사회 각종

▶그때 어땠더라?

당신이 기억하는 창의적 순간 혹은 창의적 오후는 어떤 모습인가? 그런 순간을 위해 당신에게 필요한 것은 무엇인가? 좋은 아이디어가 떠올랐던 경험을 돌이켜보자. 최근 당신이 즉흥적으로 떠올린 생각은 무엇인가? 그 일은 언제, 어디서 일어났는가? 그 순간 기분은 어땠는가? 그때 누가 당신과 함께 있었는가?

분야에서 변화는 여전히 진행 중이다. 변화는 그저 느낌에서 그치지 않고 우리 생활 곳곳을 파고든다. 그리고 인공지능의 발달이 그 속도에 불을 붙였다. 주변을 둘러보라. 불과 5년 전만해도 높은 평가와 안정적인 보수를 받으며 사람이 수행했던 많은 업무를 이제는 인공지능이 대신하고 있지 않은가.

이런 변화의 흐름에 발맞추어 빠르게 생각의 방향을 바꾸고 적절한 대안을 찾는 것 역시 창의적 능력에 포함된다. 그리고 그런 능력을 꽃피우기 위해서는 사회 전체에 실패를 허용하는 분위기가 조성되어야 한다.

창의성에 관한 당신의 생각은?

	예	아니오
창의적 사고는 돈이 거의 들지 않는다.	☐	☐
창의적 사고는 노력을 요구한다.	☐	☐
창의적 사고는 누구나 할 수 있다.	☐	☐
창의적 사고는 자존감을 높여준다.	☐	☐
창의적 사고는 친밀감과 신뢰를 안겨준다.	☐	☐
창의적 사고는 행복을 준다.	☐	☐
창의적 사고는 부담스럽다.	☐	☐
창의적 사고는 불필요하다.	☐	☐
창의적 사고는 모든 직업에서 유용하다.	☐	☐
창의적 사고는 자전거 타기처럼 한번 배우면 다시 배울 필요가 없다.	☐	☐

'창의적'이라 함은, 원래 갖고 있던 지식에서 벗어나 새로운 것을 창조하는 능력을 의미하며 과거의 틀에 얽매이지 않는 태도를 뜻한다. (문화적으로나 개인의 기억에 각인된) '낡은 것'과 결별하고 관점을 전환하는 것은 창의적 사고 과정의 핵심 요소다. 그러나 동시에 안정성과 창의성 간 적절한 균형도 고려되어야 한다. 매일 즉흥적인 아이디어로 자신의 업무환경을 들쑤시는 상사를 좋아할 직원은 없다. 마찬가지로 가게 선반에 진열된 상품이 매일 바뀐다면 고객들은 기뻐하기 보다는 당황스러워할 것이다. 인터넷 사용자 입장에서도 익숙하게 사용하던 뉴스나 대중교통 앱이 매주 '창의적'으로 화면 구성을 바꾼다면 오히려 불편하다고 느낄 것이다.

이 책을 통해 당신이 얻을 수 있는 것

그러면 우리는 관점과 사고의 방향을 바꾸어 당면한 문제에 창의적으로 접근하는 능력을 어떻게 배울 수 있을까? 서점에는 이미 창의성 기법을 소개하는 책부터 실생활에 적용할 수 있는 훈련서와 창의적 사고 과정에서 뇌 신경이 어떻게 작동하는지를 설명하는 이론서까지, 다양한 창의성 서적들이 나와 있다. 그런 점에서 이 책, 《굿 아이디어!: 창의적 사고를 학습하는 7단계 법칙》은 창의성의 여러 측면을 하나로 종합하여 새로운 아이디어가 어떻게 생겨나는지를 설명하고, 그를 위한 환경을 소개하기 위해 쓰였다. 창의적으로 사고하는 법에 대한 간단한 해법이나 단순한 가

▶관점 바꾸기
자기 자신과 5분간 대화를 나눠보자. 당신 마음에 드는 주제를 하나 정해 내면과 대화하는 것이다. 다른 사람, 이를테면 자녀나 배우자, 동료나 상사, 부모님 아니면 단골 술집 바텐더의 대변자가 되어 그들의 입장을 말해보자.

이드는 내용에 포함되지 않는다. 그보다는 창의적 사고에 관한 배경 지식과 뇌의 작동방식을 설명하고, 창의적 사고를 하는 데 도움이 되는 태도와 습관을 안내하며 당신이 스스로 실천하여 생각의 범위를 확장할 수 있는 구체적인 창의성 기법을 소개하려 한다. 창의성 훈련은 복합적인 과정이다. 그래서 이 책을 읽는다고 당장 내일부터 효과를 보리라 장담할 수는 없다. 예고하건대, 일정 수준의 성과에 도달하기 위해서는 연습과 함께 약간의 인내가 필요할 것이다.

먼저 [1장. 경탄하라]에서 우리는 창의성의 근본적인 의미를 알아보고, 창의성에 관한 우리의 고정관념을 파헤쳐볼 것이다. [2장. 이해하라]에서는 우리 뇌에서 아이디어가 생겨나는 과정을 상세히 따라가 보려 한다. [3장. 시험하라]에서는 당신이 새로운 아이디어를 떠올리는데 중요한 요소는 무엇인지를 알아보기 위한 설문지가 제시될 것이다. [4장. 파악하라]에서는 창의성을 발휘하는 데 반드시 필요한 환경이나 맥락을 당신이 직접 깨달을 수 있도록 안내할 것이다.

[5장. 연습하라]와 [6장. 학습하라]에서는 다양한 생활환경에서 활용할 수 있는 연습 프로그램을 소개할 예정이다. 이 연습을

당신이 직면한 문제에 적용한다면, 새로운 생각을 떠올리는 당신만의 노하우를 터득할 수 있을 것이다. 미국의 작가이자 시민운동가인 마야 안젤루(Maya Angelou)는 "창의성은 고갈되지 않는다. 쓰면 쓸수록 더 늘어난다."고 했는데, 그 말처럼 당신도 활용할수록 늘어나는 창의성을 경험하길 바란다.

더불어 5장과 6장에서는 어떤 문제 상황과 어떤 집단에서 어떤 창의성 기법이 적절한지에 관한 과학적 분석이 제공된다.

마지막 장인 [7장. 생각하라]에서 우리는 개인의 울타리 너머로 시야를 돌려 학교와 보육 기관 그리고 사회 공동체 차원에서 창의성을 촉진할 수 있는 전략을 논할 예정이다.

그리고 몇몇 페이지 귀퉁이에는 당신이 생각 근육을 이완할 수 있도록 '워밍업 과제'가 제공된다. 간단한 연습을 통해 꼬리에 꼬리를 무는 연상적 사고를 자극하고, 무심코 지나쳤던 사물이나 환경의 측면에 관심을 기울이고, 평소에는 쓰지 않던 뇌기능을 활성화하는 기회를 얻길 바란다. 그중 몇몇은 그저 머리를 비우거나 잠시 웃고 넘어가기 위한 코너도 있다. 간단한 연습이다 보니 언뜻 사소해보일지 몰라도 장담컨대 당신의 뇌세포들은 이 짧은 휴식에서 예상보다 큰 기쁨을 느끼게 될 것이다. 그리고 뇌세포들이 조깅을 하는 그 짧은 순간에 당신의 뇌 안에서 새로운 연결이 이루어지길 기대한다.

간혹 시간과 노력을 들여야 해결되는 복잡한 과제가 나올 수도 있다. 물론 모든 연습을 반드시 완수해야 하는 것은 아니지만, 각

과제는 책의 내용을 적절하게 보완할 수 있도록 의도적으로 순서를 정해 배열한 것임을 밝혀둔다. 그러므로 직접 해보길 강력 추천한다! 할지 안 할지는 전적으로 당신의 선택이지만 말이다. 무엇보다 중요한 것은 이 연습에서 당신이 즐거움을 느끼는 것이다. 말하자면 이것부터가 연습의 시작이다. 즐거울 때 창의성이 발휘되기 때문이다. 스트레스를 받으면 시작부터 쉽지 않다.

또한 우리는 다양한 직업군의 사람들로부터 '창의적이라는 것', 그리고 '발상을 전환한다는 것'이 그들에게 어떤 의미인지에 대한 이야기를 들었다. 각 장 말미에 실린 글을 통해, 당신은 그들이 언제, 어디서 그리고 어떤 조건에서 틀을 벗어난 새로운 아이디어를 떠올릴 수 있었는지를 확인할 수 있을 것이다. 미슐랭 3스타 셰프인 얀 하르트비크(Jan Hartwig)가 새로운 레시피를 창작하는 방법과 엔지니어인 토르스텐 베르너(Thorsten Werner)가 공사 현장에서 일어난 돌발 상황을 해결하는 비결, 출판인이자 기업가인 디르크 입펜(Dirk Ippen)이 미래를 혁신적으로 구상하는 전략에서 당신도 창의적인 영감을 공급받길 기대한다.

한 가지 팁을 주자면, 책을 반드시 순서대로 읽을 필요는 없다. 목차에서 끌리는 주제를 찾아 거기서부터 읽기 시작하면 된다. 뇌 작동 방식에 관한 과학적 설명부터 읽어도 되고, 창의성을 키우는 기술과 연습법부터 펼쳐도 무방하다. 어느 장부터 펼치든 당신 뇌의 회색질을 자극하여 창의성을 향상시키는 데 도움이 되리라 장담한다.

창의성을 키우는 데 필요한 요소

본론에 들어가기 전에 창의성에 관한 오해 하나를 바로잡고 싶다. 흔히 창의성은 골방에서 나온다고 생각하는데 그건 신화에 불과하다. 혼자서 그림이나 음악으로 자신을 표현하는 외로운 예술가에 대한 이미지에서 비롯한 고정관념이다. 종종 고독한 예술가로 오해받는 대표 주자가 바로 빈센트 반 고흐다. 비록 그가 생전에 그림을 몇 점밖에 못 판 것은 사실이지만, 결코 완전히 고립된 존재는 아니었고 교우 관계가 넓지는 않았지만 친구는 분명 있었다. 나중에 격렬한 갈등을 겪긴 했지만 동료 화가인 폴 고갱과도 친구 사이였다. 창의성은 사회적 행위다. 창조적 정신을 위해선 타인과의 대화가 필요하다.

▶색다르게 분류하기
당신이 제일 좋아하는 음식의 레시피를 한데 모은다면 어떤 형태일까? 평범한 책처럼 보일까, 아니면 둥근 피자 모양일까, 그것도 아니면 뒤에서 앞으로 거꾸로 읽는 책일까? 목차는 고기, 채식, 글루텐프리 등 요리의 종류별로 할까, 요리한 날이나 달 혹은 그 요리에 알맞은 분위기별로 꾸밀까, 그것도 아니면 주요 영양소에 따라 탄수화물, 단백질, 지방, 당으로 나눌까? 레시피를 분류할 당신만의 기준이 있는가?

이렇듯 집단에 속해 있든 혼자 있든, 새로운 사고방식을 배우려면 외부 세계와 상호작용을 하고 타인과 소통을 해야 하지만, 동시에 자신을 바라보는 시간 역시 중요하다. 창의적 사고에 필수적인 유연성과 뇌의 가소성[1]을 유지하려면 반드시 내면 탐색이 뒤따라야 한다.

---

1 neuroplasticity, 인간의 뇌가 자극과 경험, 학습 등에 의해 스스로 신경회로를 바꾸는 능력

누가 이 책을 읽어야 할까?

창의성은 누구에게나, 어떤 상황에서도 유용하다. 예컨대, 새로운 직원을 채용할 때, 회사에서 발행하는 크리스마스 파티 초대장을 예년과 다르게 디자인해야 할 때, 유산으로 물려받은 낡은 집을 리모델링할 때, 혹은 조경 업체의 홍보 전단이나 동네 제과점의 포스터를 디자인할 때에도 창의성은 필요하다. 과학자가 연구 프로젝트를 기획할 때, 학생들이 발표 자료를 만들거나 대학생이 프레젠테이션을 준비할 때, 미술사를 전공한 학생이 처음으로 이력서를 낼 때, 배우가 팟캐스트를 제작할 때 역시 마찬가지다. 대기업 회장이 기업 구조를 재조정할 때도 창의적 접근은 중요한 역할을 한다. 심지어 요즈음은 축구 선수들도 훈련 중에 창의적 사고 전환을 배우는 것이 당연한 일이 되었다. 왜 그럴까? 모든 것이 더 역동적이고 더 빠르게, 그리고 독창성을 요구하는 방향으로 변하고 있기 때문이다. 이제는 프로든 아마추어든 누구나 순간적으로 새로운 공간과 상황을 파악하고, 신속하면서도 유연하게 해결책을 찾아야만 한다. '틀에 박힌 공식'에서는 오히려 벗어나는 게 능사다. 기업가, 엔지니어, 과학자, 마케팅이나 홍보 전문가, 기자, 스타트업 창업자, 소셜 게임 제작자, 예술가, 커뮤니케이션 전문가, 광고 기획자 등 누구에게든지 타인을 설득할 논리와 신선한 아이디어와 기발한 사고방식이 필요한 순간이 찾아온다. 특히 예전에 하던 방식으로는 일이 잘 풀리지 않아 기존과는 다른 생각과 접근법이 요구되는 상황에서 기발한 아이디어는 결정적 차이를 만들어 낸다. 그러므로 조직을 성공적으로 이끌기 위해서는 창의적 인재가 꼭 필요하다. 사장부터 인턴까지 모든 직급에서 창의성은 성공을 위한 핵심 자질이다.

핵심은 배울 수 있다는 것

창의성은 누구나 배울 수 있다. 타고난 재능이 아니다. 아니, 좀 더 정확히 말하자면, 타고난 재능만은 아니다. 창의적으로 사고하는 법을 배우려면 세밀하게 설계된 훈련과 충분한 연습이 필요하다. 이는 우리가 스포츠를 통해 잘 알고 있는 사실이기도 하다. 예를 들어, 3km를 슬슬 걷는 것이 전부였던 사람이 하프마라톤을 완주하려면 몇 주 동안 의욕을 가지고 꾸준히 훈련을 해야 한다.

사고 전환을 배우는 것도 이와 다르지 않다. 이 책에서 당신은 익숙한 사고방식에서 벗어나 새로운 아이디어를 떠올리고 발전시키고 평가하는 법은 물론, 1.4kg짜리 뇌가 그 모든 과정을 어떻게 수행하는지를 배우게 될 것이다.

"우리는 원래 이렇게 해왔어." 혹은 "한 번도 그렇게 해 본적은 없는데." 하는 사고방식으로는 세상을 더 나은 방향으로 바꿀 수 없고 우리가 성장하기

생각하며 읽는 시

두렵다고
말하는 사람을
의심하지 마라

한 치의 의심도 없다고
말하는 사람을
두려워하라

-에리히 프리드(Erich Fried)

도 어렵다. 세상을 둘러싼 조건은 너무나 빠르게 바뀌어 가고 있다. 이러한 변화에 뒤처지지 않으려면 우리는 창의적이고 지속가능하며 실행력 있는 아이디어를 개발해야만 한다. 자, 이제 시작해 보자!

1장
경탄하라!: 창의성은 무엇인가

창의성은 거의 모든 문제를 해결할 수 있다.
독창성으로 익숙함을 극복하는 창조적 행위는 모든 것을 능가한다.
-조지 로이스 George Lois, 아트디렉터(1931-2022)

스페인 건축가 안토니 가우디(Antoni Gaudí, 1852-1926)는 사그라다 파밀리아 대성당과 까사 바뜨요 등 자신의 건축물에 단 한 번도 사각형 창문을 달지 않았다. 가우디의 창문은 모두 구불구불하고 알록달록하여 도대체 종잡을 수 없는 형태다. 그는 그런 아이디어를 어디서 얻었을까? 행여나 아이들에게 창문을 그려보라고 시켜도 그렇게 그리는 경우는 하나도 없을 것이다. 실제로 가우디의 모든 작품은 우리들이 당연하게 받아들이는 건축의 표준에서 완전히 벗어난 형태를 띤다.

캐나다계 미국인 건축가 프랭크 게리(Frank Gehry. 1929년생)는 건축물에 평평한 벽을 세우지 않는 것으로 유명하다. 그의 독특한 개성이 돋보이는 작품으로는 빌바오의 구겐하임 박물관과 바일 암 라인(Weil am Rhein)의 비트라 디자인 미술관이 대표적이다. 로스앤젤레스의 월트 디즈니 콘서트홀은 파도 모양을 본뜬 형태이고, 라스베가스의 루 루보(Lou Ruvo) 뇌 건강센터는 뇌의 형태를 연상시키는 외관이다. 흔히 보이는 건물의 형태에 길들여진 우리의 눈 앞에 게리의 건축물은 독보적인 존재감을 드러낸다. 그래서 한 번 보면 결코 잊을 수 없다.

반드시 거장의 세계가 아니라도, 우리의 주변에서는 놀랍고 새로운 일들이 많이 일어난다. 파나마에서는 평범한 페트병 1만 개로 집을 지었다. 마치 유치원 아이들이 상자로 놀이집을 짓듯, 생수병으로 마을을 건설하는 '보틀 빌리지 프로젝트(Bottle Village Project)'를 통해 페트병은 시간과 비용 면에서 우수할 뿐 아니라 단열에도 뛰어난 고효율 소재라는 것이 증명되었다. 프랑스 노르망디에서는 자동차 타이어를 활용한 재활용 건물도 등장했다. 2023년 호엔하임 대학에 재학 중이던 다섯 명의 학생들은 아주 간단하고 기발한 아이디어를 실행에 옮겼다. 이들은 달걀껍데기를 활용해 지속 가능한 식용 포장재를 개발했다. 내용물을 다 사용하고 포장재에 물을 부으면 녹아서 사라지며 쓰레기가 남지 않는다. 예를 들어 인스턴트 스프 포장에 사용하기 적당한 이 재질은, 잘게

▶당신은 누구인가?
만약 당신의 특징을 동물에 비유해야 한다면 어떤 동물이 떠오르는가?
당신은 자신을 어떻게 바라보는가? 그 동물의 특징 중 당신에 관해 말해주는 것은 무엇인가? 당신의 배우자는 어떤 동물에 가까운가? 혹은 당신이 되고 싶은 동물은 무엇인지 즉흥적으로 말해보라. 거북이, 호랑이, 코끼리, 집쥐, 북극곰…? 오래 고민할 필요는 없다.

간 달걀 껍데기를 흰자와 물, 결합제와 섞은 뒤 오븐에 건조시켜 만들었다. 독일에서는 해마다 약 200억 개의 달걀이 소비되는 만큼, 제작 원료가 부족할 걱정은 하지 않아도 된다. 정말 기발한 아이디어이지 않은가!

사실 놀라운 아이디어는 어디에서나 생겨나고 있으므로 이런 목록을 열거하자면 수십 페이지도 모자랄 것이다. 그리고 그런 사례를 마주할 때마다 결국 남는 질문은 한 가지다. "그런 생각은 도대체 어떻게 하는 거지?"

숙련된 기술이 예술의 전부는 아니다

예술가란 본래 고유한 개성과 독특한 표현 방식으로 구별되는 존재이지만, 그중에서도 특히 독보적인 새로움을 창조하려는 의식이, 혹은 창조해야만 한다는 의지가 유독 돋보이는 이들이 있다. 회화 분야에서는 게오르크 바젤리츠(Georg Baselitz)와 게하르트 리히터(Gehard Richter), 고트하르트 그라우브너(Gotthard Graubner)가 대표적이다. 셋 다 자기 색깔이 확고한 스타일로 잘 알려져 있는데, 그 개성은 어느 정도 필연적인 상황 속에서 탄생한 것이다.

먼저 바젤리츠(1938년생)는 1960년대 말부터 1970년대까지, 말 그대로, 그림을 '거꾸로' 그렸다. 인물의 머리가 바닥을 향하도록 그리는 것이 그만의 추상적 표현이었다. 같은 시기에 리히터(1932년생)는 사진과 다를 바 없이 사실적인 그림을 그린 후,

붓질로 윤곽을 뭉개어 추상적인 이미지를 완성했다. 이처럼 기존 사물을 낯설게 드러내는 기법으로 그는 세계적인 작가가 되었다. 리히터와 친구였던 그라우브너(1930-2013)는 솜과 합성섬유로 만든 두꺼운 층 위에 캔버스를 얹고 그림을 그렸다. 그렇게 하여 1960년대에 물성이 강한 삼차원 '쿠션 그림'이 탄생했다. 회화의 색감과 조소의 형체가 어우러진 작품이었다.

바젤리츠, 리히터, 그라우브너는 모두 다른 예술가들과는 구분되는 새로운 생각으로 자신만의 스타일을 만들었다. 당대 예술계에서 자리를 잡으려면 눈에 띄어야 했기 때문이다. 물론 그들은 여기서 간단하게 언급한 것보다 훨씬 더 다채로운 레퍼토리를 지녔으며, 그 이후로도 많은 발전을 이루었다. 여기서 이 세 예술가들을 통해 우리가 알 수 있는 사실은, 남들과 다르게 하려고 할 때, 혹은 그렇게 해야만 한다는 내적 필연성을 느낄 때 비로소 위대한 무언가가 탄생한다는 것이다.

창의성의 다층적 의미

번쩍이는 아이디어, 독창성, 상상력, 창작력, 환상, 천재성, 발명력 등, 창의성이란 단어에는 많은 동의어가 있다. 우리가 이 개념을 정의하는 방식이 얼마나 다양한지를 알 수 있는 대목이다. 그렇다면 무언가에 '창의적'이란 수식을 달기 위해 필요한 조건은 무엇일까? 가령 무언가가 독특하거나, 유일하거나, 독창적이거나, 풍부한 아이디어를 토대로 만들어졌거나, 혁신적으로 창조되었다면 그것을 '창의적'이라고 부를 수 있을까? 아니면 불가능해 보이던 일을 가능하게 만드는 것이 창의성일까? 창의성은 예술적인 혹은 정신적인 창조 행위를 뜻하는 걸까? 그렇다면 창의적인 행위를 위해서는, 소위 '숨결이 불어넣어지는 듯한 느낌'을 뜻하는 영감이 반드시 필요한 걸까? 혹은 평범한 것에 약간의 변화를 가미하는 것만으로도 그것을 창의적이라고 할 수 있을까? 아니면 반드시 무언가 새로운 것을 만들어내고, 그것이 지속적이며 가치 있는 결과물일 때에만 그것을 창의성이라고 부를 수 있을까? 또는 저작권 보호를 받을 만큼 고유한 창작물을 만들어내야만 창의적인 걸까?

  이 모두가 창의성을 설명한다고 여겨지는 그럴듯한 표현이지만, 그럼에도 불구하고 본질을 온전히 담아내기에는 한계가 있다. 창의성을 뜻하는 영어단어 creativity는 창조를 뜻하는 라틴어 creatio에서 유래한 것으로, 규칙에 도전하면서도 생산적으로 사고하고 우리에게 쓸모가 있는 새로운 것을 창조하는 능력을 뜻한다. 이는 임마누엘 칸트가 《판단력 비판》에서 제시한 개념으로 일종의 공식적 정의다.

  그러나 오늘날 '창의적'이란 표현은 이처럼 철학적으로 잘 정리된 개념이라기보다는, 상상력이나 재치, 지성 또는 그림이나 요리 같은 손재주와 연결되어 사용된다. 마치 어떤 비밀 공식처럼 추상화되어, 명확한 정의나 간단한 설명으로는 쉽게 파악하기가 어렵다.

<창의성 훈련>

지금 당장 당신에게 떠오르는 생각은? 간단한 아이디어를 모아보자. 창의성을 나타내는 단어에는 어떤 것이 있을까?

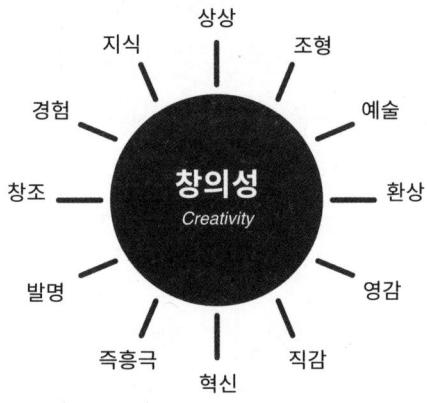

물론 창의성이 정확히 무엇인지에 관한 학계의 연구는 활발하게 진행 중이다. 그런데도 2000년 이후부터 지금까지 이 주제를 다룬 전문분야 논문은 3만 여 편에 불과하다. 그 정도면 많은 것 아니냐고? 다른 연구 분야의 출판물과 비교하면 결코 그렇지 않다. 최근 15년간 '커피'라는 키워드로 학계에 발표된 출판물이 180만 건 이상이다. 이를 고려할 때, 언어와 더불어 인간의 가장 본질적인 인지 활동이라 할 수 있는 창의성은 너무 소홀히 다뤄지고 있다. 이런 개탄스러운 현실은 아마도 기존 연구자들이 실험실에서 주로 사용하는 환원주의적[2] 도구로는 창의성 연구가 어려운 탓이리라 짐작한다. 창의성 연구는 아직 독립적 학문 분야로 자리 잡지 못했다.

창의성은 어떤 때는 거의 인식조차 되지 않다가도 또 어떤 때는 위협적으로 눈앞에 모습을 드러낸다는 점에서 도깨비를 닮았다. 혹은 다양한 설명 방식과, 관점, 태도가 얽히고설킨 개념이라는 점에서는 크고 복잡한 그물망과 같다. 그래서 종교는 경제학과는 전혀 다른 관점에서 종교를 바라보고, 교육학은 철학과 다른 요소에 주목하며, 심리학자는 신경생물학자와 전혀 다른 측면에서 창의성을 연구한다. 예술가가 창의성을 이해하는 방식 또한 수공업 장인과는 전혀 다르다.

가령 독일의 기후 운동 단체인 '마지막 세대(Letzte Generation)'는 2022년 초 여러 도로와 공항 활주로에 자신들의 손과 몸을 접착제로 붙인 다음, 버티고 서 있는 시위를 감행했다. 엄청난 교통마비를 불러일으킨 이 퍼포먼스를 통해 그들은 자신들의 메시지에 대한 세간의 관심을 끌어내는 데 성공했고, '기후 접착 활동가(Klima-Kleber)'라는 별명을 얻게 되었다. 그렇다면 과연 이들의 새로운 시위 방식은 창의적이었다고 할 수 있을까? 그 대답은 관찰자의 이데올로기적, 정치적, 법률적 관점에 따라 달라질 것이다. 이처럼 우리는 무엇이 창의적인지, 그리고 창의적으로 살아간다는 것은 무엇인지를 자기만의 방식으로 정의한다.

---

2 높은 단계의 개념을 낮은 단계의 요소로 쪼개어 정의하는 학문 연구 방법

바로 이러한 다양성이 전제될 때에만 창의성은 미래의 사회·경제·생태·문화의 발전을 이끄는 원동력으로 남을 수 있다.

창의성은 다양한 종을 탄생시키고, 다양한 종과 생명에서 특별한 형태가 생겨나도록 만든 진화의 원동력이기도 하다. 날렵한 치타와 느긋한 나무늘보, 몸무게가 2g밖에 되지 않는 에트루리아땃쥐와 190톤에 가까운 대왕고래, 창공을 높이 나는 매와 심해를 유영하는 문어, 무리를 이루는 돌고래와 고독한 거북이는 모두 창의성의 산물이다.

유전자 돌연변이는 자연 속에서 창의성을 가장 순수한 형태로 촉진한다. 새로운 변이가 나타났다고 해서 그 모두가 유용한 것은 아니고, 일부는 진화가 중단되는 막다른 골목에 다다르곤 한다. 자연의 선택은 유용성과 적응 가능성에 따라 발전시킬 변이와 중단시킬 변이를 구분한다. 여기에서 사용된 용어를 보면, 앞서 언급한 창의성에 대한 설명과의 공통점을 찾아볼 수 있다. 학계에서는 **새로운 동시에 유용한** 무언가가 만들어질 때 일반적으로 그것을 '창의적'이라고 정의한다. 이는 우리가 흔히 생

▶미식 아이디어
샌드위치를 색다르게 즐겨볼까? 이번 간식 타임에는 두 개의 빵 사이에 다양한 재료가 들어가는 전형적인 샌드위치 말고 완전히 새로운 방식으로 샌드위치를 만들어보면 어떨까? 내용물이 겉으로 나오는 '인사이드 아웃' 스타일, 김밥처럼 돌돌 말기, 재료를 믹서에 갈아서 퓌레로 만들기 등등. 이 외에도 샌드위치를 만들 색다른 레시피를 다섯 가지쯤 더 생각해보자.

각하는 예술의 정의와는 거리가 있다. 예술은 실용적이지 않아도 된다. 우리의 삶을 풍요롭게 해주고 사회적 문제를 드러내며 기쁨을 주거나 깊은 고민을 유도하는 것이 예술의 목적이며 예술이 사회와 개인에게 주는 또 다른 유익이다.

창의성 개념을 이해하는 기본은, 그것이 지극히 자연스러운 생명의 일부분이라는 사실을 받아들이는 것이다. 태평양의 외딴 섬부터 거대한 대도시까지, 생명이 있는 곳이라면 어디에나 창의성은 있다.

따지고 보면 우리 주변에 창의적 아이디어에서 탄생하지 않은 물건은 없다. 오래된 전구는 물론 최신 LED 조명도, 고대 이집트의 정원은 물론 건물의 외벽을 식물로 채우는 현대적 수직 정원도 누군가의 창의적 발명품이다. 기원전 3500년경 수메르 인이 만든 최초의 둥근 바퀴도, 대중화된 지 불과 10년이 되지 않은 전기 자전거도 창의성의 결과물이다. 잠시 사족을 달자면, 최신 문물로 보이는 전기 자전거의 특허는 이미 1817년에 출원되었다.

창의성은 예술 그 이상이다

간혹 사람들은 창의성을 어떤 유형으로 구분하려 애쓴다. 하지만 그런 구분에는 억지스러운 구석이 있다. 예컨대, 예술가로서 뛰어난 작품을 창작하고 대중적으로 유명해져서 창의성을 공식적으로 인정받은 사람들을 'Big C'라고 부른다. 대개 특별한 재능으로 미술과 자연과학 분야에서 두각을 드러내는 사람들이 이에 해당한다. 작곡가와 음악가 중에서는 베토벤, 바흐, 비틀즈, 자연과학 분야에서는 분자생물학자인 프랜시스 크릭(Francis Crick), 물리학자인 알버트 아인슈타인과 리처드 파인만(Richard Feynman), 화학자인 마리 퀴리와 생화학자인 크리스티아네 뉘슬라인-폴하르트(Christiane Nüsslein-Volhard), 그리고 고대생물의 유전자를 연구한 학자인 스반테 페보(Svante Pääbo)가 'Big C'라고 여겨진다. 모두 연구와 발명으로 노벨상을 받은 인물들이다. 여러 모로 각별한 인물인 이탈리아의 예술가 미켈란젤로(1475-1564)도 'Big C'의 대표주자다. 그는 조각과 회화, 건축, 시 등 다양한 분야의 예술가로서 그 창의성과 생산성을 인정받는 데 성공했다. 그런가 하면 어린 시절부터 언어 천재로 명성을 날렸던 영국 작가, 존 로널드 루엘 톨킨(John Ronald Reuel Tolkin, 1892-1973)도 있다. 그는 고대 영어와 고딕어, 라틴어와 그리스어, 핀란드어와 스페인어를 구사했을 뿐만 아니라, 자기만의 언어를 직접 창제하기도 했다. 또한 신화에 깊이 몰두하여 그것을 바탕으로 자신만의 독창적인 판타지 세계를 창조했다. 그는 1937년에 발표한 아동용 소설, <호빗>과 1953년에 발표한 <반지의 제왕>으로, 현대 판타지 문학의 근간을 쌓았다는 평가를 받는다.

이와는 반대로, 일상생활에서 소소한 창의성을 발휘하고 독창적인 생각을 잘 떠올리는 사람을 'Little C'라고 부른다. 기업가, 요리사, 수공업자, 매니저, 언론인, 저술가, 광고 및 홍보와 마케팅 전문가 등 다양한 직업과 직종이 여기에 해당하며, 아이를 키우는 모든 엄마와 아빠, 그중에서도 특히 한 부모 양육자들도 'Little C'라고 할 수 있다.

하지만 도대체 누가 어떻게 'Big C'와 'Little C'를 결정한단 말인가? 과연 사회·역사적 의미나 경제적 활용도가 창의성을 분류하는 기준이 될 수 있을까? 이러한 구분은 실체가 모호하여 논리적으로 납득이 잘 되지 않는다. 그러므로 'Little C'가 'Big C'로 커지길 기대하며 창의성 수업을 열고 사무실 안에 공 놀이터를 추가하는 기업들의 열정은 제대로 된 결실을 맺기 어려워 보인다.

<창의성 훈련>

눈에 보이는 게 다는 아니다. 당신은 지금 여러 개의 글자가 나열된 것을 보고 있다. 모두 독일어로 창의성을 뜻하는 단어인 **Kreativität**의 첫 글자 K이다. 그런데 혹시 당신의 감각이 속은 건 아닐까?

```
K   K   K   K
K
K   K   K   K
K
K   K   K   K
```

출시 보기와 뒤집어보기

창의성을 둘러싼 상징과 해석

그리스 신화에서 아폴론은 창의성과 예술, 음악과 시 그리고 빛과 의술을 대표하는 신이다. 신들의 왕인 제우스를 아버지로 둔 그는 뛰어난 리라 연주로 신들과 인간의 마음을 공히 사로잡았다. 하지만 단지 음악과 예술만을 사랑한 것이 아니라, 고통과 파괴에도 깊이 관여하였다. 그리스인들에게 역병을 퍼뜨린 것도 아폴론이었으며, 파리스의 화살을 급소인 발뒤꿈치로 유도해 아킬레스를 죽게 만든 것도 아폴론이었다.

산스크리트어로 '흐르다'라는 뜻의 사라스바티(Saraswati)는 인도의 여신으로 지혜와 창의성, 예술과 음악 그리고 창의성을 상징하며 항상 현악기를 들고 있는 모습으로 묘사된다. 힌두교 신화에서 그녀는 순수함과 평온함의 상징으로, 불교에서는 학문과 지혜의 여신으로 여겨진다. 일본 민간신앙에서는 복을 주는 일곱 신 중 하나로 꼽힌다.

인도의 전통 의학 체계인 아유르베다(Ayurveda)에서는 사람마다 '도샤(doscha)'라고 부르는 에너지 유형이 다르다고 간주하며, 그중 공기와 공간의 원소인 '바타(Vata)' 체질이 가장 창의적이라고 말한다. 활동적이고 민첩하며 호기심이 많고 끊임없이 움직이는 성향이 있다고 여겨지는 바타는 가벼움과 창의성, 유연성을 상징한다.

창의성의 근원에 관한 설명 또한 다양하다. 어떤 이는 창의성이 꿈꾸는 무의식에서 시작된다고 말하고, 다른 이는 깨어있는 집중력에서 비롯한다고 말한다. 또는 창의성은 깊은 고민의 산물이라는 의견과 한순간 번개처럼 찾아오는 깨달음이란 설명이 엇갈리고, 끊임없는 노력을 통해 창의성을 갈고 닦아야 한다는 주장이 있는가 하면, 창의적 순간을 위해서는 신이 내려준 영감을 기다려야 한다고 말하는 사람들도 있다.

2500년 전 그리스 철학자인 플라톤은 시인들이 '뮤즈'가 주는 신적 광기에 사로잡혀 시를 쓴다고 말한 반면, 그의 제자 중 가장 유명한 아리스토텔레스는 시를 쓰는 작업은 이성적이고 결과 지향적인 활동이라고 해석했다. 한편, 18세기 독일 철학자 임마누엘 칸트는 창의성이 단순히 '독창적이기만' 해서는 안 된다고 보았다. '독창적이면서도 무의미한 것'이 있을 수 있기 때문이다. 그래서 그는 창의성은 '모범적'이어야 하며 이는 타고난 상상력에서 비롯한다고 주장했다. 프리드리히 니체에게 창의성이란 디오니소스적 황홀경과 아폴론적 견고함 사이에서 균형을 잡는 행위였다. 이 말은 언뜻 매우 흥미롭고 창의적인 문장으로 들린다. 하지만 다른 한편으로는, 창의성의 정의와 기원을 제대로 파악하지 못해 혼란스러운 철학자의 마음을 고스란히 담고 있는 것처럼 들리기도 한다.

파랑이냐, 초록이냐 – 창의성을 촉진하는 색은?

기독교에서 파랑은 하늘의 색깔이다. 파랑은 광활하고 자유로우며 깨끗한 인상을 준다. 2009년 캐나다 브리티시 콜롬비아 대학교의 라비 메흐타(Ravi Mehta)와 줄리엣 츄(Juliet Zhu)는 연구를 통해, 파란색이 창의력을 자극하고 새로운 해결 전략을 촉진할 가능성이 있다는 사실을 밝혀냈다. 그들은 실험에서 약 600명의 참가자들에게 컴퓨터로 여섯 가지 두뇌 기능 테스트를 수행하게 하면서 배경 화면을 빨강, 파랑, 흰색 중 하나를 선택하게 했다. 그리고 그 배경색이 테스트 결과에 어떤 영향을 미치는지를 관찰했다. 그 결과 파란색 배경을 선택한 참가자들이 좀 더 창의적인 해결책을 찾아냈다.

초록은 희망의 색으로 여겨진다. 수천 년간 초록은 언제나 생명과 활력, 자연과 비옥함의 상징이었다. 이슬람교에서 초록은 천국의 색이다.

2012년 뮌헨 루드비히 막시밀리안 대학의 심리학자 슈테파니 리히텐펠트(Stephanie Lichtenfeld)는 색깔이 창의성에 미치는 영향에 관한 다양한 실험을 진행했다. 참가자들이 앉은 컴퓨터 화면에는 잠깐씩 숫자가 적힌 직사각형이 지나갔다. 이 직사각형의 색깔은 초록일 때도 흰색일 때도 있었다. 그리고 창의성 테스트가 진행되었다. 이를테면 '알루미늄 캔으로 할 수 있는 일은?'이란 질문에 독창적인 답을 가능한 많이 나열하라는 과제가 주어졌다. 결과적으로 초록 사각형을 본 그룹이 흰 사각형을 본 그룹보다 훨씬 더 창의적인 아이디어를 잘 떠올렸다. 회색이나 빨간색, 파랑색 사각형을 본 그룹은 초록색을 본 그룹만큼 독창적인 아이디어를 많이 내지는 못했다.

하지만 이 효과가 색깔마다 다른 빛의 스펙트럼의 영향인지, 아니면 초록이 긍정적인 연상을 불러 일으켜서 창의성을 촉진시켰기 때문인지는 정확하게 알려지지 않았다.

사람마다 색깔에 부여하는 의미가 서로 다르기 때문이다. 예를 들어, 독일 축구 클럽인 'FC 샬케(Schalke) 04'를 상징하는 색깔은 울트라 마린이다. 그러므로 '샬케 04'의 팬들은 파란색에 좀 더 친근함을 느낄 것이다. 반면, '베르더 브레멘(Werder-Bremen)' 팬들은 구단의

▶머릿속 이미지
당신의 일기장이나 회고록 혹은 당신 인생에서 가장 아름다운 이야기를 담은 책을 낸다고 가정하고 그 책의 표지를 떠올려보자. 표지에는 무엇이 들어가야 할까? 혹은 아무 것도 그려지지 않은 신비로운 표지를 원하는가? 표지의 색은 무엇이 좋을까?

로고인 쨍한 초록색에 좀 더 마음이 끌릴 것이다. 즉, 색깔이 창의성에 미치는 영향은 개인의 경험과 감정, 연상 작용과 문화적 배경에 따라 달라질 수 있다는 뜻이다. 다만, 파랑이나 초록, 혹은 청록 계열의 빛 스펙트럼이 마음을 안정시키고 스트레스를 줄여주는 데 도움이 된다는 것은 학계의 공통된 의견이다.

당신이 창의적인 이유는?

영화감독 헤르만 바스케(Hermann Vaske)는 수십 년에 걸쳐 배우와 감독, 디자이너, 음악가, 예술가, 철학자, 과학자, 활동가, 정치인 등 수백 명의 사람들에게 "당신이 창의적인 이유는?"이라는

질문을 던졌다. 그리고 상대에게 그 자리에서 손에 집히는 아무 종이에나 답을 적어달라고 요청했다. 그것이 냅킨이든, 메모지든, 식당 메뉴판 뒷면이든 아무 상관이 없었다. 이는 그간 아무도 하지 않았던 독창적인 실험이었다.

> **창의성과 '스키마 F'**
>
> 독일에서는 어떤 일을 '스키마 F(Schema F)로 처리한다'라는 표현이 있다. 정해진 루틴에 따라 일을 수행한다는 뜻이다. '스키마 F'에는 깊은 고민이 없다. 이전까지 하던 것을 기계적으로 따른다.
>
>   새로운 접근법을 고민하지 않고, 어떻게 하면 더 나은 방법으로 해낼 수 있을지 탐색하지 않는다. 그것은 정해진 양식의 빈칸을 채워 넣는 관료주의 같은 것으로, 독창적인 해결책을 찾으려는 고민따위는 하지 않는다. 실제로 '스키마 F'의 'F'는 프로이센 군대가 사용했던 '문서양식(Formulare)'의 첫 글자를 따왔다. 군수 물자와 병력 현황을 보고하기 위한 용도의 이런 양식들은 'F'라는 글자로 표시되었다. 요즈음에는 "우리는 예전부터 항상 이렇게 해왔어."라는 말이 전형적인 '스키마 F' 문장으로 여겨진다. 그 말에는, "그게 얼마나 합리적인지는 상관없이."라는 의미가 숨어있다.

헤르만 바스케가 수집한 답변들은 다양하였으나 그 방향은 거의 비슷했다. 그 중 대표적인 몇 가지를 예로 들자면 다음과 같다.

- 디자이너 장 폴 고티에(Jean-Paul Gaultier): "창의성이 나를 살아있게 하므로."
- 독일 자유민주당(FDP) 소속 정치인 크리스티안 린트너(Christian Lindner): "사람이 곧 창의성이며 세상에 창의적이지 않은 사람은 없다!"
- TV 프로그램 진행자이자 제작자 귄터 야우흐(Günther Jauch): "나는 항상 무언가가 궁금하고, 창의적인 사람들은 인류 중에서도 더 재미있는 쪽이니까."
- 영화음악 작곡가 한스 짐머(Hans Zimmer): "창의적이지 않을 다른 방법을 알지 못하므로."
- 스티븐 호킹(Stephen Hawking): "과학적인 탐구를 하는 사람은 창의적이어야만 한다. 그렇지 않으면 항상 옛날 공식만 반복할 뿐이다. 그러면 새로운 것을 결코 창조하지 못할 것이다."
- 영화감독 폴커 슐뢴도르프(Volker Schlöndorff): "숨 쉬는 이유는? 사는 이유는? 전부 같은 질문이다."
- 전직 테니스 선수 보리스 베커(Boris Becker): "나는 해야만 할 일을 할 뿐이다. 선택의 여지는 없다!"

바스케 감독은 이런 답변들을 모아 책을 쓰고 전시회를 열고 영화를 찍었다. 영화 《창의성이 세상을 구할 수 있는가?(Can Creativity Save the World?)》는 2023년 뮌헨 영화제에서 공개되었다.

같은 해 뮌헨에서 열린 전시회에는 관람객들이 직접 자신의 생각을 적을 수 있도록 대형 게시판이 마련되었다. 익명으로 남겨진 응답 중에는 절로 눈웃음을 짓게 만드는 재치 있는 아이디어가 많았다.

- 창의성은 내면의 원천으로 향하는 통로다. 그것은 내게 평온과 기쁨, 그리고 살아갈 힘을 준다.
- 창의적이지 않으면 인생이 너무 지루하기 때문에 나는 창의적이다.
- 내 울타리 너머를 바라보고 싶어서 나는 창의적이다.
- 때로는 창의성만이 현실로부터 벗어날 수 있는 유일한 길이기 때문이다.
- 그것이 나를 충만하게 하므로 나는 창의적이다.
- 삶의 모든 상황에서 해결책을 찾기 위해서는 창의적일 수밖에 없다.
- 창의성은 우리를 연결해준다.
- 창의성은 나를 행복하게 하고 때로는 자랑스럽게 만든다.

이 많은 답변들은 창의성을 인간 존재의 본질과 연결했다는 점에서 일맥상통한다. 많은 이들이 창의성을 원래 인간 안에 내재되어 있는 자연스러운 본성으로 여기고 있는 것을 알 수 있다.

창의성을 이루는 퍼즐 조각

창의성을 하나의 단일 개념으로 보는 것은 이론에 불과하다. 실제로 창의성은 여러 가지 요소들이 결합되어 이루어진 복합체다. 생각의 물결 혹은 샘솟는 아이디어 등은 창의성의 양적 측면을 나타내는 표현이다. 즉, 어떤 사람이 주어진 개념에 대해 아이디어와 문장, 연상을 풍부하게 떠올리는 것을 말한다. 이 과정에서 우리는 교육과 경험을 통해 저장된 지식을 반복하여 사용하게 된다.

유연성은 다양한 해결책을 찾을 수 있느냐로 판가름 난다. 생각이 유연하면 신문이나 클립처럼 흔한 물건에서도 잠재된 다른 용도를 찾아낸다. 그러려면 고정관념을 깨고 새로운 방식으로 생각할 수 있어야 한다.

독창성은 아이디어의 질적 측면을 측정하는 개념이다. 즉 평범함을 넘어서는 해결책을 찾아내고, 문제를 새로운 방식으로 정의하며, 익숙한 관점에서 벗어나 세상을 바라보는 능력을 뜻한다. 이는 필요에 따라 잘 알려지지 않은 새로운 해결책을 떠올린다는 점에서 상상력과 밀접하게 연관된다.

감수성은 어떤 상황이나 사안을 정확하게 파악하고 해결하는 데 있어 필요한 질문을 정확하게 제기하고, 그 과정에 따라오는 어려움까지 고려하는 능력을 의미한다.

문제해결력은 단순히 아이디어를 떠올리는 데서 그치는 것이 아니라 구체적인 해결 전략으로 발전시키는 능력을 의미한다. 어떤 아이디어가 어떤 맥락에서 효과적으로 작동할 수 있는지를 알

때에만 이런 능력을 발휘할 수 있으므로 이 과정에는 사회적 맥락에 관한 지식이나 이전에 아이디어를 발전시켜 본 경험 등 뇌에 저장된 기억이 적극적으로 개입된다. 여기에서 말하는 생각은, 어떤 문제 상황에 대해 집중적으로 깊이 고민하는 것을 뜻한다. 이때 그 몰입의 강도와 지속 시간은, 대부분의 사람들이 일반적으로 어떤 일에 쏟는 것보다 훨씬 더 강렬하고 길다.

재정의는 익숙한 문제를 완전히 새로운 관점에서 바라보는 능력을 말한다. 이를 테면, 우리의 발이 땅에서 떨어지지 않는다고 해서 금방 지구는 평평하다고 단정하지 않는 태도 같은 것이다.

위기는 발명의 어머니?

반드시 검증이 필요한 말이며 누구에게나 해당되지도 않는다. 위급 상황에서는 뜻밖의 아이디어가 샘솟는다고 한다. 주어진 조건 안에서 문제를 해결해야 하는 절박함이 있기 때문이다. 독일의 대표 사전인 두덴(Duden)은 '위기'를 "누군가의 긴급한 도움이 필요한 특별히 심각한 상황"으로 정의하고 있다.

그렇다면 이러한 결핍이 창의성에 날개를 달아준다는 말인가? 라틴어에는 "궁핍은 불행한 자들에게 기지를 준다(Labor ingenium miseris dat)."라는 속담이 있다. 그 예로, 2차 세계대전 직후인 1945년 무렵에는 커피가 귀했으므로 사람들은 커피원두 없이 커피를 만들 궁리를 해야 했다. 그 결과로 사람들은 보리, 호밀, 너도밤나무 열매 등으로 진짜 커피와 맛과 색이 비슷한 대체커피를 만들었다.

하지만 알고 보면 비슷한 대체품은 그로부터 한참 전인 1차 세계대전 직후에도 개발이 되었다. 사실 독일 남부 바이에른 지방에서는 그보다 한참 전부터 민들레 뿌리로 커피와 비슷한 차를 만들어왔다. 17세기 중반에는 치커리 커피가 '시골 커피'라는 별명으로 인기를 끌었다. 국화과 식물의 뿌리로 만든 대체 커피는 가격경쟁력이 좋아서 18세기 중반에는 치커리 커피를 생산하는 공장까지 생겼을 정도다. 그러므로 2차 세계대전 이후 등장한 대체커피를 완전 새로운 개발로 볼 수는 없었다. 물론 카페인의 각성효과를 기대할 수도 없었다. 요즈음에도 여전히 대체커피는 판매되고 있다. 보리를 맥아로 가공하여 만든 맥아커피는 어린이도 마실 수 있는 커피 대용품이다.

창의성이 다양한 퍼즐 조각의 종합이라는 사실을 이해하고 나면, 그것을 이끄는 핵심 요인은 '지능'이라는 결론에 이르게 될지 모른다. 물론, 문제를 정확히 인식하고 그것을 명확히 서술하며 해결책을 제시하고 질문을 새롭게 정의할 수 있는 사람이라면 분명 매우 똑똑한 사람일 것이다. 하지만 창의성과 지능 사이엔 엄청난 간극이 존재한다. 둘 사이에는 아주 약한 상관관계만 있을 뿐이다. 지능은 창의성의 열쇠가 아니다. 지능이 창의성의 걸림돌은 아니지만(IQ가 높은 사람도 창의적일 수 있다!) 그렇다고 필수조건도 아니다. 이들의 연관성에 관해서는 앞으로 이어질 [3장. 이해하라]와 [4장. 파악하라] 장에서 좀 더 자세히 다룰 예정이다.

창의성은 즉시 떠오르는 해답 그 너머에 있는, 생경한 답을 찾는 능력이다. 창의적 사고는 문제 해결의 방향을 끊임없이 바꿔가며 적절하고 타당한 접근법을 다양하게 구사하는 과정이다.

자, 이제 간단한 질문 세 가지를 고민해보자. 중국 식당에서 식사 후 나눠주는 행운의 쿠키 안에 들어 있는 짧은 격언들은 도대체 누구의 작품일까? 액상으로 된 커피 크리머 포장을 뜯을 때마다 셔츠에 튀진 않을까 걱정이 되는데, 쉽게 쓸 수 있도록 포장재 디자인을 바꿀 수는 없을까? 만약 옥토버페스트가 열리는 잔디밭이 말을 할 수 있다면, 축제 동안 그 위에서 일어난 좋고 나쁜 여러 사건들에 관한 이야기를 들을 수 있지 않을까?

누구나 한 번쯤 이런 엉뚱한 질문을 떠올려 보았을 것이다. 그러나 이런 질문의 특징은 대부분 즉석에서 딱 맞는 답을 찾기 어렵다는 것이다. 중요한 것은 이 질문에 대한 답이 아니다. 그보다는 이런 질문을 어떻게 떠올리게 되었는가에 우리는 관심을 가져야 한다. 이 아이디어, 이 색다른 관점은 도대체 어디서 온 것일까? 가령 포스트잇 메모지를 발명한 사람은 어떻게 살짝 붙으면서도 오래 남지 않고, 단단히 접착되지 않는 무언가를 만들어낼 생각을 하게 되었을까?

영국의 베스트셀러 작가 J.K. 롤링(J.K.Rowling)이 쓴 《해리 포터》 시리즈는 전 세계에 80개 언어로 번역되어 총 5억 부 이상이 팔렸다. 세계에서 가장 성공한 책의 저자인 그녀는 뇌가 새로운 아이디어를 받아들이고 가공할 준비가 된 상태를 다음과 같이 묘사한 적이 있다. "그 아이디어는 아마 기차 안을 떠돌며 누군가를 찾고 있었고, 그때 내 머릿속이 한가했으므로 거기에 둥지를 튼 것 같다." 기차 여행 중 불현듯 번개 모양 흉터를 지닌 마법사 소년의 장대한 서사를 떠올린 롤링의 일화는 유명하다.

창의성은 결과물이 아닌 과정

아이디어란 과연 무엇일까? 고대 그리스어 idéa는 나타남, 외형, 형상, 모습, 원형 등을 뜻한다. 오늘날 우리에게 아이디어는 창조적인 생각과 구상 또는 기발한 착상과 계획을 의미한다. 현재 우리가 쓰는 개념으로 이 단어가 독일어에 편입된 것은 17세기 프랑스 철학자 르네 데카르트(René Descartes)를 통해서다.

그렇다면 아이디어는 그 자체로 창의적인 것일까? 창의성은 새로운 아이디어나 해결책을 떠올리기 위한 필수불가결한 조건일까? 물론 어떤 면에서는 창의성과 아이디어, 학습, 기억, 회상이 모두 근본적으로는 동일한 과정에 기초하는데, 구체적으로는 뇌의 다양한 기능과 영역에 걸쳐 있는 수조 개의 시냅스 사이에 연상적인 연결이 일어나는 것이다. 하지만 기억이 과거에 대한 일관된 이미지를 구성하는 것이라면, 창의적 사고는 부분적으로 상충하는 연결 속에서 새로운 아이디어와 그에 따른 새로운 연결망을 만들려 한다는 점에서 둘은 다르다. 그 새로운 연결망의 결과로 새로운 형태와 새로운 시와 새로운 건축물이 탄생한다. 더 쉽게 말하자면, 오늘날 우리가 창의성이라고 부르는 것은 뇌의 많은 영역들이 관여하는 다양한 사고의 과정인 것이다.

창의성은 가치 있는 동시에 여전히 수수께끼 같은 개념이다. 예술가에게 그리고 일반인에게 뿐 아니라 과학에 있어서도 창의성은 그 존재가 선명하지 않다. 마치 희미한 착시그림 같다. 심리학이나 신경과학에서도 창의성을 상상력, 독창성, 예술적 감각과 같은 일정한 성향과 연결짓곤 하지만, 그것을 과학적으로 명확하게 정의할 수 있는 기준을 갖고 있지는 않다. 창의성을 연구하는 인지심리학자들은 흔히 어떤 결과물로 그것을 규정한다. 예술 작품, 기술적 발명, 수학적 해법, 혹은 단순한 아이디어 등의 결과물이 '새로운' 동시에 '가치 있는 것'일 때 그것을 창의적이라고 인정하는 것이다. 과학적 관점에서 볼 때는 '의도'도 중요한 요소다. '의도'란, 우리 자신이 어떤 행동을 하겠다고 결심하고, 계획을 수립하고, 특정한 목표를 이뤄내는 능력을 뜻하는 것으로 오직 인간만이 지닌 정신적 능력이다. 눈송이를 창의적이라고 할 수 없는 이유는 거기에는 어떠한 의도가 없기 때문이다. 인공지능이 만들어낸 작품에 대해서도 마찬가지다(물론 요즘은 점점 확신하기 어려워지고 있지만).

그 외에는 거의 합의된 것이 없다. 그런데도 창의성에 대한 수요는 어마어마하게 많다. 이미 2010년에 경영인 1500명 이상을 대상으로 한 설문조사에서 창의성은 경제계에서 성공을 거두기 위해

▶소원을 말해봐
누군가 당신의 소원을 하나만 들어준다고 상상해보자. 지금 당장 절박한 문제를 소원을 빌어 해결할 수 있다면 당신은 무얼 빌겠는가?

가장 중요한 리더십 역량으로 평가받았다. 다보스 세계 경제포럼에서는 창의성을 "미래 노동시장에서 당신을 지킬 수 있는 단 하나의 능력"이라고 표현했다. 그리고 그것은 단순히 돈벌이에 도움이 되는 자질로서만 인정을 받은 것이 아니다. 창의성은 자아실현과 행복을 보장하며 그 자체가 도덕적이고 윤리적인 선(善)으로까지 여겨질 때도 있다.

과학적으로는 창의성을 여러 관점에서 연구할 수 있다. 그것이 (새로운 무언가를 만들어 내는) 결과물인지, (창의적인) 과정인지, (어떤 사람이 다른 사람보다 좀 더 창의적이라고 말할 때와 같은) 특정한 성격 유형에 대한 표현인지를 살펴볼 수 있다.

그 개념을 구체적으로 측정할 수 있는 연구 대상으로 만들기 위해 창의성은 새로움, 독창성, 차별성 등으로 정의된다. 그리고 어떤 의미에서든 유용해야 한다. 그렇지 않으면 그것은 그저 괴짜 같거나 엉뚱하고 이상한 생각에 그치고 만다.

창의성은 (선과 악을 나눌 수 없는) 어떤 결과로 보이기도 하지만, 과학에서는 그보다는 하나의 과정으로 이해될 때가 더 많다. 바로 이런 의미에서 다음 장에서는 창의적 사고 과정에 대해 다룰 것이며 그 중심에는 뇌가 있다.

찾으려 한 적이 없는 것을 찾는 행운

디르크 이펜 박사(Dr. Dirk Ippen)
-뮌헨의 신문 발행인이자 성공한 사업가

나는 가끔 새로운 아이디어를 떠올리고, 또 새로운 것을 시도해보고자 하는 의욕이 있다. 하지만 그것들이 과연 어디에서 비롯되는지에 대해서는 한 번도 깊이 생각해본 적이 없었다. 이번에 나만의 경험과 관점을 담아 글을 써달라는 부탁을 받고서야 비로소 그 사실을 깨닫게 되었다.

사업가로 살아온 긴 세월동안 내 아이디어는 주로 직업적인 과제를 해결하는 과정에서 나왔다. 대부분의 아이디어는 호기심에서 비롯됐다. 나는 눈길이 닿는 모든 것을 유심히 관찰했고, 될 수 있는 한 많은 사람에게 그들이 무엇을 하고 있는지, 무슨 생각을 하고 있는지를 물었다. 더 많은 이야기를 듣기 위해 사람들과 대화를 나누는 데 힘을 기울였다.

그렇게 해서 모은 이야기들이 머릿속에서 엮이며 새로운 발상이 생겨났다. 나에게 중요한 것은 머릿속에 울타리를 치지 않는 것이었다. 다양한 것을 시도해보고, 주어진 임무를 전혀 다른 방식으로 접근해보려 했다. 이른바 '아버지의 방식'에서 벗어나려는 것이었다.

꿈속에서 아이디어가 번뜩 떠올랐던 적은 없다. 그런데도 내 침대 옆에는 몇 년째 메모장이 놓여있다. 어떤 과제에 관해 집중적으로 생각하는 시기에는 잠들기 전이나 일어나자마자 아이디어가 머리를 스쳐 지나가곤 하는데 그걸 놓치지 않고 붙들기 위해서다.

하지만 아무리 좋은 아이디어를 떠올려도 동료나 사업 파트너로부터 지적을 받을 수 있다. 그럼 그것을 논의하는 과정에서 더 나은 아이디어로 발전할 수 있다. 우리 회사에서는 그런 대화 속에서 많은 것이 탄생했다.

회사 분위기가 그렇다보니 어떤 임원은 "중요한 의사결정이 엘리베이터 안이나 구내식당 가는 길, 혹은 복도에서 이루어지는 회사에는 오래 다니고 싶지 않다."며 얼마 지나지 않아 떠나기도 했다. 호의를 담아 한 말은 아니었지만 그래도 핵심은 제대로 짚었다. 우리는 책상에 묵묵히 앉아서 결정을 내리는 대신, 몸을 움직이면서 그때그때 결정하는 방식을 택했고 대부분 좋은 결과를 얻었다. 여기서 중요한 건 움직임이다. 사람이 걷고 움직이는 동안 좋은 생각이 떠오른다는 것은 아리스토텔레스 시대부터 익히 알려진 사실이다.

나는 학교에 다니면서 엄청나게 많은 시를 끊임없이 외웠던 세대다. 그래서 하교 후에 새로운 시를 외워야 하는 날이면 방 안을 끊임없이 왔다 갔다 하면서 시구를 머리에 저장했던 기억이 있다.

새로운 아이디어를 떠올리는 것이 무엇이냐고 묻는다면, 나는 세렌딥 왕자들의 여행에 관한 이야기로 답을 할 것이다. 애초에 있는 지도 몰랐던 무언가를 우연히 발견하는 행운을 뜻하는 영어단어 '세렌디피티(serendipity)'가 바로 이 페르시아 동화에서 비롯됐다.

세 왕자는 세상으로 나가라는 아버지의 뜻에 따라 집을 나섰다.

그리고 동화가 흔히 그러하듯, 찾으려 애쓰지 않았는데도 운 좋게 발견한 값진 보물들을 잔뜩 싣고 돌아온다. 알고 보면 우리 인생도 세 왕자들처럼 행복한 발견으로 가득하다. 직장에서 뿐 아니라 사생활에서도.

나는 문학과 역사 속 '친구들'로부터 지식을 공급받는데, 그것이 나의 창의성에 숨을 불어넣는다고 믿는다. '만약 내가 나폴레옹이라면 현재 처한 갈등을 어떻게 해결했을까?' 우습게 들릴지 모르나, 나는 정말 진지하게 이런 질문을 한다. 소설 <모비딕>의 주인공 '캡틴 에이허브'가 만약 흰 고래를 쫓는데 평생을 바치지 않았다면 무얼 했을까? 혹은 150년 전 함부르크에서 장사를 하셨던 고조할아버지를 떠올리기도 한다. 그 분은 미국에서 처음으로 석유를 들여왔으나 수요가 없자 일단 사람들에게 석유등을 공짜로 나누어 주었다고 한다. 상황은 다르지만 그 분의 장사 전략은 여전히 유효하지 않을까?

결국 내가 확신하는 한 가지는, 새로운 아이디어는 호기심에서 비롯된다는 것이다. 새로운 것에 마음을 여는 사람은 자신이 찾으려 한 적이 없는 무언가를 찾는 행운을 누리게 될 것이다.

2장
이해하라: 뇌는 언제, 어떻게 창의적으로 일하는가

개인의 고유한 불꽃은 인간 창의성의 가장 중요한 근원이다.
-맷 리히텔 Matt Richtel, 미국 언론인(1966-)

우리의 뇌는 가능한 적은 에너지를 써서 세상의 도전에 응하고, 신체를 조화롭게 조율하며, 다른 사람들과 상호작용을 하려 한다. 이미 기본 기능을 유지하는 데에도 신체 에너지 총량의 15~20%를 소비하는 기관이니 이는 전혀 놀랄 일이 아니다. 그래서 우리의 사고는, 마치 구슬이 산비탈을 내려가듯, 본래 정해진 경로나 익숙한 길을 따라 움직이는 경향이 있다. 덕분에 우리의 일상은 수월하게 유지된다. 하지만 바로 그 점 때문에 머릿속에서 발상을 전환하고, 독창적으로 생각하여 새로운 아이디어를 떠올리는 일은 무척 어려워진다. 뇌 과학자와 심리학자들은 우리가 하루에 하는 모든 행위 중 60~70%가 루틴과 습관에 따른 것이며, 의식적인 결정은 오히려 예외적이라고 말한다. 우리가 하는 대부분의 생각과 행동은 자동적이고 연상적으로 연결된 뇌세포 망에 의해 실행된다. 이 연상의 연결고리는 마치 입력된 재료가 정해진 순서대로 처리되는 공장의 컨베이어벨트와 같다. 어떤 상황을 이전에 본 적이 있다고 인식하면 특정 영역이 자동으로 반응할 준비를 하게 된다. 이 과정을 담당하는 곳이 바로 대뇌피질 아래 위치한 기저핵(Basal ganglia, 그림 2 참조)이다. 그곳에는 우리의 지각과 사고, 행동을 통제하는 강력한 알고리즘이 장착되어 있다.

이 모든 반응은 유발자극에 의해 유발된다. 처음으로 사고와 행동의 연결고리가 만들어지기 시작할 때는 유발자극이 신경 활동을 증가시키지만(그림 2 참조), 시간이 흐르고 그 자극이 익숙하다고 인식되는 순간 신경 활동은 감소한다. 그리고 마침내는 상황을 해결하는 데 '필수적인' 신경 회로만이 활성화된다.

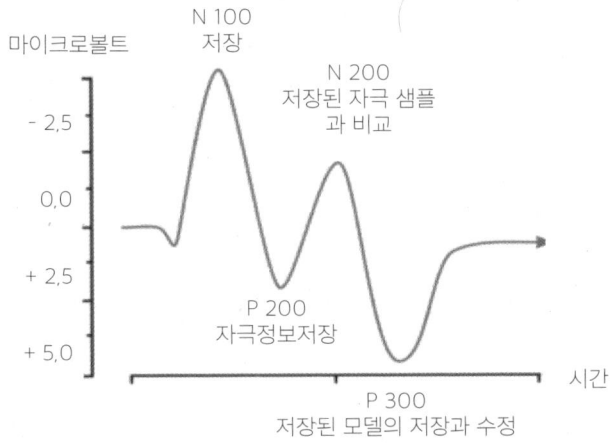

<그림 1> 인간의 뇌파에 전달되는 사건 관련 신호. P300에서 보이는 신호의 진폭은 새로운 것을 발견했을 때 관련하여 나타나는 신경 활성화를 나타내며 이는 연구에서 신뢰할 만한 측정 지표로 사용된다. N100은 처음으로 유발 자극이 저장되는 시점을 나타낸다. 그보다 신경 활성화 정도가 낮은 N200은 이미 알고 있던 자극을 나타낸다.

바로 이러한 방식으로 우리가 '의자'라는 단어를 들으면 살면서 보아온 수백 가지 형태의 의자가 아니라 의자에 대한 전형적인 개념(프로토타입)이 활성화된다. 혹시라도 수백 개의 다양한 의자를 떠올려야 한다면 의식적으로 집중하려고 노력해야만 한다. 혹은 아예 정반대의 전략을 택해, '돌 벤치에서 빈백까지'라는 가상의 표어가 붙은 의자 박물관을 상상하며 백일몽에 빠지는 것도 방법이다.

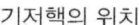

기저핵의 위치

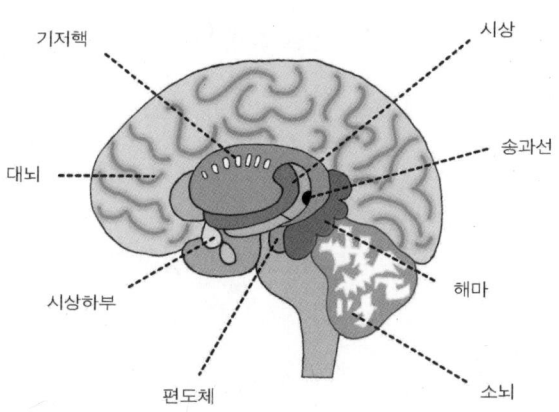

<그림 2> 대뇌는 우리가 세상을 인식하고 생각하고 계획하거나 신체적으로 활동하는 데 중요한 역할을 한다. 해마는 사실관계를 학습하고 자전적 기억을 저장하는 데 필요하다. 송과선과 시상하부는 호르몬 조절에 관여한다. 편도체는 우리의 감정을 통제한다. 이처럼 뇌는 영역마다 다른 역할을 분담한다. 그중에서도 기저핵은 특별한 역할을 맡고있다. 기저핵은 신경세포가 밀집된 핵이 여러 개 모여서 이루어진 하나의 기능적 단위로, 습관 형성과 행동 조절, 운동 협응을 담당한다. 또한 암묵 기억과 무의식의 핵심 구성 요소이기도 하다.

진화적인 관점에서 이러한 뇌의 작동 방식은 어렵지 않게 이해할 수 있다. 이를 통해 우리는 이미 경험한 상황에 대한 판단 속도를 줄일 수 있다. 방금 본 사물과 들은 단어들에 대해서는 파악이 빨라지는 것이다. 무의식적으로는 상황에 적응하는 속도가 빨라지고 효율도 높아진다. 이런 학습 효과를 인지 심리학에서는 '점화효과(Priming)'라고 부른다. 마치 없던 길을 내는 것처럼, 어떤 단서 자극이 연상적으로 작용해 상황을 빠르게 인식하도록 도와준다는 뜻에서 독일어로는 '길 내기(Bahnung)'라고도 한다. 덕분에 우리는 식당에서, 오페라 극장에서, 영화관에서 혹은 대중교통에서 일반적으로 어떤 일을 겪게 될지를 자동적으로 알고 있고, 우리의 뇌는 즉석에서 정보를 처리할 수 있도록 미리 프로그램을 준비한다. 이미 알고 있는 대상을 파악하는 데 소모되는 뇌신경의 에너지를 최소화하는 것이다. '점화효과'는 사물이나 단어, 상황 등 일상적이고 반복적인 정보를 뇌가 처리할 때 작업 기억의 부담을 덜어준다는 점에서 매우 영리한 전략이다. 로마 주교이자 교회학자였던 아우구스티누스(AD 354-430)는 "기억은 정신의 위(胃)"라고 말했는데, 우리가 접한 수많은 정보를 저장해서 필요할 때 꺼낼 수 있는 형태로 만든다는

▶다용도
빈 우유병으로 할 수 있는 일은 무엇이 있을까? 모래를 채워 아령으로 쓰기, 물을 담아 꽃병으로 활용하기, 그림을 그려 예술 작품으로 만들기 등등. 혹시 다른 아이디어는 없을까?

점에서 특히 무의식적 기억 과정을 이해하기에 알맞은 비유다.

그러므로 우리는 단서 자극을 받으면 이미 습득한 정보를 더 쉽게 떠올릴 수 있고, 비슷한 문제를 더 수월하게 해결할 수 있다. 예를 들어, 식당에서 음식과 식재료 이름이 잘 떠오르듯이 어떤 지식을 처음 배운 장소에서는 그 지식을 더 쉽게 기억해낼 수 있다. 이러한 학습 형태에는 과거의 비슷한 경험을 바탕으로 새로운 사건을 해석하는 것이나 예전에 접해본 자극 패턴을 더 빠르게 알아차리는 것도 포함된다. 신경세포들은 경험해본 패턴이라고 인식하면 나머지 빈 구멍은 알아서 채워 넣는다. 정보를 인지하는 과정조차 과거에 저장된 기억의 규칙을 따르게 되는 것이다. 우리는 이미 본 적이 있는 것, 즉 감각을 통해 대뇌에 저장된 대상을 먼저 그리고 가장 빠르게 인지하며, 이 과정은 대뇌피질에서 감각 정보가 처음으로 처리되는 단계에서부터 일어난다. 결국 우리는 배운 대로 세상을 경험하는 것이다.

이 모든 과정은 무척 실용적이어서, 환경 자극을 처리하고 복잡한 세상에 대처하는 일을 한결 수월하게 해준다. 다만 이 과정만을 답습하다보면, 상황을 피상적으로만 바라보고 더 이상 세세하게 관찰하지 않게 될 위험이 있다. 예를 들어, 우리가 지폐를 볼 때를 떠올려보라. 우리는 눈앞에 놓인 것이 지폐라는 것을 안 순간 더 이상 자세히 들여다보려 하지 않고 기껏해야 색깔과 크기 정도만 기억한다.

또한, 우리가 창의성을 '새로운 무언가를 생각하거나 보고 구상하는 것'이라고 정의할 때 익숙한 방식으로 정보를 처리하는 능력은 창의성을 제한할 수 있다. 우리가 아무 목적 없이 주변을 두리번거릴 때, 우리는 여러 단서 자극을 무의식적으로 받아들이게 된다. 그런데 바로 이런 자극들이 창의성을 키우고, 아이디어로 변신하며, 익숙하지 않은 생각으로 이어질 수 있다.
이 모두가 '점화효과'의 장점과 단점이다.

<창의성 훈련>

-한눈에 파악하기

여기에 여러분이 잘 아는 사물을 그리다가 만 스케치가 있다. 빠진 부분에 선을 그어 사물을 완성해보자.

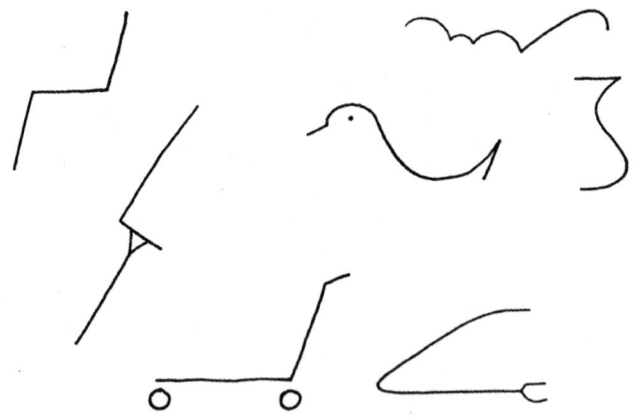

정답: (왼쪽에서 오른쪽으로) 기차, 운자, 주사기, 새, 촛불, 쇼핑카트, 지차

앞서 설명하였듯이, 우리가 어떤 습관을 형성할 때 기저핵이 활성화된다. 기저핵이 많이 관여할수록 의식을 조절하는 뇌 영역, 특히 계획을 세우고 의도를 통제하는 전전두엽은 그만큼 비활성화 된다. 그러면 일상의 반복적 업무에서 이성적 사고가 어느 정도 해방될 수는 있지만, 동시에 무의식적인 습관의 노예가 되기도 한다. 전전두엽이 부담을 더는 데는 대가가 따르기 때문이다. 이제부터는 기저핵이 일상의 루틴 행동에 관한 시나리오를 쓰고, 대뇌피질은 그저 엑스트라처럼 거드는 역할을 맡게 된다.

그 결과 우리는 자아를 지닌 대뇌의 주인이면서도, 자기 인생이라는 연극을 무심히 바라보는 관객으로 전락하게 된다. 왜냐하면 대부분의 루틴이 어떻게 실행되는지 인식조차 할 수 없기 때문이다. 뇌는 자주 반복되는 거의 모든 행동을 습관으로 바꾸려 한다. 그러면 대뇌피질이 과도한 업무에서 해방될 수 있다. 특히 모든 행동을 항상 의식적으로 수행하지 않아도 되므로, 용량이 제한된 작업 기억을 덜 쓰게 된다. 덕분에 뇌의 크기와 부피도 줄여질 수 있다. 만약 우리가 어떤 행동을 할 때마다 각 단계를 모두 대뇌에 저장해야 하고, 매번 다음에 무엇을 할지를 결정해야 한다면, 우리는 지금보다 훨씬 더 큰 뇌를 가져야 할 것이고 행동 속도는 매우 느려졌을 것이다.

진화적으로는 제일 먼저 달리기, 던지기, 음식을 입으로 가져가기 등 움직임을 조작하는 영역에서 이러한 자동화가 일어났다. 그리고 오늘날 기저핵은 우리가 의식하는 것보다 훨씬 강하게 우리의 습관과 루틴을 조율하고 있다.

그래서 커피잔이나 의자, 집처럼 우리에게 익숙한 사물의 형태나 색상, 재질을 새롭게 구상하려 할 때에는 먼저 기저핵에 저장된 절차적 지식 위에 새로운 아이디어를 덮어쓰고 대뇌피질의 도움을 받아 그 문제와 형태, 재료를 다시 고민해야 한다. 하지만 습관의 덫에서 벗어나기 위해 기저핵의 활동을 억제하려면 집중력을 기울여야 한다는 데서 딜레마가 발생한다.

집중한다는 것은 뇌의 주의력 통제 네트워크가 최고조로 가동된다는 뜻으로, 특히 대뇌 피질 가장 앞쪽에 있는 전전두엽 피질이 활성화되는 것이다. 이것은 문제를 발견하고 새로운 것을 배울 준비를 하는 데는 유용하다. 하지만 한 가지 단점은, 전전두엽 피질 역시 기존의 아이디어나 이전에 교육으로 배운 사고의 패턴을 따르는 경향이 있다는 점이다. 이는 이미 알고 있는 문제를 목표에 맞춰 해결할 때는 효과적이나 창의적이라고 할 수는 없다. 독창적인 생각과 새로운 해결책으로 이어지지는 않기 때문이다.

창의성과 지식의 모순적 관계

그렇다면 지식은 창의성의 걸림돌일까? 그러고 보니 창의적인 생각을 모으는 세미나나 브레인스토밍은 항상 "자, 이제까지 배운 것은 다 잊어버리고…"라는 말로 시작하지 않던가? 그렇다면 사전 지식이 아예 없는 어린 아이들이야말로 가장 창의적인 존재가 아닐까?

꼭 그렇게 보이지만은 않는다. 오히려 아이들은 사전 지식이 부족하기 때문에 실수를 많이 하고 문제를 성공적으로 해결하지 못할 때도 많다. 우리는 진정한 천재들의 사례에서, 창의적인 성과를 내는 데는 번뜩이는 아이디어 못지않게 지식과 경험도 매우 중요하다는 것을 확인할 수 있다. 미켈란젤로나 피카소는 어린 시절에 이미 뛰어난 미술적 재능을 보였지만 걸작을 탄생시킨 건 모두 성인이 된 이후다. 새로운 것을 '성공적으로' 창조하기 위해서는, 독창성뿐 아니라 지식이, 그중에서도 자기 분야에 관한 전문성이 필요하다.

창의성 연구자들은 어떤 분야에서 괄목할만한 창의적 성과를 내기 위해서는 1만 시간에 가까운 훈련이나 연습 혹은 실무 경험이 필요하다고 말한다. 주 40시간 기준으로 계산하면 6년에 달하는 시간이다. 한 사람이 '전문가'가 되기까지는 여러 해가 필요한데, 하물며 그렇게 전문가 반열에 오른 시점마저도 창의성의 관점에서는 종착점이 아니라 출발점에 불과하다.

그렇다면 '전문가가 된다'는 것은 과연 무슨 뜻일까? 그리고 그 과정에서 기억은 어떤 역할을 할까? 우리가 어떤 분야의 전문가가 되면, 그 분야의 세계를 이전과는 다른 구조로 이해하게 된다. 그리고 이 '다름'은 '형태 지각'[3]과 관련이 있다. 전문가들은 자기 분야의 정보를 하나씩 따로 떼어 인식하는 대신, 그것들이 어떻게 연결되어 있는지를 전체적으로 평가한다. 전문가란, 자신의 배경

---

3 Gestaltwahrnehmung. 사물을 단순한 부분의 집합이 아니라 전체적인 형태나 구조로 인식하는 것을 뜻하는 심리학 개념

지식을 바탕으로 전체 맥락에서 정보를 이해하고, 부분이 아니라 전체를 볼 줄 아는 사람이다.

이런 설명이 추상적으로 들릴 수 있으니, 예를 하나 들어보겠다. 어려운 경기 상황에서 놀라울 만큼 새롭고 창의적인 전략을 구사하는 것으로 유명한 체스 그랜드마스터[4]들은 체스 말의 배치를 기억하는 데 탁월한 능력을 갖고 있다. 그들은 12판의 경기를 동시에 두면서도 각 판에 어떤 말이 어디에 있는지를 머릿속으로 정확하게 기억한다. 물론 체스 그랜드마스터도 여느 사람들과 마찬가지로 기억에 실패할 수 있다. 말들이 무작위로 흩어져 있어 어떤 패턴이나 패의 조합을 인식할 수 없는 상황에서는 그들의 기억도 작동하지 않는다.

그렇다면 이것이 형태지각과 무슨 관련이 있을까? 그랜드마스터들은, 마치 우리가 사람의 얼굴을 알아보는 것처럼, 체스판을 하나의 전체적인 형태로 인식하고 그 안에 담긴 방대한 정보를 기억한다. 그리고 이러한 방식은 체스뿐 아니라 스포츠, 예술, 직장 등 어떤 분야에서든 똑같이 작동한다. 우리가 어떤 영역에서 일정 수준의 전문성에 도달하면 우리의 기억 능력은 그 분야의 정보를 압축적으로 처리할 수 있게 도와준다. 그 결과, 우리는 대량의 정보를 효과적으로 정리하고, 지식을 응축하고, 패턴을 인식하고, 그 기반 위에서 독창적일 뿐 아니라 실제로 활용 가능한 해결책을 찾아낼 수 있다. 즉, 새로운 자극과 기존의 저장된 지식이

---

[4] Grand Master, GM. 국제 체스 연맹이 최고 수준의 체스 선수를 공인하여 부여하는 칭호

상호 협력할 때에 우리가 높은 가치를 부여하는, 질적으로 새로운 무언가가 탄생하게 되는 것이다.

새로움, 실용성, 창의성, 생산성... 앞서 언급했던 것처럼 우리는 이런 것들을 중요한 기준으로 창의성을 측정한다. 비록 전문적 지식이 창의성을 발휘하는 데 중요한 전제 조건이긴 하지만 그것만으로는 충분치 않다. 즉, 전문가라고 해서 반드시 창의적인 것은 아니다! 창의성에는 독창성과 참신함이 포함되어야 하며, 나아가 자신의 전문 지식을 의심할 줄 알고 때로는 그 위에 다른 것을 덧씌우려는 태도도 필요하다. 아직 탐구되지 않은 새로운 영역으로 나아가려면 때로는 기존의 규칙을 깨뜨릴 줄도 알아야 한다. 질 높은 창의성을 발휘하려면 전문성이 필요하지만, 또한 기존의 전문 지식을 벗어나야 창의성이 발휘되는 상황은 모순으로 보이기도 한다. 그런데 창의성과 관련해서는 이런 모순적인 상황이 심심치 않게 일어난다.

▶알파벳 샐러드
다음 글자 배열을 살펴보자.
TARELS
어떤 단어가 보이는가? 힌트를 주자면, 모든 글자를 다 쓸 필요는 없다. 이중 세 개 혹은 네 개만 써도 충분하다. 가령 star, seal, tear, slate, alert 처럼. 이 외에도 5개가 넘는 단어를 더 찾을 수 있다. 한번 도전해보길!

창의성의 주재료는 호기심과 용기

우리가 어린이들부터 오랜 경력을 지닌 전문가들까지, 그들의 기억 과정과 수행 능력을 살펴본 끝에 알게 된 또 하나의 중요한 사실은, 독창성은 분명 창의성을 구성하는 핵심 요소이지만 독창성이 곧 창의성을 의미하는 것은 아니라는 것이다. 어린이들은 지식이 부족할 때가 많고 그 때문에 작업의 완성도가 떨어진다. 반면, 어른에게는 새로운 것에 도전하려는 호기심과 용기, 즉 독창성이 부족하다. 사실 독창성에 관해서라면 어른이 아이를 따라잡을 길이 없다.

그러므로 지식과 창의성은 서로 적수가 되기도 한다. 우리가 지식을 많이 쌓고 식견이 넓어질수록, 우리의 호기심은 줄고 우리의 인생은 관성에 빠진다. 그리고 어느새 세상이 어떻게 돌아가는지를 모두 안다는 착각이 든다. 모든 걸 안다고 믿는다면, 굳이 새로운 무언가를 고민할 이유는 없지 않을까?

자신이 익히고 검증한 지각과 사고와 행동의 틀을 신뢰하는 사람일수록, 새로운 경험에 대한 갈증이 덜한 법이다. 이들은 허황된 상상에 시달리지 않는 대신, 새로움을 향한 갈망이 없고 그로 인해 세상을 다르게 상상해보려는 능력 또한 적다. 그러나 창의적인 것을 만들어내려면 지식과 능력 외에도 호기심, 실험정신 그리고 새로운 것에 열려 있는 마음가짐이 필요하다. 더불어 기존의 규칙을 깨뜨릴 수 있는 용기도 있어야 한다.

지식의 재구성

하지만 통찰의 순간이 사전 지식과 전문 지식, 저장된 기억과 연결이 돼 있다면, 어째서 번뜩이는 생각은 우연처럼 느껴질 때가 많은 걸까? 그 이유는, 해결책이 단편적 조각이 아니라 하나의 구조물일 때가 많기 때문이다. 그중 어떤 요소가 제대로 된 아이디어로 이어지는지, 그리고 우리가 뇌 안에서 그 아이디어를 어떻게 읽어내는지는 여전히 수수께끼다. 왜냐하면 이런 즉흥적인 아이디어의 생성은 의식적 수준에서 일어나는 일이 아니기 때문이다. 특히 우리가 어떤 문제에 대해 필요한 지식을 분명히 갖추었음에도 불구하고 적절한 해답을 찾지 못할 때가 있는데, 그 이유를 설명하기란 매우 어렵다. 가설 중 하나는, 사전 지식이 오히려 해결책을 찾는 데 방해가 되어 사고의 흐름을 막는 '생각의 벽'을 만들어낼 수 있다는 것이다.

그 원인은 아마도 우리가 어릴 때부터 봐 온 방식대로 세상을 구조화하기 때문일 것이다. 우리는 결코 세상의 모든 측면을 인식하지 못하고, 대신 우리 내면에 형성된 틀, 즉 심적 표상을 기준으로 세상을 분류한다. 그리고 이 심적 표상은 세상의 모든 것이 아니라 특정한 측면만을 선택적으로 반영한다.

그래서 우리는 문제가 생겼을 때 머릿속에 이미 고정된 그림을 떠올리고 그에 맞춰 미리 짜둔 틀 안에서만 해결책을 찾으려 하는 경향이 있다. 이는 이미 자동화된 과정이기 때문에 개인의 의지만으로 통제하기가 쉽지 않다. 그리고 창의적으로 문제를 해결해야 할 때, 이 자동화된 과정이 새로운 통찰로 나아가는 길목을 막아선다. 그러면 당면한 사안을 새로운 측면에서 평가하는 일을 더 이상 할 수가 없게 된다.

물론 그렇다고 해서 새로운 해결책을 위해서는 머리를 비워야 하니 사전 지식이 없는 게 좋다는 뜻은 절대 아니다. 전문 지식은 반드시 필요하다. 사실 기억이 창의성을 제한하는 효과는 기존의 경험이 너무 굳어져서 새로운 아이디어를 적극적으로 밀어내는 경우에만 나타난다.

심리학자 카를 둔커(Karl Dunker)가 1920년대에 실시한 고전적 실험은, 우리가 어떤 물건을 사용하는 익숙한 방식이 오히려 새로운 용법을 떠올리는 것을 인지적으로 제한한다는 사실을 확인시켜 준다. 실험에서 던커는 참가자들에게 양초 한 자루를 벽에 수직으로 고정하라고 지시하면서 성냥 한 갑과 압정 한 상자를 함께 제공했다. 이 과제를 해결하는 가장 좋은 방법은, 상자에서 압정을 꺼내고 빈 상자를 벽에 고정한 다음 그 위에 초를 세우는 것이었다. 순간적으로 압정 상자를 익숙한 용도가 아닌 촛대로 바꾸어 생각하는 인지적 전환이 요구되는 과제였다. 하지만 많은 참가자들이 상자를 '압정을 담고 있는 용기'로만 인식했기 때문에 상자를 벽에 고정하는 발상에 쉽게 이르지 못했다. 그래서 이어진 실험에서는 조건을 바꾸어 상자를 미리 비우고 압정을 따로 놓았다. 이 경우 참가자들은 과제를 더 빠르게 해결했다. 둔커는 사물을 익숙한 기능에 묶어두려는 경향 때문에 창의적 사고력이 제한되는 현상을 '기능적 고착(functional fixedness)'이라고 불렀다.

<창의성 훈련>

-나는 누구인가?

당신이 평소와는 전혀 다른 방식으로 자기소개를 한다면 어떨까? 가령 커피와 딸기 케이크가 나오는 티타임에 초대를 받았다고 치자. 참석자 중에 아는 사람이 없고 누군가가 "간단하게 자기소개 해 주세요."라고 청한다. 보통은 출생지, 학력, 직장, 취미 같은 것을 줄줄이 읊을 것이다. 하지만 당신은 '딸기'나 '케이크'를 화두로 자신을 소개해 볼 수 있지 않을까? 예를 들어, "우리 할머니는 늘 딸기 케이크를...", "나는 겨울엔 딸기를 안 먹어요. 왜냐하면...", "저는 샴페인에 딸기 한 알 띄우는 것을 정말 좋아합니다.", "나는 딸기를 못 먹어요...", "테니스 시합을 한 뒤에 마시는 딸기 주스 한 잔은 정말 천상의 맛이죠."등등. 딸기 대신 토마토 스프, 감자튀김, 아보카도 토스트 등 소재는 무궁무진하다. 이렇게 하면 이력을 나열하는 자기소개 보다 훨씬 창의적이란 인상을 줄 뿐 아니라 더 많은 대화를 이끌어낼 수도 있다. 갑자기 시도하기 어렵다면 재미 삼아 친구들과 연습해보는 것도 좋다!

사전 지식은 중요하다. 하지만 우리는 때때로 너무 앞서 생각하고 너무 서둘러 사고의 틀을 짜는 바람에 대안이 될 수 있는 새로운 생각들을 놓쳐버릴 때가 많다. 이는 심리학 실험들을 통해 여러 차례 입증되었다. 여러 실험에서 참가자들은 이미 익숙하게 학습된 해결 방식의 틀을 반복해서 따랐고 그 결과 더 간단

한 해결책이 제시되었음에도 불구하고 그 가능성을 알아차리지 못했다.

결론: 인지적 유연성과 기존 지식을 새롭게 구조화하는 능력은 창의적 사고의 근본이다. 이러한 재구성 과정을 거칠 때 비로소 흩어진 퍼즐 조각들이 하나의 그림으로 맞춰지면서, 종종 갑작스럽게, 올바른 통찰에 도달하게 된다. 이러한 통찰은 전체 구성을 인식하는 인지 과정과 비슷하다. 마치 숲에 숨어있던 동물이 갑자기 하나의 형상으로 보이는 순간처럼, 개별 요소가 전체 속에서 의미 있는 형태로 인식되는 것이다. 이처럼 인간이 전체적인 구조 속에서 의미를 포착하는 인지 과정을 다루는 학문을 '형태심리학'[5]이라고 부른다.

천재는 다 삐딱하다?

어떤 사람들은 다른 사람들이 보지 못하는 것을 본다고 말한다. 그들의 발견이 타당할 때, 우리는 그들을 천재라고 부른다. 똑같이 다른 이들이 보지 못하는 것을 보더라도 그것이 얼토당토않다면 우리는 그들을 미치광이라고 부른다. 때론 천재 수학자 존 내쉬(John Nash, 1928-2015)처럼 둘 다인 경우도 있다.

존 내쉬는 미국의 수학자로 게임이론과 비선형 편미분 방정식에 대한 연구로 주목받았다. 그는 1959년부터 수십 년간 편집성 조현병을 앓았고 그로 인해 여러 차례 정신병원에 입원해야 했

---

5 Gestaltpsychologie. '전체는 단순한 부분의 합이 아니다'라는 원리에 기반해 인간이 어떻게 사물이나 문제를 형태와 구조로 인식하는지를 탐구하는 학문

다. 그럼에도 불구하고 그는 MIT와 프린스턴대학교에서 중퇴와 복학을 거듭하며 연구 활동을 이어갔고, 1994년에는 노벨 경제학상을 수상했다.

그렇다면 창의적인 성격이란 무엇일까? 한 인물을 예로 들어 보겠다. 세상에 그 이름은 잘 알려지지 않았지만, 그가 만든 '상품' 이름은 모르는 사람이 거의 없을 만큼 유명한 인물이 있다. 바로 미야모토 시게루다. 어린 시절 미야모토는 교토 근교에서 자랐고 자연에서 뛰어놀거나 나무로 장난감을 만들면서 시간을 보냈다. 그는 자신만의 세계에 빠져서 (해롭지 않은 방식으로) 빈둥거리며 놀 줄 아는 아이였다. 시간이 흘러 어른이 된 그가 개발한 비디오 게임 '슈퍼마리오'나 '젤다의 전설'은 전 세계에서 가장 많이 팔린 컴퓨터 게임 중 하나가 되었고 콘솔 게임기의 성공을 이끄는 데 결정적인 역할을 했다. 미야모토의 진짜 강점은 그가 단지 어린 시절에 꿈 많은 아이였다는 것이 아니라 그 유년기의 자유로움을 어른이 될 때까지 고스란히 간직했다는 데 있다. 그가 세계 게임 산업에서 손꼽히는 전문가로 자리매김할 수 있었던 건 꿈결처럼 자유로운 판타지 감각과 체계적인 프로그래밍 지식이 조화를 이루었기 때문이었다. 어쩌면 2500년 전 플라톤의 말이 맞는지도 모른다. "한 사람을 진정으로 알기 위해서는 1년 동안 함께 대화하는 것보다 1시간 함께 노는 것이 낫다."

어쩌면 어린 시절 놀이는 훗날 어른이 되어 창의적인 인생을 사는 데에 없어선 안 될 디딤돌이자 중요한 훈련의 장이라 해도

▶ 연결어 찾기
다음 세 단어와 연관된 단어는 무엇일까?
1. key
2. pass
3. cross

정답은 word
keyword(키워드/핵심어),
password(패스워드/비밀번호),
crossword(크로스워드/십자말풀이)

과언이 아닐 것이다. 그런 점에서 1950년대 이후 줄곧 아이들이 자유롭게 놀 시간이 줄어들고 그 시간이 점점 더 체계화된 활동으로 채워지는 경향은 상당히 우려스럽다. 아마도 우리는 아이들의 뇌가 '중요한' 인지적 능력을 더 잘 습득하도록 훈련하겠다는 선의의 목표에 집중한 나머지, 창의성의 본질은 약간은 혼란스럽고 자유분방하다는 사실을 놓치고 있는지도 모른다. 미야모토는 평생 그 자유분방한 놀이의 감각을 간직하며 살았고, 그것이 직업적 성공의 바탕이 되었다.

지금까지 우리가 살펴보았듯이, 삐딱한 청개구리가 된다고 해서 독창적인 아이디어가 저절로 떠오르는 것은 아니다. 화려하고 엉뚱한 옷차림을 하고, 남이 낸 제안이라면 일단 반대하고, 제멋대로 행동하는 것이 창의적인 천재의 조건은 아니다. 하지만 그렇다고 해서 세상을 색다르게 바라보고 기존의 틀을 벗어난 생각을 자주하는 사람에게, 일상에서 모든 사회적 규범을 따르라고 요구하는 것도 무리다. 세상을 다르게 본다는 것은 사람 자체가 다르다는 뜻이다. 우리가 세계를 경험하고 받아들이는 방식은 사고방식과 행동에 영향을 미치기 때문이다. 그런데 기업의 임원을 대상으로 한 설문조사에서는 신입 사원을 채용할 때 '창의적인 인재'를 찾고 있다고 답하는 경우가 많지만, 사실 통계적으로 보면 창의적인 잠재력이 높은 지원자일수록 채용될 확률은 오히려 낮은 편인 것으로 나타났다. 이렇듯 우리는 창의성을 숭배하면서도 동시에 두려워하는 것처럼 보인다(이 논의는 7장에서 계속된다).

창의적인 사람의 특징

창의적 잠재력이 뛰어난 사람들은 대체로 성격 면에서 다른 사람들과 뚜렷하게 구분되는 특징을 지닌다. 그 특징을 알고 나면 창의적인 사고 구조를 형성하는 데 필요한 전제 조건을 파악하는 데 도움이 될 것이다.

대개 창의적인 사람들은 말 그대로 세상을 다르게 보고, 특히 자세히 본다. 한 실험에서 밝혀진 바에 따르면, 그들은 다른 사람보다 사물을 더 오래 그리고 더 자세히 들여다보고 관찰하며 그 덕분에 더 많은 것을 알게 된다. 그들은 다른 사람들이 무의미하다고 여기는 것들에서 의미를 찾아낸다. 반면, 특정한 해답에 집착하는 사람들은 처음에 떠올린 생각을 뒷받침하는 정보만 선택적으로 보려는 경향이 있어서 결국 세상의 일부분만을 보게 된다. 하지만 창의성이란 편견 없이, 판단 없이, 있는 그대로 사물을 바라보는 것을 의미한다. 창의적인 사람들은 '이래야 한다'라는 방식에서 벗어나 사물이 '실제로 어떤지'를 본다.

펜실베이니아 대학교의 인지과학자 스콧 카우프만(Scott

Kaufmann)의 연구 결과에 따르면, 창의적인 사람들의 성격에는 복합적인 특성이 있는 것으로 나타났다. 그중 가장 중요한 세 가지 특성은 정신적 유연성과 발산적 사고(다양한 방향으로 생각을 뻗어가는 능력), 그리고 수렴적 사고(논리적으로 하나의 답을 도출하는 능력)이다.

정신적 혹은 인지적 유연성이란, 무엇보다 새로운 아이디어와 새로운 상황과 도전을 향한 열린 태도를 뜻한다. 이는 정해진 해결책을 찾는 데 급급하지 않고, 문제 자체를 새롭게 바라보고 다르게 접근하려는 태도이다. 이런 유연성을 지닌 사람들은 실수를 두려워하지 않고 오히려 실수를 통해 배움을 얻는다. 성격적으로 발산적 사고 성향이 강한 사람들은 대부분 대세에 순응하지 않는 삶을 산다. 그들의 사고는 독립적이고 때로는 충동적일 때도 있다. 하지만 창의적인 사람들은 그저 중요한 순간에 남들과 다르게 행동하거나 주변 의견을 무시한 채 자기 생각을 밀어붙이는 데 그치지 않는다. 동시에 그들은 목표 지향적이고, 철두철미하며, 끈기 있게 하나의 과제를 끝까지 밀고 나가는 능력을 갖추고 있다. 새로운 동시에 유용한 무언가를 만들어 내는 능력을 창의성이라고 정의하는 것과 같은 맥락이다. 또한 창의적인 사람이 항

▶상상력
형태가 다른 문을 떠올려 보자. 벽에 난 출입구는 꼭 직사각형이어야 할까? 삼각형이나 원형 출입구는 불가능할까? 혹은 다른 형태는?

상 세상과 불화하는 것만도 아니다. 세상만사에 트집을 잡지 않더라도 우리는 충분히 창의적일 수 있다.

새로운 아이디어를 끌어내기 위해서는 독립적인 사고와 호기심, 풍부한 상상력이 필요하다. 그러나 그 안에서 유용하고 적절한 답을 골라내기 위해서는 집중력을 가지고 깊이 생각하는 능력 또한 중요하다. 그러한 사고 과정 속에서 많은 초기 아이디어들이 점차 걸러져서 결국 실현 가능한 몇 가지 좋은 아이디어가 추려지기 때문이다.

덧붙이자면 창의적인 사람이라고 해서 반드시 IQ가 높아야 하는 것은 아니다. 일반적으로 IQ가 130을 넘으면 지능이 매우 뛰어난 것으로 여겨지는데, 사실 IQ 115 이상부터는 지능과 창의성 사이의 상관관계는 매우 낮아진다. IQ 115까지는 높은 지능이 창의성에도 어느 정도 영향을 미치지만, 그 이상부터는 IQ가 아주 높은 사람과 평균보다 약간 높은 사람 간에 창의성의 차이는 두드러지지 않는다. 오히려 창의성과 밀접한 연관이 있는 개인의 특성은 지능보다는 개방성이다.

무엇이 창의적인 뇌를 만드는가?

혹시 '대뇌 반구의 기능 편재화'라는 개념을 들어본 적이 있는가? 우리의 뇌 기능이 양쪽 반구에 균등하게 분포되어 있지 않다는 뜻이다. 예컨대, 대부분의 사람에게서 언어 능력과 사실적 지식은 좌뇌에 저장되어 있고, 수학적 상상력은 우뇌에서 더 많이 관여하는 것으로 알려져 있다.

이 개념은 창의적인 사람은 '우뇌편향'이 강하며, IQ가 높은 사람은 '좌뇌편향'이 강하다는 통념과 연결된다. 하지만 이 흔한 믿음에는 타당한 근거가 없다. 창의적인 뇌는 어느 반절이 아니라 양 반구를 서로 연결하는 네트워크를 통해 사고한다. 그럼에도 불구하고 창의적 사고가 주로 우뇌의 활동과 관련되리라 여겨지는 데는 그럴만한 이유가 있다. 예를 들어, 사람이 호기심을 느낄 때에는 오른쪽 전두엽이 왼쪽보다 더 활성화된다. 호기심은 새로운 가능성을 탐색하는 중요한 원동력이 되므로, 이러한 뇌 반응은 창의성의 뇌 기능이 우뇌에 집중되었다고 여겨지는 데 일정한 근거를 제공한다. 또 다른 근거는 뇌 손상 환자에 대한 관찰 결과에서 찾아볼 수 있다. 우뇌에 손상이 있는 경우 전체적인 맥락을 파악하고 통합하는 능력이 뚜렷하게 저하되는 반면, 세부 사항을 지각하는 능력은 비교적 온전하게 유지된다. 반대로 좌뇌가 손상된 경우에는, 전체적인 구조나 사고의 틀은 유지되지만 세부 요소를 포착하는 능력은 떨어지는 증상이 나타났다.

더 나아가 뇌 영상 촬영을 활용한 연구들은 '창의적인 우뇌'와 '분석적인 좌뇌'라는 구분에 힘을 싣는 근거를 제공하기도 했다. 실험 참가자들의 뇌 활동을 분석한 결과에 따르면, '아하!' 하고 새로운 아이디어가 떠오르기 직전에는 오른쪽 측두엽에 위치한 상측두이랑의 앞부분(aSTG), 즉 측두엽에서 크게 튀어나온 영역이 가장 활발하게 활성화되는 것으로 나타났다.

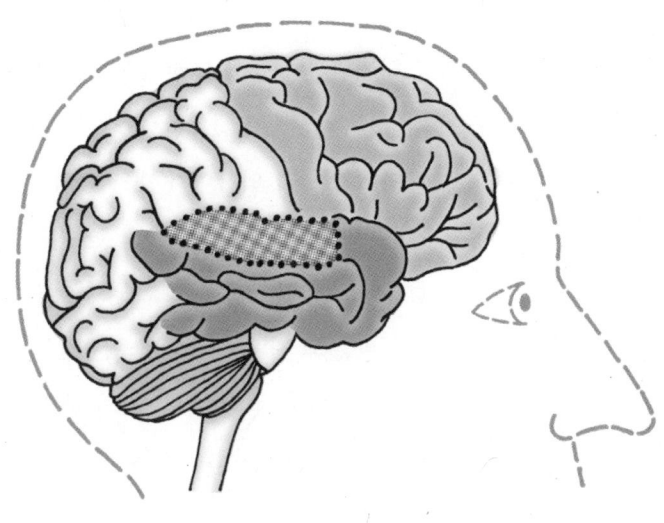

<그림 3> 우리 머리가 '아하!'하기 몇 초 전에 오른쪽 대뇌 반구의 상측두이랑의 앞부분(점선으로 표시된 부위)에서 가장 활발한 활동이 관찰된다.

우리 뇌에서 기존의 지식 요소들 사이의 연상 작용을 담당하는 영역은 우뇌 측두엽에 있다. 이 영역들은 단지 기존에 형성되고 저장된 연상 정보들을 활용하는 데 그치지 않고, 사실과 아이디어 사이에 새로운 연상적 연결을 만들어내는 능력도 갖고 있다.

이렇듯 우뇌가 창의성과 관련 있다고 말하는 연구 결과들이 존재하긴 하지만, 창의성과 관련된 대개의 것이 그러하듯 성급한 일반화일 뿐이다. 이러한 설명은 창의적 사고 과정의 본질을 가린다. 만약 '창의성을 담당하는 뇌 부위'가 실제로 있다면, 두피에 전극을 붙여 간단히 자극하는 '경두개 자극법'으로 간단하게 그 부위를 활성화할 수 있으므로 정말 좋을 것이다.

▶ 유연하게 사고하기
훈련을 통해 익숙한 단어를 시각적으로 빨리 인식하는 능력을 키울 수 있다. 직접 경험해보자. 다음 글자들 속에 숨겨진 영어 단어는 무엇일까? rhopgcuiltemtarmo

정답은
computer algorithm

하지만 창의성은 그렇게 단순하지 않다. 이는 미국 UC 샌프란시스코의 뇌 과학자이자 외과 의사이자 재즈 음악가인 찰스 림브(Charles Limb)의 연구를 통해 확인되었다. 창의성이 우뇌와 좌뇌를 아우르는 뇌 전체의 활동이라는 것은 불변의 사실이나 이것이 곧 뇌의 모든 영역이 균일하게 활성화된다는 뜻은 아니다. 실제로 어떤 뇌신경 연결망은 다른 부분보다 더 활발하게 작동하며, 창의성이 발휘될 때에는 뇌의 특정 부위, 특히 전두엽에 위치한 영역들의 활동이 상대적으로 둔해지거나 심지어는 억제되는 현상이 관찰되었다. 특히 이와 관련해서는 흥미로운 후속 연구들이 많이 이루어졌다. 다수의 연구가 확인한 바에 따르면, 예술가와 음악가 그리고 과학자들이 새로운 아이디어를 많이 떠올릴 때 그들의 이마 바로 뒤에 위치한 외측 전전두엽(그림 2 참조)의 활동이 확연히 떨어졌다. 특별히 창의적이고 새로운 아이디어를 떠올리기 위해서는 전두엽(이마엽)의 활동이 뚜렷하게 억제되어야 한다는 뜻이다. 그래야 전두엽이 익숙한 연상 경로를 따라 신경 처리를 통제하는 것을 막을 수 있기 때문이다. 이를 뇌 과학에서는 '저전두엽 가설(hypofrontality hypothesis)'이라고 부른다.

놀라운 사실은, 바로 전두엽의 이 부위에서 의식적인 자기통제와 판단, 그리고 계획된 행동을 억제하는 기능을 담당한다는 점이다. 말하자면, 우리가 흔히 말하는 충동 조절을 관장하는 부위다. 예를 들어, 다이어트 중에 초콜릿을 집어 들거나, 화가 나서 누군가에게 소리를 지르거나, 다른 사람과 대화 중에 무례하다는 걸 알면서도 휴대전화를 들여다보는 경우처럼, 그 행동이 옳지 않다는 것을 알면서도 그렇게 해버릴 때는 모두 충동을 억제하는 기능이 제대로 작동하지 않았다는 뜻이다. 그리고 흥미롭게도, 바로 이 뇌 부위의 활동이 감소할 때 우리는 백일몽을 꿀 수도 있다. 백일몽 상태에서 우리는 몸에 관한 현실적 감각이 흐려질 뿐 아니라 자아가 생각의 중심에서 한 발 물러나는 경험을 할 수 있다.

신경학이 '아하!' 순간을 포착하는 법

우리가 창의적인 아이디어가 떠올랐다고 느끼는 바로 그 순간, 우리 뇌에서는 어떤 일이 벌어지고 있을까? 백만분의 1초 단위로 정밀하게 우리 뇌를 들여다본다면, 창의적 사고가 어떻게 작동하는지 이해하는 데 도움이 될 것이다.

아이디어가 '번개처럼' 떠오른다는 표현을 말 그대로 받아들이기는 어렵다. 그러나 오랜 시간을 들여 한 주제에 몰두한 사람이라고 해서 자동적으로 창의적인 아이디어가 떠오르는 것도 아니다. 지식은 창의적 사고를 위한 필수 조건이지만 그것만으로는 충분하지 않다.

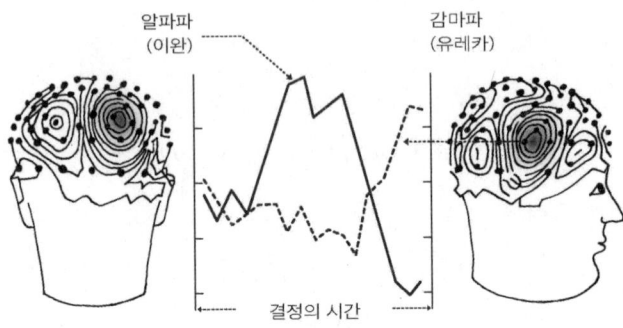

<그림 4> 뇌파 기록은 인간 대뇌피질 측두엽에서 '아하! 효과'가 발생하는 위치를 보여준다. 실험 참가자들이 주어진 글자 배열 속에서 정답 단어를 찾아내기 바로 직전에 이 부위에서 활성화가 감지되었으며 곧이어 참가자들은 "방금 생각났어!" 라고 외쳤다.

혹시 신화 속 주인공들처럼 우리에게도 뮤즈의 입맞춤이 필요한 건 아닐까? 그러나 현대의 뇌 과학자들과 심리학자들은 그런 낭만적인 설명에 만족하지 않는다. 그들은 우리가 갑자기 독창적인 통찰을 얻는 그 순간, 뇌에서는 정확히 어떤 일이 일어나는지를 자세히 알고 싶어 했다. 이 과정에서 과학자들은 창의적인 우뇌와 언어 능력은 뛰어나지만 창의력은 떨어지는 좌뇌가 엄격하게 분리되어 있다는 증거를 찾지 못했다. 창의성은 그렇게 단순한 이분법 구도 속에서 작동하지 않았다. 하지만 그렇다고 창의적 사고를 할 때 양쪽 대뇌 반구가 완전히 동일한 역할을 하는 것도 아니었다. 가령 문제 해결의 초기 단계, 즉 논리적인 규칙과 분

석적 사고를 의식적으로 적용하는 시기에는 주로 좌뇌가 활발히 작동한다. 그리고 어느 순간, 우리가 새로운 통찰을 얻고 불현듯 해결책을 떠올릴 때는 우뇌가 비판자 역할을 맡는다. 특히 중요한 시기는 기존 문제를 전혀 다른 시각에서 바라보는 관점 전환, 즉 문제의 재구성이 일어나는 단계다. 이 과정은 언어 능력이 약한 우뇌에서 거의 무의식적으로 진행된다. 그리고 마지막으로 그 새로운 아이디어가 좌뇌로 전달되는 순간, 우리는 비로소 그 아이디어를 의식적으로 자각하게 되고 "아하!"하는 느낌을 갖게 된다. 하물며 자기 생각에 스스로 놀라기도 하는 그 순간을 일컬어 우리는 '영감의 찰나'라고 부른다.

영상 촬영 기법을 통해 확인된 바에 따르면, 어려운 문제를 맞닥뜨린 우리가 독창적인 해결책을 떠올리기 직전에는 우뇌 측두엽의 활동이 급격히 증가한다. 즉, 양쪽 대뇌 반구 중 어느 쪽이 활성화되는지는 아이디어를 떠올리는 과정 중 어느 단계에 있는가에 따라 달라진다. 하지만 분명한 한 가지는, 창의적인 발상을 위해서는 뇌의 '한쪽 반구'만으로는 부족하며, 전체의 온전한 협력이 필요하다는 사실이다.

창의적 사고 과정에서 속도는 그리 중요치 않다. 영상 촬영 기법으로 확인한 결과, 창의적인 사람들의 뇌는 정보를 처리할 때 최단 경로를 고집하지 않았다. 오히려 그들의 정보 경로는 좌우 반구 전반에서 복잡하게 얽혀있어 느리게 활성화 되었다. 즉, 창의적인 생각을 할 때 뇌는 에너지를 빠르고 효율적으로 전달하는 직선 도로가 아니라 에너지 소모는 적지만 효율도 낮은 우회로를 통해 정보를 전달한다. 무엇이든 더 빠르면 더 나은 결과를 낸다고 여겨지는 이 시대에 이는 꽤나 신기한 과학적 발견이라 할 수 있다.

아하! 하는 순간

짧고 강렬한 깨달음의 순간을 '아하! 순간'이라고 부른다. 이는 자판기에 동전을 넣으면 버튼이 딸깍 눌리듯 무언가가 갑자기 이해되는 찰나다. 방금 전까지만 해도 수수께끼 같던 것들이 문득 하나로 연결되며 문제의 핵심이 명확히 보인다. 이런 통찰의 순간에는 대개 긍정적인 감정이 뒤따른다. 우리는 새로운 깨달음을 얻고 기쁨을 느낀다. 이러한 '아하! 경험'은 1907년 독일 심리학자 카를 뷔러(Karl Bühler)에 의해 처음 개념으로 정립되었다.

순간적으로 어떤 생각이 불현듯 떠오르는 것을 '유레카 효과'라고 부르기도 한다. 고대 그리스어로 유레카(Heureka)는 '찾았다!'라는 뜻이다. 시라쿠사의 아르키메데스가 목욕을 하던 중 어떤 아이디어를 떠올리고 "유레카!"라고 외치며 거리로 달려 나갔다는 일화에서 유래했다. 그가 떠올린 생각은 훗날 '아르키메데스의 원리'라고 불리게 된 것으로, 유체 속에 있는 물체가 받는 부력은 그 물체가 밀어낸 유체의 무게와 같다는 발견이다. 아르키메데스는 자기 몸이 욕조에 들어가자 물이 넘치는 것을 보았고, 거기서 정말로 중요한 깨달음을 얻었다.

통찰이 갑작스레 찾아온다는 것은 그저 주관적인 느낌만이 아니라 객관적인 실험을 통해서도 입증된 사실이다. 뉴욕 콜롬비아 대학의 심리학자 제닛 메트컬프(Janet Metcalfe)는 실험 참가자들에게 창의적인 문제를 풀게 한 뒤, 그들이 생각하는 도중 해결에 가까워졌다고 느끼면 '뜨겁다', 그렇지 않다면 '차갑다'라고 답할 것을 요청했다. 그 결과는 흥미로웠다. '아하! 순간'이 오기 직전까지도 참가자들은 문제 해결에 가까워졌다는 느낌을 전혀 받지 못했고, 문제를 처음 받았을 때와 마찬가지로 '차갑다'고 응답했다. 하지만 바로 그 직후, 갑작스레 아이디어가 떠오르는 순간을 맞이했다. 그렇지만 갑자기 떠올랐다는 것은 사실 느낌일 뿐, 실제로는 이전부터 뇌에서 조용히 어떤 무의식적 과정이 진행된 결과로 일어난 일이었다. 뇌의 우측 측두엽에서는 기존 정보들 사이의 새로운 연상적 연결이 이미 만들어지고 있었고, 그것이 좌뇌에 전달된 것을 우리의 의식이 감지하였을 따름이다.

세 가지 네트워크들의 협연

뇌 과학자들이 창의적인 사람들을 관찰한 결과 흥미로운 사실 하나를 발견했다. 바로 창의적인 사람들은 백일몽과 같은 자유로운 연상 상태와 집중력을 발휘하는 사고 상태를 능수능란하게 오갈 수 있다는 사실이었다. 이를 뇌기능 차원에서 해석하자면, 뇌 네트워크를 켜고 끄는 데 능숙하다는 뜻이다. 특히 창의적인 사람들은 상상과 내면 탐색에 관여하는 '시뮬레이션 네트워크'와 집중력과 주의 조절을 담당하는 '주의 네트워크' 사이의 전환을 아주 유연하게 해낸다. 이 과정은 '프로토콜 네트워크'라는 회로에 의해 조율되며, 이는 대뇌 피질의 깊숙한 부분에 자리한 섬피질(insula)과 함께 작동하여 뇌가 창의적인 아이디어를 만들도록 돕는다. 반면, 대부분의 사람들은 상상과 집중 상태를 자유롭게 오가지 못하고 한 가지 모드에 갇히는 경향이 있고, 바로 그 이유 때문에 창의성이 발휘되기 어렵다.

이렇듯 창의성은 특정 뇌 반구에만 의존하지 않으며, 그 활성화 여부가 특정 뇌 영역에만 달려있지도 않다. 오히려 창의성은 뇌 전체에 걸쳐 분포된 다양한 네트워크의 활동에 의해 좌우된다. 이 네트워크들은 창의성 사고 과정의 여러 단계에서 때로는 의식적으로, 또 때로는 무의식적으로 각기 다른 역할을 수행한다. 이러한 신경 네트워크들이 서로 협력할 때 비로소 새로운 아이디어가 탄생하며 틀에 박힌 사고방식에서 벗어날 수 있다.

자, 이제 창의성과 새로운 아이디어의 발생에 결정적인 역할을 하는 세 가지 뇌 네트워크(주의 네트워크, 시뮬레이션 네트워크, 프로토콜 네트워크)에 대해 좀 더 자세히 살펴보자.

- 집중된 주의 네트워크

우리가 어떤 문제 혹은 질문을 발견하고 그에 대해 창의적인 답을 찾을 가치가 있다고 판단하는 순간, 뇌는 주의 네트워크를 통해 집중적이고 의식적인 사고 과정에 들어간다. 이 네트워크에는 우리가 염두에 둔 목표에 따라 어떤 지각과 생각을 의식에 떠올리고, 또 어떤 것은 무의식으로 내릴지를 결정하는 작업 기억이 포함된다. 이중 배측(dorsal), 즉 등 쪽에 위치한 집중 시스템(그림 5참조)은 시공간 정보 처리를 담당하는 시각 영역들로 구성된다. 구체적으로는 전두엽의 전안구 영역과 두정엽 뒤쪽에 있는 두정소엽간 고랑이 여기에 포함된다.

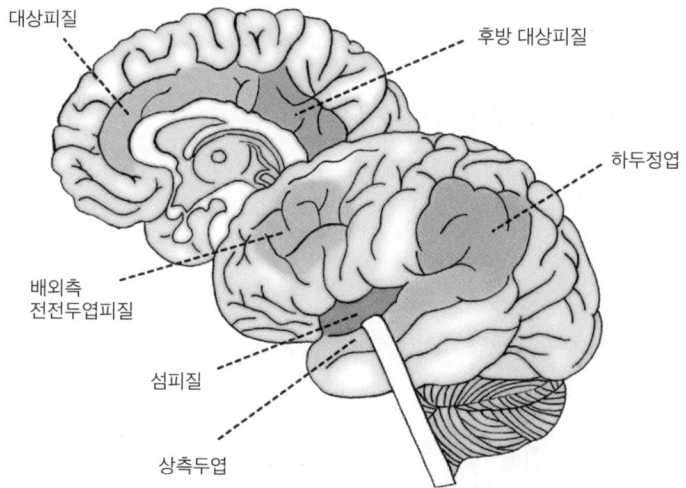

<그림 5> 잘 연결된 뇌: 창의성이 뛰어난 사람들일수록 창의적 성과를 내는 데 필요한 다양한 뇌네트워크들이 잘 협력하여 작동한다. 후방 대상피질과 섬피질은 아이디어 생성에 관여하는 기본모드 네트워크(Default Mode Network, 또는 시뮬레이션 네트워크)의 일부다. 배외측 전전두엽 피질은 집행 기능과 판단에 관여하는 과제 수행 네트워크(Executive Network) 또는 집중 네트워크에 속한다. 상측두엽은 저장된 지식을 불러오고, 하두정엽은 중요한 자극을 감지하는 역할을 한다. 이 부위는 중요성 네트워크(Salience Network) 또는 프로토콜 네트워크로 분류된다.

극장의 스포트라이트가 무대 위 특정 장면이나 요소를 비추듯, 집중 네트워크는 특정 상황, 맥락 또는 텍스트 속 일부 요소를 선택적으로 부각시켜 주의를 집중시킨다. 이 네트워크에는 전전두엽의 일부 영역, 특히 뇌 전면 윗부분과 측면에 위치한 배외측 전전두엽 피질(DLPFC)이 포함된다. 또한 뇌의 뒤쪽에 위치한 두정엽의 일부도 이 네트워크에 속한다. 이 시스템은 복합적인 상황에서 과제 해결에 필요한 요소만을 선별하고 집중하는 데 중요한 역할을 한다.

- 몽상적 시뮬레이션 네트워크

이 시스템에 속한 영역은 백일몽 네트워크 혹은 기본모드 네트워크라고도 불린다. 이름을 듣기만 해도 이 네트워크가 어떤 종류의 인지 능력과 관련이 있는지 짐작할 수 있다. 이 모드에서 뇌는 자기 자신을 탐색한다. 내면의 세계를 여행하듯 생각이 자유롭게 흐른다. 그렇다고 빈둥대는 것만은 아니다. 졸거나 자는 중에도 뇌신경은 멈추지 않고 신경의 활동은 계속된다. 실제로 뇌가 사용하는 열량을 측정해보면 백일몽 모드일 때에도 평소와 거의 다를 바 없는 수준으로 활발하게 작동하고 있음을 알 수 있다.

인지과학자 랜디 버크너(Randy Buckner)와 그의 동료들의 연구에 따르면, 기본모드 네트워크는 우리가 새로운 사고의 세계를 '상상'할 때 활성화된다. 자유로운 연상 속에서 과거 경험에 대한 기억과 미래에 대한 생각, 현재의 느낌이 뒤섞이고 그 안에서 새로운 조합이 이뤄지기도 한다. 몽상적 시뮬레이션 네트워크는 우리가 깨어있는 시간의 무려 절반 가까이를 차지할 정도로 활발히 작동한다. 이 네트워크는 좌우 대뇌 반구 모두에 걸쳐 분포하며 그 구성에는 내측 측두엽 영역들과 두정엽의 내측 및 외측 부위들이 포함된다(그림 5 참조).

이 복합체들은 뇌 깊숙한 곳에 자리하고 있어 겉으로 보아서는 쉽게 드러나지 않는다. 마치 의식적인 사고뿐 아니라 호기심 많은 뇌 연구자들의 시선에서도 자신을 감추려는 듯하다. 기본 모드로 작동하는 네트워크에는 결정과 확률 판단에 중요한 역할을 하는 내측 전전두엽 피질, 기억과 감정을 연결하는 후부 대상회(Gyrus cinguli), 그리고 두정엽의 측면 부위들이 포함된다. 이 뇌 영역들은 우리가 아무 것도 하지 않고 정신이 자유로울 때 활발히 활동한다.

백일몽 상태는 주의 집중 네트워크와는 반대로 작동한다. 백일몽 모드에 들어가면, 집중 상태에서는 잠잠했던 뇌 영역이 활발히 작동한다. 긴 강의를 들어본 사람이라면 누구나 이 두 네트워크가 주도권을 두고 서로 다투는 순간을 경험해 보았으리라. 과연 집중을 유지할 것인가, 아니면 연사나 상사가 연단에서 말하는 동안 멍하니 몽상에 빠질 것인가?

창의적인 사고를 위해서는 이 두 네트워크가 모두 필요하다. 백일몽 중에 생겨나는 아이디어는 처음부터 전두엽의 '판단'이나 목표 지향적인 사고의 통제를 받지는 않는다.

하지만 온종일 백일몽 모드에 빠져 창밖만 바라본다고 해서 좋은 아이디어가 저절로 떠오르는 것은 아니다. 핵심은 뇌 속 다양한 네트워크 사이를 자유롭게 오가는 능력이다. 그리고 이 작업을 위해 또 하나의 중요한 네트워크가 작동하는 데, 바로 한 곳에 집중된 주의력과 사방으로 퍼지는 상상력 사이를 오가며 이 둘 사이의 전환을 유도하는 프로토콜 네트워크다.

- **관찰하는 프로토콜 네트워크**

이 네트워크는 특별하고 특이하며 독보적인 것들을 감지하는 역할을 한다. 그래서 '선택적 주의 네트워크(salience network)'라고도 불린다(라틴어로 saliens는 '튀어나오는' 혹은 '도약하는'이라는 뜻이다). 이 네트워크는 내적 집중과 외적 집중 사이의 전환, 즉 시뮬레이션 네트워크와 주의 네트워크 사이에서 전환을 유도한다. 그 주요 역할은 외부환경은 물론 내면의 세계에서 이상하거나 특별하거나 주목할 만한 사건을 감지하고, 뇌에서 일어나는 의식의 흐름을 기록하고, 특별한 사건이나 장애물이 발생할 때마다 의식의 흐름의 방향을 바꾸는 데 있다. 그래서 특정한 내외 조건에 따라 집중력의 초점을 어디에 둘지 결정하고 전환하는 데 중요한 역할을 한다. 이 네트워크에는 전방 대상피질의 배측 영역과 전측 섬피질이 포함된다(그림 5 참조).

섬피질은 대뇌피질에서 가장 흥미로운 부위이지만 그만한 주목을 받지 못할 때가 많다. 부위는 넓지만 대뇌피질 깊숙이 있는 데다가, 세 개의 대뇌엽 즉, 전두엽, 측두엽, 두정엽에 의해 가려져 있기 때문이다. 하지만 섬피질이 맡은 임무는 결코 간과될 수 없다. 그곳은 우리 내면의 감정과 외부 자극에 대한 정서적 평가가 이루어지는 곳이다. 우리가 감정을 의식적으로 자각하기 위해서는 반드시 섬피질이 활성화되어야 한다. 섬피질이 포착하는 감정은 자신의 것만이 아니라 타인의 것도 포함되므로, 공감 또한 섬피질의 기능이다. 더불어 정의감을 느끼고 즉흥적으로 아이디어를 만들어 내고 의사 결정을 내리는 데도 섬피질이 깊이 관여한다. 특히 흥미로운 점은, 우리가 현재 느끼는 신체적·정신적 상태에 주의를 기울일 때 이 부위가 특히 활발하게 작동한다는 것이다. 즉, 이 네트워크에는 자기 내면을 응시하는 '눈'과 같은 기능이 있다. 그래서 유인원과 비교할 때 인간에게서 이 부위는 비례적으로 더 크게 발달했다. 비대한 섬피질 덕분에 우리는 자기 머릿속에서 진행되는 다양한 과정을 의식적으로 인식할 수 있게 된 것이다. 섬피질은 지금 뇌에서 어떤 네트워크가 주도권을 쥐고 있는지를 결정하는 데 핵심적인 역할을 한다. 지각, 사고와 행동에 있어 각 네트워크가 얼마만큼의 비중을 갖는지도 이곳에서 조율된다. 뇌에서 상충되는 이해관계가 감지되거나 모종의 불일치가 발견될 때는 배측 대상회피질과 함께 대상다발(Cingulum)이 섬피질을 보조한다(그림 5 참조). 이는 뇌 안에서 목표가 충돌하거나 모순이 인식될 때 작동한다. 예를 들어, 자신의 이익을 포기하고 다른 사람에게 기회를 양보해야 하는 도덕적 딜레마에 처했을 때, 우리 머릿속에선 이 네트워크가 활성화된다.

뇌의 모든 영역이 협력할 때

창의적 사고의 핵심은 뇌의 유연성과 가소성이다. 어떤 문제가 발생했을 때 다양한 해결 전략과 남다른 사고방식을 적용할 수 있는지가 관건이다. 그러한 사고력을 기르기 위해 이 책에서는 다양한 연습 과제가 제시될 예정이다. 하나의 구체적인 해답을 도출하기 위해서는 집중적인 고민, 즉 수렴적 사고가 필요하다. 하지만 창의적으로 생각하기 위해서는 큰 그림을 먼저 보고 내외부의 연결고리를 두루 살피는 시간, 즉 발산적 사고의 단계 또한 반드시 필요하다.

IQ 테스트에서 높은 점수를 받은 사람의 뇌를 영상 촬영한 결과, 특정 뇌 영역에서 강한 활성화(집중)를 보인 것으로 나타났다. 반면, 창의적인 과제에서 뛰어난 성과를 보인 사람들은 다양한 뇌 영역 간의 협동성(연결성)이 두드러지게 나타났다. 어쩌면 이 결과들을 종합해 IQ가 높고 창의성도 좋은 사람은 없다는 결론에 이를지도 모른다. 즉, 창의적인 뇌는 그저 넓은 영역에서 에너지를 절약하며 작동하리라 짐작하는 것이다. 하지만 그건 너무 단순한 해석이다(2장, '창의성과 지식의 모순적 관계' 참고). 왜냐하면 어떤 사람들은 고도로 집중된 활동 상태와 느긋하고 분산된 활동 상태를 자유롭게 오갈 수 있는 뇌를 갖고 있기 때문이다. 이는 IQ도 높고 창의력도 뛰어난 사람이 있으며, 바꾸어 말하자면 높은 IQ가 창의성을 발휘하는 데 걸림돌이 되지 않는다는 의미다. 동시에, 집중력이 약한 사람들, 즉 쉽게 주의가 산만해지고 IQ는 평균 정도인 사람들일지라도 매우 창의적일 수도 있다는 뜻이다.

  연구를 통해 추가로 확인된 사실은, 실험 참가자들이 아이디어가 풍부해지는 순간에 뇌에서는 느리고 균일한 리듬의 뇌파가 나타났다는 점이다. 이 뇌파는 1초당 8~12개의 파형 봉우리를 가지며 알파파라고 불린다. 이는 대부분의 사람들이 잠에서 막 깨어났을 때나 느긋하게 샤워를 할 때 생기는 뇌의 리듬에 해당한다. 놀랍게도 유달리 창의성이 뛰어난 사람들은 정상적인 뇌파 활동과 알파파 중심의 백일몽 모드 사이를 원활하게 오갈 수 있었다. 그리고 이 전환 능력은 타고 태어나는 것이 아니라, 어느 정도는 훈련을 통해 개발될 수 있다는 점도 후속 실험을 통해 밝혀졌다. 결과적으로, 창의적인 과제를 해결하는 최고의 방식은 에너지를 많이 쓰는 집중적 뇌 활동과 에너지 절약 모드의 느긋한 처리 방식 사이를 자유자재로 오가는 것이라고 할 수 있다.

익숙한 경로 버리기

문제의 새로운 측면을 발견하려는 노력은 해결책을 찾는 데에도 도움이 된다. 2012년 미국 메사추세스 대학교 암허스트 캠퍼스의 인지과학자 토니 맥카프리(Tony McCaffrey)는 이 전략이 얼마나 효과적인지를 보여주는 실험을 진행했다. 실험에서 그는 참가자들에게 창의적으로 생각해야 풀 수 있을 법한 다양한 수수께끼를 냈다. 그중 하나는, 성냥 한 개비와 양초 한 자루, 그리고 날카로운 금속 큐브만으로 금속 링 두 개를 연결하라는 것이었다. 그리고 문제에 잘못된 단서를 일부러 심어놓았다. 예를 들어, 많은 참가자들이 성냥으로 초에 붙여 촛농을 접착제로 활용하는 방법을 제일 먼저 떠올렸다. 하지만 링이 너무 무거워서 성공하지 못했다. 이 실험의 핵심은, 참가자 집단을 둘로 나누어 과제에 대한 접근 방식을 서로 다르게 구분하였다는 데 있다. 한 집단은 그 어떤 예행연습도 없이 실험에 참가한 반면, 다른 집단은 문제와 관련있다는 사실은 모른 채 사물들을 세분화하여 구성성분을 분석하는 사전 연습을 했다. 그 결과, 사전 연습을 한 집단이 제한 시간 8분 내에 정답을 맞힌 비율은 훈련을 받지 않은 집단보다 훨씬 높았다. 출제자가 의도한 정답은, 금속 큐브로 양초에서 심지를 긁어내 실을 꺼낸 다음 그것으로 링 두 개를 묶는 것이었다.

"카프카의 문장을 읽고 나면 창의성이 높아질까?"라는 질문에서 출발한 기발한 실험도 있었다. 이야기의 문체와 내용이 전혀 조화를 이루지 않거나 서사 속 많은 부분이 끝내 이해되지 않은 채 미스터리로 남으며 끝나는 프란츠 카프카(Franz Kafka, 1883-1924)의 작품은 독자들에게 심한 혼란을 일으키는 것으로 유명하다. 실제로 '카프카에스크(kafkaesque)'라는 표현은, 불가해한 사건과 글에서 느껴지는 섬뜩한 감정을 뜻하는 말로 널리 쓰인다. 실험에서 참가자들은 카프카의 단편 <시골의사>를 읽은 뒤 창의적 사고를 요하는 문제를 풀게 되었다. 반면, 비교 집단은 단순하고 명료한 텍스트를 읽은 후에 같은 문제를 풀었다.

그 결과, 카프카의 글을 읽은 그룹은 비교 집단보다 창의적인 과제에서 무려 두 배나 더(!) 뛰어난 성과를 보였다. 아마도 난해한 글을 읽은 직후 해결 가능한 문제를 마주한 데서 오는 안도감 덕분인지도 모른다. 하지만 근본적으로는 그들의 뇌가 예측 불가능한 상황에 대비된 덕이 큰 것으로 해석된다. 카프카의 텍스트는 '뇌의 기대 체계'[6]를 교란했다. 이러한 조건에서 우리는 명백하게 드러나지 않은 숨겨진 해결책을 더 적극적으로 탐색한다. 뇌가 이른바 '미스터리 모드'에 들어가는 것인데, 그러한 과정에서 상상을 이끄는 시뮬레이션 네트워크가 강한 자극을 받는다. 그리고 이렇게 사전에 활성화된 뉴런 다발들은, 사고 과제 속에 숨겨진 패턴을 훨씬 쉽게 포착해낸다. 일단 이런 패턴 인식 시스템이 작동하면, 규칙을 벗어난 해결책을 찾는 일도 한결 수월해진다. 그럴 때 뇌는 마치 '쫓기는 사람'처럼 기민하게 움직인다. 뇌는 앞뒤가 맞는 방식으로 해결책을 파악하려 애쓰며, 그 과정에서 평소보다 더 과감한 방식을 시도한다. 요약하자면, 우리가 평소와 다른 상황을 경험하거나 예상치 못한 자극을 경험할 때, 우리의 뇌는 익숙한 사고의 틀에서 벗어나기가 쉽다. 즉 '상자를 벗어나' 생각할 수 있도록 심리적 개방성이 생긴다는 뜻이다.

멍 때리기의 중요성

사람들은 흔히 딴 생각에 빠진 학생이나 직원을 골칫거리로 여긴다. 수업이나 회의 중에 집중은커녕 대놓고 다른 데 정신이 팔려

---

6 expectation system. 뇌가 앞으로 일어날 일을 예측하고 대비하는 방식

창밖을 응시하는 태도는 최악이라 생각한다. 속된 말로 '멍 때리기'는 중요한 내용을 놓치게 하므로 문제가 될 뿐 아니라 주변 사람들을 짜증나게 하는 무례한 행동으로 취급 받는다. 하지만 언제 어디서 기발한 아이디어가 떠올랐는지를 추적해온 과학적 연구들은, 바로 그런 백일몽의 순간들이야말로 창의적 사고 과정에 반드시 필요한 전제 조건이라는 사실을 거듭 확인하고 있다.

의외라고? 혹시 당신은 로댕의 '생각하는 사람'처럼 문제 해결에 몰두하는 집중적 에너지야말로 지성의 상징에 걸맞다고 생각하는가? 창의적 사고에 관한 뇌신경학적 연구를 살펴보자면 당신이 생각하는 그 이미지가 완전히 틀린 것은 아니다.

생각하지 않는다고? 어떻게?

미국 작가인 에드거 앨런 포(Edgar Allen Poe)는 "낮에 꿈꾸는 사람은 밤에만 꿈꾸는 사람에게는 찾아오지 않는 많은 것을 알고 있다."라고 했다.

우리의 뇌가 정해진 방향 없이 이리저리 방황하며 백일몽 모드로 들어가는 작업은 스위치를 누르듯 단박에 일어나지 않는다. 몽상적 시뮬레이션 네트워크를 가동하여 상상력을 불러일으키는 데도 연습이 필요하다. 아무 생각 없이 그저 머무는 상태, 즉 뇌의 기본 휴식 모드를 활성화하는 능력을 강화하는 연습으로는 명상이나 호흡 훈련이 대표적이다. 또한 산책이나 등산, 양치질, 나무에 사포질하기, 반죽 치대기, 뜨개질처럼 단조롭고 반복적이며 자극이 적은 활동을 하는 동안에도 백일몽 상태에 들어가기 쉽다. 마치 한산한 고속도로에서는 나도 모르게 시속 130km로 흐르듯 차를 몰게 되는 것처럼. 이 구간에서는 아이디어와 개념 사이를 연결하는 기존의 연상 고리가 흐려지고 새로운 연결이 생겨날 때가 많다. 약간의 이완과 시간적 거리만으로도 문제를 바라보는 관점은 나도 모르게 달라지므로 대안적인 생각을 떠올리고 새로운 해결책을 모색하는 기반이 된다. 실제로 네덜란드 님메헌 대학교의 사회심리학자 아프 디이크스터회스(Ap Dijksterhuis)의 연구에 따르면, 사고력 실험에서 문제 해결 도중 일부러 참가자들에게 훼방을 놓아 '아무것도 하지 않는 시간'을 가지게 한 뒤 다시 문제에 접근하도록 했을 때, 줄곧 집중을 한 참가자들보다 훨씬 더 많은 아이디어를 떠올리는 것으로 나타났다.

여기서 흥미로운 질문 하나. 집중적 사고와 자유롭게 떠도는 백일몽 중 어느 쪽이 더 창의성을 자극할까? 이는 과학적으로 객관화하여 검증하기가 매우 어려운 주제에 속한다. 하지만 학자들이 오랜 노력을 기울여 연구한 끝에 내린 결론은 우열을 가릴 수 없다는 것이다. 깊은 고민과 백일몽을 자유롭게 오갈 때 창의적인 아이디어가 떠오를 확률이 뚜렷하게 증가하기 때문이다. 단, 해당 분야에 대해 아무런 사전 지식이 없을 경우에는 집중적 사고이든 백일몽이든 아무 효과가 없었다.

창의적인 사고과정은 백일몽에서 시작하지 않으며(정신이 팔린 사람은 아무것도 배우지 못한다), 백일몽으로 끝나지도 않는다(새롭게 떠오른 아이디어들 중 쓸 만한 것을 골라내기 위해서는 집중력과 의식적인 선택이 필요하다). 하지만 그 중간 단계에서 백일몽은 독창적이고 새로우며 심지어는 세상을 뒤흔들만한 아이디어가 떠오르도록 돕는 강력한 촉매제가 될 수 있다.

새로운 아이디어가 생겨나는 과정을 진화생물학적 개념으로 설명할 수도 있다. 뇌는 백일몽 모드일 때 아이디어(기준 설계도)를 만들어 낸 후, 다양한 형태(돌연변이)로 바꾸어 시뮬레이션 속에서 시험해본다. 작고 다양한 변형들은 더 크고 참신한 아이디어로 발전할 수 있다. 백일몽 네트워크를 통해 흘러나오는 아이디어는 우리가 의식하는 것 보다 훨씬 많으며, 특히 휴식과 이완의 순간에 활발하게 생성된다. 무의식이라는 은밀한 바다에서 아이디어의 돌연변이들이 만들어지고 기존의 지식 요소들에서 비롯된 크고 작은 연상 작용이 줄기를 뻗어 자란다. 이렇게 만들어진 수많은 아이디어들이 일단 형태를 갖추고 나면, 그 다음에는 평가와 선별의 과정이 시작된다. 대개 이 시점이 되어서야 비로소 주의 집중 네트워크가 작동하며, 그동안 다양하게 변형된 아이디어 중에서 '현실에 적합한 것들'을 골라내기 시작한다. 백일몽 상태(기본모드 네트워크)에서 의식적인 사고로 전환되는 이 시점에 새로운 아이디어를 평가하고 조율하기 위해 조율 네트워크가 개입한다.

창의성이 뛰어난 사람들은 특히 '아이디어의 변형'을 만드는 데 탁월하므로 좀 더 풍부한 자산 속에서 좋은 것을 선별할 수 있다. 물리학자와 예술가들에게 새로운 단어를 만드는 과제를 주고 수행하는 동안 그들의 뇌를 자기공명영상 장치(MRI)로 촬영한 결과에 따르면, 두 집단 모두에서 기본모드 네트워크에 속한 뇌의 영역의 활동 수준이 더 높게 나타났다. 2021년 미국 로스앤젤레스 캘리포니아 대학교(UCLA)의 'Big C 프로젝트' 역시 창의성이 뛰어난 사람들을 대상으로 연구를 실시했으며, 결과적으로 그들이 문제를 해결할 때 비교집단보다 뇌의 활성화 정도가 낮다는 사실을 밝혀냈다. 즉, 그만큼 뇌를 효율적으로 활용했다는 뜻이다. 이로써 재능이나 소질 또한 어쩌면 뇌가 에너지를 덜 들이는 방향을 따르려 하거나 혹은 힘든 것을 피하려 하는 경향일 수도 있다는 해석이 가능해진다. 뇌가 힘들어하는 작업에는 더 많은 에너지가 소모되기 때문이다. 그런 방식은 진화적으로 결코 유리하지 않다. 우리 뇌가 따르는 가장 중요한 원칙은, 가능한 적은 에너지를 들여 목적지에 도달하는 것이다.

이를 위해선 이성적 통제를 담당하는 전두엽이 지나치게 활성화되거나 너무 일찍 개입하지 않는 편이 훨씬 낫다. 마치 브레인스토밍을 할 때 무슨 아이디어든 의심부터 하거나 완벽하지 않은 것은 깎아내리고 보는, 까칠하고 부정적인 동료가 끼어들지 않는 편이 나은 것처럼.

그러므로 기억하자. 일단은 백일몽 모드에 들어간 뇌가 기존 정보들을 새롭게 배열하고 연관 지으며 새로운 아이디어를 떠올리는 일을 마음껏 하도록 내버려 두어야 한다. 떠오른 아이디어를 철저하게 검토하는 일은 그 다음에 해도 늦지 않다.

긴장과 이완 사이를 오가는 신경계의 탁구 게임

창의적 사고과정을 신경과학적으로 이해하기 위해서는, 사고의 각 단계에서 어떤 네트워크가 활성화되는지, 언제 모든 네트워크가 함께 작동하는지, 그리고 어느 시점에 어떤 네트워크의 뇌 활동이 억제되는지부터 알아야 한다. 가령 어떤 복잡한 문제를 해결하기 위해서는 네트워크 전부나 혹은 일부 회로를 억제하는 것이 핵심적인 역할을 할 수 있다.

연상능력을 확장하고자 하는 상황에서는 주의 집중 네트워크의 활동을 되도록 억제하는 편이 유리하다. 앞서 설명했던 '전두엽의 오프라인 상태(저전두엽 가설)'와 관련한 연구 결과를 떠올려보자(2장 '무엇이 창의적인 뇌를 만드는가?' 참고). 일상적으로 쓰이는 물건의 비일상적인 쓰임새를 연상하도록 한 실험에서, 전두엽의 활성화가 낮을수록 참가자들은 더 많은 독창적인 활용 아이디어를 떠올렸다. 기억과 경험이 강하게 필터링 되지 않을수록, 즉 덜 걸러질수록, 새로운 발상을 하는 데는 더 유리하다는 뜻이다.

뇌신경학자 렉스 융(Rex Jung)은 재즈 뮤지션들이 즉흥 연주 중에 새로운 리듬을 개발하고 시도할 때, 뇌에서 일어나는 활동을 분석해 조율 네트워크와 몽상적 시뮬레이션 네트워크 간의 협업 중요성을 밝혀냈다. 백일몽 상태의 시뮬레이션 네트워크가 활성화된 상태에서 재즈 뮤지션들은 새로운 아이디어를 특히 잘 떠올리는 것으로 확인되었다. 이는 일종의 연상 상태로 전전두엽 피질이 비활성화 되어 '감시자' 역할을 멈춘 순간이었다. 그렇다고 새로운 아이디어를 떠올리는 데 전전두엽 피질의 활동이 전혀 불필요하다고 볼 수는 없다. 일정량의 아이디어가 생성된 이후에는 주의 집중 네트워크가 다시 활성화되어야 어떤 아이디어가, 작곡이, 형태가, 맥락이 의미 있고 가치 있는지를 집중해서 평가할 수 있기 때문이다. 어떤 아이디어는 새롭긴 하지만 실용성이 떨어질 수도 있다. 새롭고 좋아 보이는 모든 아이디어가 비판적 필터를 통과하는 것은 아니다. 그러므로 잘 맞는 재즈 밴드처럼 뇌의 여러 영역들도 서로 조화를 이루도록 정밀하게 조율되어야 한다.

미국 노스다코타주립대학의 다르야 차베리나(Darya Zabelina)는 스트룹 테스트(Stroop Test)를 통해 이 사실을 증명했다. 스트룹 테스트란, 단어의 의미와 글자의 색이 일치하는 경우(파란 글씨로 '파랑')와 일치하지 않는 경우(빨간 글씨로 '파랑')가 임의적으로 제시되는 과제로, 참가자는 순간적으로 글자의 색

▶ 색다른 인사

오늘은 동료나 상사, 친구, 어린이집 선생님, 혹은 경비 아저씨에게 평소와는 다른 방식으로 인사를 건네 보자. 어렵게 생각할 것은 없다. 예를 들면, 짧은 메시지를 쓴 쪽지를 건네거나, 유쾌한 노래를 휴대전화로 보내거나 컴퓨터 앞에 재치 있는 문구를 적은 카드를 세워두는 등 방법은 다양하다.

을 불러야 한다. 단어의 의미와 색이 일치하지 않을 경우에는 대개 정답을 말하는 데 시간이 좀 더 많이 소요되었다. 다만, 창의적인 학생들일수록 두 유형(일치/불일치)간 전환을 수월하게 처리하는 것으로 나타났다. 이들은 특히 인지적 유연성이 돋보였고 이는 주로 창의적인 사람들에게 나타나는 대표적인 특성이었다.

뇌 생리학적 관점에서 설명하자면, 지능은 뻥 뚫린 정보의 고속도로를 질주하고 창의성은 우회로를 천천히 따라가며 상황과 아이디어를 낯선 방식으로 연결한다.

일본 토호쿠 대학의 인지발달학과 과장인 히카루 타케우치(Hikaru Takeuchi)는 실험을 통해, 창의적인 과제를 성공적으로 해결하는 사람들은 주의 집중 네트워크와 시뮬레이션 네트워크를 동시에 활성화할 수 있다는 사실을 증명했다. 그와 그의 연구팀은 지난 10년간 다양한 연구를 통해, 집중력과 낯선 일에 대한 개방성은 함께 그리고 동시에 작동한다는 사실을 확인했다.

처음에는 주의 집중 네트워크가 비정형적인 발상이 문제 해결에 기여할 수 있을지를 저울질한다(평가단계). 캐나다 브리티시 콜롬비아 대학의 심리학자인 칼리나 크리스토프(Kalina Christoff)는 디자인 전공 학생들에게 다양한 책표지 디자인 아이디어를 구상하도록 요청한 뒤, 그들이 자기 아이디어를 평가하는 단계에서 전두엽이 더욱 활성화된다는 사실을 영상기법으로 확인했다. 반면, 아이디어를 떠올리는 초기 단계에서는 전두엽의 활동이 상대적으로 낮았다.

그러므로 창의성은 모든 뇌 영역의 과제다. 창의성이 뛰어난 사람들은 적절한 때에 적절한 뇌 네트워크를 활성화하거나 비활성화 하는 데 능숙하여 매 순간마다 가장 이상적인 상태로 정신력을 활용하는 사람들이다.

정신 운동과 신체 운동의 연관성

게르트 켐퍼만 (Prof. Gerd Kempermann)
-드레스덴 재생적 사고 센터 및 독일 퇴행성 뇌질환 연구소,
드레스덴 공과대학교 교수

과학자는 내가 상상할 수 있는 최고의 직업이다. 하물며 내가 멘토로 모시는 프레드 게이지(Fred H. Gage) 박사는 연구 결과를 검토하던 중에 이렇게 외친 적도 있다. "우리가 이런 일을 하면서도 돈을 받는다는 게 믿기지 않는군!" 과학 분야에서 업적을 쌓기 위해선 분명 행운이 필요하다. 그러나 나는 행운에 기회를 주는 것은 각자의 몫이라고 생각한다. "뮤즈는 당신이 일하고 있을 때 찾아온다."는 피카소의 말처럼 말이다. '일상적 연구 활동' 내에서도 할 일은 아주 많다. 하지만 크든 작든 우리 경력에 날개를 달아주는 '유레카의 순간'은 일상적인 활동을 하다가 고개를 들어 뮤즈를 맞이할 때에만 찾아온다. 그리고 바로 그 순간에 창의성이 개입한다. 세계적인 세포생물학자 카이 시몬스(Kai Simons)가 "샛길로 빠지라!(Move Sideway!)"라고 표현한 바로 그 순간이다. 이때 우리에게 필요한 것은 헌법상 권리인 외적 학문의 자유가 아니다. 그보다는 자기 스스로 끊임없이 개발해야 하는 내적 자유와 그 자유를 실제로 사용할 수 있는 약간의 용기가 필요하다.

나는 다음 세 가지의 도움으로 내적 자유를 키웠다. 첫째는 자극을 주는 환경이다. 나는 박사후 과정 동안 캘리포니아 라호야(La

Jolla)에 위치한 솔크 연구소(Salk Institute)에 있었다. 그곳은 세계 최고의 생물학 연구소 중 하나일 뿐 아니라 태평양이 내려다보이는 장엄한 건축물로도 유명하다. 나는 그 장소가 마치 우리에게 말을 걸 듯 영감을 불러 일으켰다고 확신한다. 거기서 나는 환경에 대한 적극적인 경험이 뇌의 형성에 어떤 영향을 미치는지에 관한 연구를 시작했고 아직도 그 주제에 사로잡혀 있다. 실생활에서는 동료와 친구, 가족과의 다양한 대화와 토론이 그러한 환경으로 작용한다. 때론 전혀 생각지 못한 맥락에서 창의적인 연상이 촉발되기도 한다. 그러한 장소, 그러한 사람은 스스로 찾아야 한다.

창의성을 위한 두 번째 조건은 움직임이다. 나는 달릴 때 좋은 아이디어를 많이 얻는다. 정신의 움직임은 신체의 움직임과 연결되어 있다고 나는 확신한다. 이는 내 연구 주제이기도 하다.

세 번째는 글쓰기다. 나는 쓰는 걸 좋아한다(그래서 이 글도 당초 요청보다 길어지고 있다). 일단은 떠오르는 연상을 따라 써 내려간 다음, 여러 번 다시 읽으며 고치는 편이다. 나는 언어를 가지고 실험하는 것을 즐긴다. 나에게 글쓰기는 머릿속으로 복도와 문서실, 거실, 숲 그리고 교회를 오가는 데 적합한 활동이다. 스위스 작가 헤르만 부르거(Hermann Burger)는 하인리히 폰 클라이스트(Heinrich von Kleist)의 유명한 말을 인용하여 "글을 쓰는 과정에서 점차 아이디어가 다듬어진다."라고 표현했다. 따라서 나는 창의성을 내가 준 기회 안에서 일어나는 일이라고 생각한다.

3장
시험하라: 나는 얼마나 창의적인가

상상력은 창조의 시작이다. 당신은 당신이 원하는 것을 상상하고, 당신이 상상하는 것을 원할 것이며, 마침내 당신이 원하는 것을 창조하게 된다.
-조지 버나드쇼 George Bernard Shaw (1856-1950)

분명 당신은 미소 짓는 모나리자를 그린 레오나르도 다빈치의 탁월한 솜씨에 경탄을 금치 못할 것이다. 테슬라와 스페이스 X, X(구 트위터) 그리고 그 밖의 여러 기술 기업을 이끌며 세계에서 가장 부유하고 유명하며 혁신적이지만 동시에 논쟁적인 기업가인 일론 머스크(Elon Musk)를 경이롭게 여길지도 모른다. 혹은 '인류세'[7]라는 개념을 처음으로 제안하고, 1970년대부터 오존층의 파괴와 기후변화 예측에 기여한 네덜란드의 화학자이자 대기 과학자인 파울 크루첸(Paul J. Crutzen)의 업적에 감탄할 수도 있다. 그리고 당신은 분명 수십 년간 mRNA 기술을 확신하며 연구한 결과 바이오엔테크(BioNtech)를 통해 세계 최초의 mRNA 기반 코로나 19 백신을 개발해낸 우구르 사힌(Ugur Sahin)과 외즐렘 튀레치(Özlem Türeci) 부부에게는 고마움을 느낄 것이다.

---

[7] Anthropocene, 인간의 활동이 지구 환경과 생태계에 결정적인 영향을 미치는 새로운 지질시대

그들은 모두 새롭고 위대한 무언가를 창조한 인물들이다. 그리고 우리는 종종 그런 위대한 인물들 뒤에 숨으려는 경향이 있다. 창의성이란 오직 소수의 사람들, 예술가나 대단한 기업가, 위대한 과학자들만이 지닌 특별한 능력이라고 믿어버리는 것이다. 하지만 정말 그러한가? 평범한 당신 또한 일상 속에서 끊임없이 독창적인 해법을 찾고 있지 않은가? 남들이 칭찬할 만한 기발한 아이디어를 한 번쯤은 떠올리지 않았던가? 어쩌면 당신은 주변 사람들이 막막할 때면 늘 찾아와 조언을 구하는 열정적인 해결사일지 모른다. 그렇다면 당신 또한 일상 속에서 매일 창의력의 최대치를 발휘하고 있는 건 아닐까?

과학자들과 심리학자들은 우리 누구에게나 창의성이 있다고 한 목소리로 말한다. 창의성은 부분적으로는 타고난 능력으로서 우리 인간 DNA 깊숙이 뿌리 내리고 있다. 하지만 그보다는 경험과 훈련, 그리고 늘 새로운 것을 시도하려는 인간의 호기심을 통해 길러진 능력이 차지하는 부분이 더 크다. 그러므로 혹시 자신이 살면서 창의적이었던 적이 단 한 번도 없었다고 생각하는 사람이 있다면, 그는 자기 창의력을 숨기기 위한 매우 창의적인 방식을 개발한 셈이다!

앞서 살펴본 바와 같이, 창의적 잠재력을 발휘하는 일은 결국 지극히 개인적인 과정이다. 그런 점에서 창의적 성과를 끌어내는 요인이 무엇인지는 각자가 스스로 찾아내야만 한다. 뮤즈가 별안간 찾아와 입맞춤을 할 때까지 무작정 기다릴 필요는 없다.

그런 점에서 '뮤즈의 입맞춤'은 창의성을 나타내는 좋은 비유라 할 수 없다. 창의성은 훈련될 수 있다. 아니, 적어도 촉진될 수는 있다. 그리고 그 이면의 과정을 더 잘 이해할수록, 우리는 더 쉽고 효율적으로 창의성을 개발할 수 있다.

창의성은 수치로 측정이 가능한가?

이 질문에 대한 답은 간단하다. "아니다. 수치로 측정하지 못 한다." 100년이 넘는 역사를 가진 IQ 테스트조차 여전히 논란의 대상이다. 하지만 창의적 잠재력을 어느 정도 평가하거나 평가받을 수는 있다.

당신의 '아하! 순간'을 세어보라. 당신이 떠올린 '좋은' 아이디어들(그런데 '좋은'게 뭐지?)을 목록으로 적어보라. 또는 창의성 테스트를 해볼 수도 있다.

창의성 테스트는 언뜻 단순해 보이지만 과학적으로는 결코 단순하지 않은 과제다. 이를 위해선 여러 측면, 즉 언어적 창의성, 공간적 상상력, 문제해결력, 인과추정능력 등을 아우르는 다양한 질문이 필요하기 때문이다. 또한, 지능 테스트와 달리 창의성 테스트에는 명확하게 정해진 하나의 정답이 존재하지 않는다.

창의성을 측정하는 전형적인 테스트 과제를 예로 들자면 다음과 같다: 짧은 시간 안에 다음 질문에 대해 가능한 한 많은 아이디어를 제시하라. 엘리베이터가 없는 오래된 빌라 2층을 리모델링할 예정이다. 당신은 인테리어 디자이너로서, 부피가 큰 새 가구들을 2층까지 옮길 수 있는 다양한 방법을 고안해야 한다. 2분 안에 몇 가지 해결책을 떠올릴 수 있는가?[8]

언제, 어디서, 무엇을?

당신의 아이디어가 가장 번뜩일 때는 하루 중 언제인가? 샤워기 아래 오롯이 혼자일 때인가, 아니면 다른 사람과 함께 있을 때인가? 당신에겐 장소가 중요한가, 아니면 당신 주변에서 일어나는 일에 영향을 받는 편인가?

언제 좋은 아이디어가 떠오르냐는 질문에, 많은 사람들이 "조깅할 때", "아침이나 저녁", 혹은 "완전히 긴장이 풀려있을 때"라고 답한다. 어떤 이에게는 한밤중에 번개처럼 아이디어가 떠오르기도 하고, 또 어떤 이에게는 일정 수준의 스트레스나 특정 정서적 상태가 필요하다. 이처럼 자기에게 맞는 타이밍을 찾는 것은 각자의 몫이다. 따라서 성별과 연령과 성격을 막론하고 모두에게 똑같이 적용되는 정답이란 없다.

▶ 단어를 찾기.
영어 단어 하나를 고르라. 가령 '늦은'이란 뜻의 'late'를 선택했다면, 이 단어 앞에 알파벳 하나를 붙여 새로운 단어를 만들어 보자(예: slate, plate). 또는 첫 알파벳을 바꿔서 비슷한 구조의 다른 단어들을 떠올릴 수도 있을 것이다(예: mate, gate, date). 그리고 late 와 다른 단어를 합쳐 만든 합성어도 찾아 보자(예: latecomer, late-bloomer). 자, 이번에는 당신이 직접 단어를 골라서 같은 연습을 해볼까?

---

[8] 이 질문은 2016년 2월호 '슈피겔-지식(SPIEGEL-WISSEN)'에서 발췌했다. 창의성 테스트를 개발해 온 호헨하임 대학의 하인츠 슐러 교수(Prof. Heinz Schuler)가 작성했다.

그리고 과학은, 사람에 따라 서로 다르게 작용하는 창의성의 구성 요인들을 밝혀냈다.

[2장]에서 우리는 새로운 아이디어를 의식적으로 떠올리기 위해서는 뇌가 수많은 영역과 뉴런들을 매우 종합적으로 조정하여 활성화해야 한다는 사실을 배웠다.

다음은 창의적 발상을 촉진하는 조건과 요소들 중 일부다. 이 중 당신에게 해당하는 것은 무엇인가?

- **호기심**: 나는 무엇에 열광하는가? 시간가는 것을 잊고 몰입하는 순간은 언제인가?
- **환경 설정**: 아이디어를 떠올리기 위해 내게 필요한 것은 무엇인가? 음악, 정적 혹은 익숙한 TV 드라마?
- **재미**: 나는 무엇에서 즐거움을 느끼며 무엇이 내게 마음의 평안을 주는가?
- **사전 지식**: 내가 이미 잘 알고 있는 분야는 무엇인가?
- **집중력**: 나는 어떻게 하면 집중할 수 있는가? 내 주의를 쉽게 흐트러뜨리는 요인은 무엇인가?
- **시간 압박**: 대부분의 사람들은 주의를 집중하기 위해 약간의 압박이 필요하다.
- **숙성 시간**: 어떤 아이디어들은 성숙할 시간을 필요로 한다. 새로운 아이디어를 찾는 건 5분 만에 되지 않는다. 어떤 주제에 대해 곰곰이 생각하고 관점을 바꾸기 위해선 며칠 혹은 몇 주가 필요할 때도 있다.

- **스트레스:** 어떤 사람들은 스트레스가 있을 때 더 창의적이 되지만, 어떤 사람들은 전혀 그렇지 않다. 중요한 것은 스트레스의 성격을 구별하는 것이다. 두려움을 유발하는 스트레스는 창의성과 뇌의 연상 능력을 죽인다. 반면, 도전이 되는 스트레스는 창의성에 날개를 달아준다.

창의적 휴식이 필요한 때

▶ 익숙한 것을 낯설게 바라보기
일상적인 물건을 다른 용도로 써볼 수 있을까? 신문을 읽는 것 말고 또 무엇으로 쓸 수 있을까? 파리채는? 벽돌은? 또는 담배를 더 이상 피울 수 없는 것으로 만들려면 어떻게 해야 할까?

예시: 발표를 아이 돌보기 프로 그램으로 만든다. 아이가 발표를 들으면 담배를 떨어뜨린다.

일단 당신이 매일 몇 시에, 어떤 일을 하고 그때마다 어떤 감정을 느끼는지 적어보자. 혹시 최근들어 '지금쯤은 한숨 돌리면서 쉬고 싶다'고 느끼는 순간이 잦아지진 않았는가? 너무 많은 생각에 지쳐서 잠시 노력을 멈추고 싶지는 않은가? 어쩌면 지금이야말로 당신 자신에게 창의적 휴식을 허락해야 할 순간인지 모른다. 그런데 창의적인 휴식이 과연 무엇이란 말인가? 아무 것도 하지 않고 멍하니 먼 산을 바라보거나 산책을 하거나 뇌가 쉴 수 있는 단순한 활동을 해보는 게 좋을까? 예를 들면, 늘 가던 요가 수업에 가거나 아무 것도 하지 않고 가만히 있거나 다트를 던지는 것처럼 말이다. 익숙한 일상 활동 또한 당신의 뇌에 활력을 불어넣을 수 있다. 그런 일이 어떻게 가능한지는 이미 [2장]에서 살펴본 바 있다.

반드시 처리해야 하는 어떤 일을 앞에 두고 도무지 생각이 떠오르지 않을 때 또한 창의적인 휴식이 필요한 순간이다. 당신이 직장 상사 앞에서 중요한 발표를 해야만 한다고 가정해보자. 천편일률적인 아이디어로는 안 되니 무언가 색다른 것이 필요하다는 얘기는 이미 몇 번이나 들었다. 하지만 도무지 번뜩이는 아이디어는 떠오르지 않고, 섬광처럼 좋은 아이디어가 스치길 목을 빼고 기다리고 있다. 그럴 때 바로 창의적 휴식이 필요하다. 책상에서 일어나 이를테면 896피스짜리 원목 범선 모형을 조립하는 일 같은 것에 빠져버려야 한다. 그러길 한 시간쯤 하고 나면 당신 영혼에 작은 번갯불이 반짝일지도 모른다. 이를테면 회사에서 새로 출시한 향수를 마케팅 하는 데 유용한 아이디어가 떠오른다던지.

앞서 설명한 바와 같이 몸을 움직이는 것도 창의성을 자극하는 데 효과적인 휴식의 방식이다. 그래서 독일의 철학자 임마누엘 칸트는 산책을 즐겼고, 페이스북의 창립자 마크 저커버그는 팀원들을 데리고 달리기를 하는 것이다.

잠결에 번개처럼 찾아오는 영감

혹시 애타게 찾던 아이디어가 자고 일어났더니 혹은 비몽사몽 중에 불현듯 떠오른 경험이 있는가? 그렇다면 파워 낮잠(Power-nap)을 오후 일정에 포함시키는 것도 좋은 생각이다. 파워 낮잠이란, 15분에서 30분 정도 눈을 붙이며 휴식을 취하는 것을 뜻한다. [2장]에서 보았듯, 뇌는 수면 중에도 쉬지 않는다. 오히려 매우 활발하게 일한다. 특히 감각 자극에서 벗어난 상태는 아이디어가 무의식의 경계를 넘어 의식으로 떠오르는 데 도움이 되고, 문제 해결의 단서가 될 수 있는 연상을 이끌어내기도 한다. 러시아의 화학자 드미트리 멘델레예프(Dmitri Mendelejew)는 1869년 어느 날 화학 원소 주기율표를 배열하는 구조를 꿈에서 떠올린 일화로 유명하다. 독일의 화학자 아우구스트 케쿨레(August Kekulé)는 벽난로 앞에서 잠시 잠에 들었다가 뱀이 자기 꼬리를 물고 빙빙 도는 모습을 본 꿈에서 영감을 얻어 1865년 '벤젠의 고리 구조'[9]를 제안했다. 알버트 아인슈타인(Albert Einstein) 역시 자다가 몇 가지 중요한 통찰을 얻은 적이 있으며, 비틀즈의 멤버 폴 맥카트니(Paul McCartney)는 대표곡 <예스터데이 yesterday>의 멜로디를 잠결에 들었다고 말했다. 실제로 잠시 자고 일어난 참가자들에게 수학 문제를 풀게 한 실험에서도, 짧은 수면이 '유레카 순간'을 촉진하는 데 도움이 될 수 있다는 가능성을 보여준다.

---

[9] 탄소 6개가 정육각형 고리를 이루며, 전자가 고리 전체에 퍼져 있는 안정적인 공명 구조

<창의성 훈련>

- 스트레스 점검하기

꽉 막힌 고속도로 한가운데 끼어서 오도 가도 못하거나 하염없이 지연되는 기차를 타 본 경험은 누구에게나 한 번쯤은 있다. 하필이면 어겨선 안 될 중요한 약속에 가는 길에 교통체증이나 연착 때문에 늦게 되면 분노가 치미는 게 당연하다. 하지만 화를 낸다고 상황이 바뀌진 않는다. 그렇다면 그 동안 당신은 무엇을 할 수 있을까? 지금 상상해보자. 무엇을 하면 마음을 가라앉힐 수 있을까? 평소에 해보고 싶었지만 미뤘던 일을 해보는 건 어떨까? 예를 들어, 차안에서 노래 부르기 같은 것. 어차피 차 안에서는 아무도 당신 목소리를 듣지 못하니까. 아니면 다음 휴가를 어디로 갈지 고민해보는 건? 또는 누군가 당신에게 돈을 준다면 그만큼 화가 덜 날까를 생각해보는 것도 나쁘지 않다. 말도 안 되는 질문처럼 느껴질 수 있지만 그래도 지금 당장 상상의 나래를 펼쳐보자. 얼마를 받으면 당신 마음이 풀릴까? 5천 원, 10만 원, 아니면 1천만 원?

다른 사람과 토론하기

생각을 말로 표현하는 것은 생각을 다듬는 데 도움이 된다. 한번 내뱉은 말이 뇌에 여운을 남기기 때문이다. 토론을 하다보면 대화 중에 아이디어가 발전하거나 새로운 아이디어가 꼬리에 꼬리를 무는 경험을 하게 된다. 이전까지는 그저 희미한 형체에 불과했던 생각이 갑자기 이해되기도 하고, 다른 사람에게 문제를 설명하는 중에 갑자기 해결책이 떠오르기도 한다. 어떤 생각이 언어중추를 통과하여 발화되면 거기서 새로운 아이디어로 발전하는 데 도움이 되는 연상 작용이 일어나기 때문이다. 때로는 어떤 아이디어를 말하는 순간, 그것이 잘 되지 않으리라는 것을 깨달을 때도 있다. 머릿속에 있는 동안에는, 말 그대로, 그 생각을 끝까지 따라가 보지 않았기 때문이다. 하지만 그것을 완결된 문장으로 표현하는 순간, 그 허점이나 불분명함 또한 선명하게 드러난다.

혼잣말이나 글을 통한 표현은 감각 뿐 아니라 창의성도 예민하게 만든다. 그리고 다른 사람과의 대화와 토론은 생각을 날카롭게 다듬는 데 도움이 된다. 단, 신뢰할 수 있는 사람과 대화할 때에 그렇다. 두려움이나 사회적 압박을 느끼는 상황에서는 오히려 창의성이 억제된다. 스트레스를 느끼면 머리에 떠오른 생각을 언어 중추로 보내는 것을 전두엽 피질이 주저하게 되므로 그러한 상황은 결코 창의성이 싹트는 환경이 될 수 없다.

2008년 스위스의 디자이너 티나 로스 아이젠베르크(Tina Roth Einsenberg)는 '어울림'에 관한 아이디어를 찾던 중 창의적인 사람들을 위한 조찬 모임을 만들었다. 뉴욕에서 시작된 모임은 도쿄와 바르셀로나, 댈러스와 시드니, 팔레르모와 프라이부르크 등으로 퍼졌다. 현재는 '창의적 아침(www.creativemornings.com)'이란 플랫폼을 통해 60개국 207개 도시에 거주하는 수십만 명의 창의적인 사람들이 한 달에 한 번, 금요일 8시 30분에 모임을 갖는다. 디자이너, 마케팅 전문가, 소프트웨어 엔지니어, 광고인 등 여러 분야의 창작자들이 이 모임에서 인맥을 만들고 아이디어를 교환한다.

샤워기 아래에서 샘솟는 아이디어

2015년 인지심리학자 스코트 배리 카우프만(Scott Barry Kaufman)은 욕실용품 회사 한스 그로헤(Hansgrohe)와 공동으로 진행한 연구에서 응답자의 72%가 가장 좋은 아이디어를 떠올린 순간으로 샤워할 때를 꼽았다는 결과를 발표했다. 당신이 앞서 기본 모드 네트워크에 관한 설명을 읽었다면 샤워 중에도 이 네트워크가 작동하리라 쉽게 짐작할 수 있을 것이다. 그렇다면 샤워가 우리에게 불러오는 연상은 어떤 것일까? 따뜻한 물 아래서는 일단 긴장이 풀리는 법이다. 게다가 귓가에는 마치 폭포처럼 물이 쏟아지는 단조로운 소리만 들린다. 휴대전화도 없고 주의를 분산시킬 다른 시각적 자극도 없다. 샤워부스에 선 우리는 오롯이 혼자가 된다. 몸을 씻고 머리를 감는 것은 정신력을 쓰는 활동이 아니므로 집중할 필요는 전혀 없다. 번잡한 일상과 넘쳐나는 자극에서 벗어나 잠시 조용한 휴식을 가질 절호의 기회인 것이다. 당신에게도 실험을 권한다. 느긋하게 샤워하면서 최근 당신을 사로잡은 주제 하나를 떠올려 관련된 생각을 마음껏 방출하는 것이다.

<창의성 훈련>

- 이미지 상상력을 활성화하는 방법

이 연습은 5분~10분이면 충분하다. 목적은 상상력 자극이다. 이 책의 부록 1번에는 사각형이 여러 개 그려진 페이지가 있다. 각각의 사각형은 직각 네 개와 마주보는 변의 길이가 같은 도형이다. 이차원 평면의 직사각형들은 가로와 세로 모두 활용할 수 있다. 이를 기본 형태 삼아 어떤 물체를 그릴 수 있을까? 물체의 크기는 중요하지 않고, 기존의 틀에 얽매일 필요도 없다. 당신 사고의 한계를 넘어보라. 세로로 긴 직사각형은(어디까지나 평면상의 형태인) 침대나 지폐일 수 있고, 가로로 놓인 직사각형은 텔레비전이나 엽서일 수 있다. 자, 어떤 이미지가 떠오르는가? 처음에는 생각이 마구 떠올라 금방 그릴 수 있겠지만, 23개의 사각형을 몇 분 안에 물체로 바꾸려면 차츰 사고의 전환이 필요하게 될 것이다. 더 이상 아무 생각도 나지 않는다고? 그렇다면 뒷장을 넘겨 우리가 제안한 예시를 참고해도 좋다.

정보의 홍수가 창의성의 물줄기를 막는다

한꺼번에 많은 것을 하려는 사람은 쉽게 갈피를 잃는다. 생각이 뒤죽박죽 날아다니기만 하고 제대로 머릿속에 남는 것은 없다. 그럴 때 일주일 동안 쏟아지는 정보의 홍수를 잠시 멈추면 어떤 변화가 생길지 시험해보자. 이메일 확인을 멈추는 '이메일 안식기'나 뉴스를 보지 않는 '뉴스 단식', 일상의 다양한 일들을 하나씩 집중해서 처리하기, 끊임없이 새로 채워지는 할 일 목록을 미루지 않기, 그리고 멀티태스킹을 포기하고 화면은 하나만 보기 등등... 두 번째 화면을 보지 않고, 온라인이면 온라인만, 오프라인이면 오프라인만. 둘을 동시에 하려 하지 말자.

항상 여러 가지 일을 동시에 생각해야만 하는 사람은 작업 기억력이 혹사당하고, 창의적인 생각을 위한 내적 집중력도 바닥으로 곤두박질친다. 그러나 우리가 사는 정보사회에서 한 가지 일만 하기가 쉬운 일은 아니다.

다양한 설문조사에 따르면, 우리는 하루에 50회에서 100회 가량 휴대전화를 들여다보고, 매일 약 3.5시간을 휴대전화 사용에 할애한다. 이러한 방해 요소들은 우리가 중요한 것과 중요하지 않은 것을 구별하기 어렵도록 만든다. 복잡한 심장 수술 중인 외과 의사는 수천 가지 다른 생각을 떠올릴 새 없이 수술에만 전념해야 한다. 수술실에서 흔히 조용한 배경음악을 트는 것은 오히려 긴장 이완을 돕기 위해서다. 수술실에서는 내적 평안이 매우 중요하다. 참고로, 마취된 환자들마저도 차분한 환경에 긍정적인 영향을 받는다는 연구 결과가 속속 발표되고 있다. 수십 편의 관련 논문에 따르면, 수술실 분위기가 편안하면 마취 중인 환자의 불안과 통증이 감소하는 것으로 나타났다.

AI가 나의 창의성을 대체할 수 있을까?

인간 창의성의 미래를 두고 흔히 하는 질문이 있다. 인공지능이 나를 대신해 창의성을 발휘할 수는 없을까? 어떤 면에서는 컴퓨터 프로그램이 사람보다 더 뛰어나고 더 빠르다. 수학 계산이나 복잡한 데이터를 분석할 때 특히 그렇다. 우리는 이미 인공지능의 탁월한 능력에 익숙하다. 하지만 창의성의 측면에서도 인공지능이 인간의 뇌보다 더 뛰어날 수 있을까? 현재의 기준으로서는 그렇게 볼 수 없을 것 같다. 인공지능은 학습할 데이터가 충분할 경우에 한해, 작곡을 하고 그림을 그리고 이야기를 만드는 작업을 제법 잘 한다. 인공지능이 과거의 데이터를 바탕으로 새로운 것을 만드는 데 익숙하다는 사실을 잘 드러내는 대표적인 사례로 '더 넥스트 렘브란트(The Next Rembrandt)'를 들 수 있다. 바로크 시대 화가, 렘브란트 하르멘손 반 레인(Rembrandt Harmenzoon von Rijin, 1606~1669)의 그림 346점을 학습한 다음, 인공지능은 렘브란트가 실제로 그린 적이 없는 그림 한 장을 내놓았다. 모자를 쓰고 오른쪽을 바라보는 남자의 초상화였다. 이는 암스테르담의 한 광고회사가 낸 아이디어에서 출발한 프로젝트였다. 실행은 델프트 공과대학교와 마이크로소프트의 전문가들이 맡았다. 총 20명의 전문 인력이 18개월 간 함께 작업한 결과, 렘브란트의 화풍을 학습할 수 있는 알고리즘을 개발했고 '인공지능이 그린 렘브란트 그림'을 1억4800만 픽셀 3D 프린터로 출력하는 데 성공했다. 다만 예술사 전문가들은 프로젝트와 결과물 모두를 비판했다.

각설하고 질문으로 돌아가 보자. 인공지능의 창의성을 테스트한다면 어떤 결과가 나올까? 과학자들은 이른바 '대체 용도 테스트'를 통해 이 주제를 탐구한 바 있다. 벽돌, 사무용 클립, 칫솔 등의 물건을 기존 용도 외에 어떻게 활용할 수 있을지를 묻는 테스트다(이 책 오른쪽 여백의 소소한 연습에서도 비슷한 과제를 찾아볼 수 있다!). 더 다양하고, 더 독창적인 아이디어를 내놓을수록 점수는 올라간다. 베를린 훔볼트 대학 정보학 연구소의 제니퍼 하제(Jennifer Haase)와 영국 에식스 대학교 심리학 연구소의 파울 하넬(Paul Hanel)은 100명의 실험 참가자들과 6개의 인공지능 프로그램(챗봇: alpa.ai, Copy.ai, Chat GPT의 두번째 버전, Studio.ai, YouChat)을 대상으로 이 테스트를 진행했다.

▶ 황당하지만, 웃긴 생각
손님을 초대한 저녁 식사가 완전히 다른 순서로 진행되면 어떨까? 디저트를 제일 먼저 내온다면? 각자 다른 코스의 요리를 먹는다면? 한 코스가 끝날 때마다 손님들이 자리를 바꾼다면? 각 코스가 각각 다른 방에서 제공된다면? 혹은...?

그리고 학습된 인공지능과 인간이 서로의 아이디어를 비교해 창의성을 평가했다. 2023년 3월 발표된 결과에 따르면, 아이디어의 질적 수준에서는 인공지능과 인간이 별반 다르지 않았다. 인공지능보다 더 창의적인 아이디어를 낸 인간은 겨우 9.4%에 불과했다. 한 마디로 말해 일반적인 창의성의 영역, 즉 'Little C'에서는 인간과 컴퓨터가 크게 다르지 않다는 것이다.

Chat GPT 질문 창에 '창의성'이라고 치면 2초 만에 다음과 같은 답이 나온다.

창의성이란 독창적이고 새로우며 가치 있는 아이디어나 해결책, 상품 혹은 예술품을 만들 수 있는 인간 혹은 시스템의 능력을 설명하는, 다면적이고 중요한 개념이다. 이는 예술과 과학, 기술과 경제, 교육과 인간관계 등 삶과 사회의 다양한 영역에서 중요한 역할을 하며, 인간 고유의 특성으로 여겨진다.

- **창의성의 성격과 특징**

1. 독창성: 창의적인 인간은 익숙한 기존의 경로를 벗어나, 명백하지 않거나 아직 알려지지 않은 새로운 아이디어를 떠올리는 경우가 많다.
2. 유연한 사고: 창의성은 다양한 관점에서 바라보고 고정된 사고의 패턴을 깨뜨리는 능력을 요구한다.
3. 호기심과 개방성: 창의적인 개인은 새로운 경험과 아이디어에 호기심이 많고 열린 태도를 가지며, 이는 창의성의 폭을 넓히는 데 도움이 된다.
4. 위험감수: 창의성은 종종 일정 수준의 위험 감수를 수반한다. 새로운 아이디어를 발견하고 시도하는 것은 불확실성을 동반하기 때문이다.
5. 아이디어의 연결: 창의적인 사람은 겉보기엔 무관해 보이는 아이디

어를 연결하여 새로운 맥락을 만들어내는 데 능숙하다.

6. 끈기: 창의성은 때로 끈기를 요구한다. 어려운 시기에도 아이디어나 프로젝트를 지속해나가는 태도가 필요하다.

7. 정서지능: 자신의 감정을 이해하고 그것을 창의적 사고에 통합하는 능력은 창작의 질을 한층 높여줄 수 있다.

창의성은 우호적인 환경, 자원에 대한 자유로운 접근, 실험할 수 있는 기회, 다양성을 존중하는 개방적이고 포용적인 문화 등 여러 요인에 의해 촉진될 수 있다. 하지만 두려움이나 엄격한 규칙 혹은 부정적인 비판 등에 의해 저해될 수도 있다. 창의성을 표현하는 방식은 그림, 음악, 문학, 영화, 춤, 디자인에서부터 과학적 발견과 발명 또는 사회 문제에 관한 혁신적인 해결책에 이르기까지 매우 다양하다.

종합적으로 보자면, 창의성은 진보를 이끌고 개인의 성취감을 높이며 문화와 사회를 더욱 풍요롭게 하는 소중한 자산이다.

답변 자체는 그리 나쁘지 않다. 하지만 여전히 아쉬움이 남는다. 아무래도 인공지능은 스스로 독창적인 질문을 만들거나, 어떤 문제에 대해 기존 사고방식과는 본질적으로 다른 대안적 현실 시나리오를 개발하는 능력은 부족해 보인다.

창의성의 도시는 어디?

많은 나라의 창의적 인재들이 자유롭게 생각하고 아이디어를 펼칠 환경을 찾아 고국을 등진다. 억압적인 정치적 분위기에서는 그런 자유를 누릴 수 없기 때문이다.

그렇다면 창의성을 촉진하는 도시는 어디일까? 이 질문에 대해 유럽연합 집행위원회 공동연구소는 2019년 두 번째로 실시한 조사를 통해 유럽 도시들의 창의성과 문화적 잠재력을 비교 분석한 결과를 내놓았다.

30개국 190개 도시는 인구 규모에 따라 분류되었고 '문화적 역동성', '창의적 산업', '창의적 환경' 등의 측면에서 분석되었다. 예를 들어, 박물관, 콘서트홀, 극장 등 문화 기관의 숫자와 그곳에서 열리는 행사의 다양성은 어떠한지, 혁신적인 일자리가 많고 젊은 세대에 대한 지원이 많은 도시는 어디인지를 포함해 총 29개의 지표가 평가에 사용되었다. 순위 상위권에 이름을 올린 독일 도시 중에는 바이마르, 슈투트가르트, 칼스루헤, 하이델베르크, 뮌헨, 베를린이 있었고, 독일 외에는 이탈리아 피렌체, 프랑스 파리, 덴마크 오르후스, 스코틀랜드 글래스고, 네덜란드 아인트호벤 등이 있었다.

▶ 다음 세 단어 앞에 공통으로 들어갈 수 있는 단어는 무엇일까?
- room
- oon
- trapping

정답: ball

<창의성 훈련>

- 매의 눈

이 그림에서 찾을 수 있는 삼각형은 몇 개인가?

힌트를 주자면, 20개 이상이다.

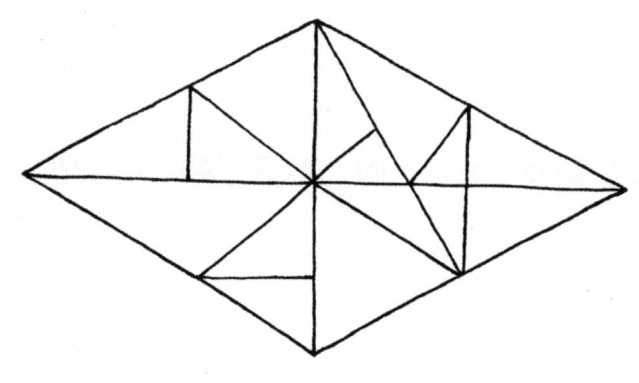

잠재력 발견하기

당신의 창의성에 예민한 관심을 기울여볼 수 있도록 질문지를 마련했다. 성실히 답변한다면 당신의 창의성을 자극하는 요소들을 확실하게 파악할 수 있을 것이다.

아래에 제시된 질문들은 의도적으로 주제에 따라 정렬된 것이 아니다. 반드시 차례대로 답할 필요는 없고, '네', '아니오' 혹은 '그냥'으로 답하는 건 의미가 없다. 중요한 것은 질문을 들은 즉시 떠오르는 생각, 즉 당신의 첫 반응이다. 그것은 어떤 사건일 수도, 어떤 상황이나 대화일 수도 있다. 아주 오래전 기억일 수도, 아니면 지금 당장 혹은 지난주에 있었던 일일 수도 있다. 어쩌면 어릴 때 일이나, 부모님이 당신에 대해 자주 했던 말이 떠오를 수도 있다. 들으면 들을수록 점점 디테일이 붙어서 나중에는 진짜 경험처럼 느껴지지만 실제로 겪은 기억은 없는, 그런 어릴 적 이야기가 누구에게나 하나쯤은 있는 법이다.

질문지: 당신은 자신의 창의적 잠재력을 어떻게 평가하는가?

자신이 창의적이라고 생각하는가?
___

왜 그렇게 생각하는지, 근거를 세 가지 써 보라.
___

일상에서 새로운 아이디어가 쉽게 떠오르는 상황이 있다면 언제인가?
___

오전, 오후, 저녁 중 새롭고 좋은 아이디어가 잘 떠오르는 시간대는 언제인가?
___

손재주가 좋은 편인가?
___

그림을 그리거나 뜨개질을 하거나 악기를 연주하거나 노래를 하는가?
___

깊이 생각할 때 몸을 움직이는 것이 도움이 되는가?
___

조깅이나 골프를 할 때(혹은 다른 스포츠 중에) 아이디어가 잘 떠오르는가?

———————————————————————————

다양한 전문 분야에 관심이 있는가?

———————————————————————————

자신이 어떤 분야에서는 전문가라고 생각하는가?

———————————————————————————

스스로 어떤 재능이 있다고 생각하는가? 혹은, 다른 사람들이 자주 말하는 당신의 재능은 무엇인가?

———————————————————————————

잠들지 않은 상태에서 공상하길 좋아하는가?

———————————————————————————

생각이 유연해지고 창의적인 아이디어가 샘솟는 특정 장소나 환경이 있는가?

———————————————————————————

모든 사람이 어떤 식으로든 창의성을 갖고 있다고 생각하는가? 이 질문을 들었을 때 바로 떠오르는 사람이 있다면 누구인가?

———————————————————————————

우리 사회가 문제 해결을 위해 좀 더 창의적인 접근을 해야 한다고 생각하는가?

———————————————————————————

당신 직업에서 유연한 생각이 특히 중요한 측면은 무엇인가?

———————————————————————————

당신의 강점은 무엇이라고 생각하는가?

———————————————————————————

특정한 분야에서 재능이 있다고 자신하는 일이 있는가?
_____

한 가지 일에 집중을 잘 하는가?
_____

문제 혹은 과제가 주어졌을 때 꼼꼼하게 처리하는 편인가?
_____

스스로 예술적 재능이 있다고 생각하는가?
_____

(당신이 생각하기에) 당신이 살면서 떠올린 가장 좋은 아이디어는 무엇인가?
_____

유연하고 신속하게 사고를 전환하는 능력이 당신에게는 얼마나 중요한가?
_____

이미지를 잘 떠올리는가?
_____

아이디어를 떠올리기 위해 필요한 조건은 무엇인가? 다른 사람과 함께하는 것인가, 아니면 혼자 있는 시간인가?
_____

아이디어가 전혀 떠오르지 않을 때는 언제인가?
_____

창의적인 분위기를 조성하기 위해 필요한 환경은 무엇인가?
_____

스트레스나 시간 압박이 창의성을 자극하는가?
_____

필요하다면 즉흥적으로 대처하길 좋아하는가?
_____

새로운 아이디어를 떠올리면 기분이 좋은가?
_____

어떤 문제에 해결책을 찾으면 뿌듯한 마음이 드는가?
_____

다른 사람들로부터 '대세를 거스른다'거나 '틀을 깨는 생각을 한다'라는 말을 들어본 적이 있는가?
_____

새로운 아이디어를 자주 떠올리며 엉뚱한 상상을 즐기는 사람들과 함께 있는 걸 좋아하는가?
_____

누군가 자꾸 새로운 아이디어를 내놓을 때, 그것이 피곤하게 느껴지기도 하는가?
_____

당신은 전략적으로 사고하는 사람인가?
_____

질문을 잘 떠올리는 편인가, 아니면 답을 잘 떠올리는 편인가?
_____

남보다 먼저 문제를 포착하는 편인가, 아니면 누군가 지적하면 그제야 비로소 문제를 깨닫는 편인가?
_____

직장이나 사생활에서 당장 창의적인 아이디어가 절실히 필요한 문제가 생겼을 때 제일 먼저 드는 생각은?

당신에게는 유머감각이 중요한가?

당신에게는 원칙이 중요한가?

휴가 중 문득 새로운 생각이 떠오르거나 문제를 기존과는 다른 식으로 바라보게 된 경험이 있는가?

부모들은 자녀에 대한 일정한 이미지를 마음속에 그려놓길 좋아한다. 그리고 어린 자녀의 관심사를 그와 잘 맞는, 혹은 잘 맞으리라 추정되는 어떤 직업과 자연스럽게 연결시키곤 한다. 물론 충분히 그럴 수 있다. 그러나 종종 그런 유년기의 관심사는 이후 뇌와 성격이 발달하면서 사라지기도 하고, 성장하는 과정에서 창의성이 전혀 다른 방식으로 발현되기도 한다. 그래도 부모는 언제나 자기 자녀를 자랑스러워하고, 아이들은 대체로 어른들보다 아이디어가 풍부하다.

독일의 유명한 패션 디자이너 볼프강 유프(Wolfgang Joop)는 2015년 5월, 독일 일간지 <차이트:Die Zeit>에 실린 글에서 자신의 어린 시절을 다음과 같이 회상했다. "어린 소년이었던 나를 지켜준 것은 창의성이었다. 창의성은 다른 사람들이 나에게서 원하던 것들로부터 나를 보호해주었다. 그들이 나에게 말을 걸 때, 나는 나만의 세계 속에 있었다. (...) 학교에서 나는 몰래 여성의 나체를 그렸고, 그 그림을 동급생들에게 팔았다. 나중에는 내가 옷을 입은 여성도 꽤 잘 그릴 수 있다는 것을 깨달았다. 그 때가 내 경력의 출발점이다."

질문지에 답변하는 동안 어쩌면 당신에겐 창의성과 진로에 관한 어떤 예측이 떠오를지도 모른다. 질문지에는 메모를 위한 여백이 있으니 떠오르는 키워드를 적어보시길. 한 번에 모든 문항을 답하지 않아도 된다. 어떤 답은 시간이 지난 후에 떠오르기도 한다. 질문지를 수시로 들여다보면서 새로 떠오른 답을 덧붙여도 좋다. 물론 이 질문의 합이 곧 당신 창의성의 전부는 아니다. 우리 모두는 저마다 개성과 경험이 다르며, 자기만의 고유한 자아상을 갖고 있기 때문이다. 그러므로 이 질문지는 당신이 스스로를 어떻게 보고 있는지, 혹은 다른 사람이 당신을 어떻게 보고 있는지를 고민해보는 하나의 출발점이라 여기는 게 좋다. 당신 부모는 당신에 대한 특정 이미지를 갖고 있을 것이고, 당신의 형제자매, 친구, 배우자, 회사 동료 등 다른 사람들 역시 자기만의 방식으로 당신을 바라볼 것이다.

이 질문지에는 다른 테스트들처럼 명확한 채점 기준이 없다. '나는 매우 창의적이군', '덜 창의적이군' 혹은 '결코 창의적이지 않군' 등을 판단의 목적으로 삼는 테스트가 아니기 때문이다. 그런 식의 분류는 애초에 의미가 없다.

창의성은 그 사람이 준비된 영역 안에서만 발휘된다. 가령, 가구 만드는 것을 좋아해서 새로운 디자인에 관한 아이디어를 수도 없이 떠올리는 사람이라도, 저녁 메뉴를 고민할 때는 도무지 아무 생각이 나지 않을 수 있다. 직장에서 복잡한 기술적 문제를 능숙하게 해결하는 사람도, 주말에 아이들과 무엇을 하면 좋을지에 대해서는 전혀 감이 오지 않을 수도 있다. 친지나 친구들의 생일마다 기가 막히게 알맞은 선물을 생각해내는 사람도, 직장에서 업무 흐름을 개선할 아이디어를 요청받으면 머릿속이 하얘질 수 있다.

내 머릿속 마르지 않는 정보은행

베로니크 비치그만(Véronique Witzigmann)
디저트 전문가, 작가, 푸드스타일리스트, 요리 강사, '베이킹과 디저트' 컨설턴트. 음식 사진가인 폴커 데부스와 독일 남부 킴가우(Chiemgau)에 산다.
www.veronique-witzigmann.de

내 머리는 항상 레시피로 가득하다. 내 뇌에는 여러 해 동안 정보를 저장해 놓은 은행이 있어서 나는 생각만으로도 무엇이 어떤 맛을 내는지 알 수 있다. 억지로 멈출 수도 없다. 그건 그냥 일어나는 일이다.

가령 유자를 재료로 받았다고 치자. 무엇이 유자와 어울릴까? 백만 분의 일초 만에 "살구와 체리"라는 답이 떠오른다. 내겐 자주 있는 일이다. 최근에는 레드비트에 석류를 곁들여보았다. 여기에 무얼 더하면 좋을까? 초콜릿? 딩동댕! 레드비트와 석류와 초콜릿의 조합은 언뜻 괴이하게 느껴지겠으나, 막상 먹어보면 너무 매력적이라 깜짝 놀라게 될 것이다. 나는 맛을 떠올릴 때 이미지도 상상한다. 눈앞에 케이크 틀을 떠올리고 그 틀을 어떤 재료로 채울 수 있을지 상상의 나래를 펼쳐보는 식이다.

어쩌다 내겐 이런 능력이 생긴 걸까? 나도 잘 모르겠다. 하지만 어느 정도는 유전적 요인이 있으리라 짐작한다.

잘 익은 레몬을 볼 때 나는 향기나 산미뿐만 아니라 그 색감과 과육의 매혹적인 구조에도 매료된다. 그리고 즉시, 그것으로 무얼 만들 수 있을지를 떠올린다.

새로운 디저트를 만들어달라는 요청을 받고 실마리가 잡히지 않을 때, 가만히 앉아서 "제발, 아이디어야 와라."라고 외쳐본들 아무 소용이 없다. 스트레스를 받으면 아무 것도 되지 않는다. 그럴 때 내게 필요한 것은 아무도 없는 산꼭대기 같은 적막이다. 혹은 함께 아이디어를 주고받을 수 있는 누군가가 필요하다. 남편이 내게 "이렇게 해보는 건 어때?"라고 말하기가 무섭게 나는 "아니야, 그렇게는 안 돼."라고 생각한다. 그리고 그 말이 내 머릿속 정보은행에 다른 걸 떠올리라는 신호를 보낸다. 내가 창의적 사고를 시작하는 과정이다.

나는 시장에 가는 걸 좋아한다. 이국의 시장은 나를 흥분시킨다. 종종 나는 디저트에 관한 아이디어를 먼저 그림으로 그려놓고 요리에 들어간다. 독일 남부 흑림(黑林)지대에서 자주 먹는 체리 케이크를 재해석할 수 있을까? 같은 재료를 새롭게 조합한다면? 순간적으로 그 지방 전통 모자인 '볼렌후트(Bollenhut)'가 떠오른다. 하얀 짚 모자 위에 크고 둥근 솜 방울을 여러 개 얹은 모자의 모양을 본 따, 초콜릿을 케이크지로 깔고 그 위에 붉은 체리를 얹는다. 전통 체리케이크와 같은 재료로 전혀 다른 케이크가 탄생하는 순간이다.

4장
파악하라: 무엇이 창의성을 강하게 혹은 약하게 하는가

> 내게 가장 큰 기쁨을 보장하는 것은 지식이 아니라 배움,
> 소유가 아니라 습득, 현존이 아니라 도달이다.
> -카를 프리드리히 가우스 Carl Friedrich Gauß,
> 수학자, 통계학자, 물리학자 (1777-1855)

창의성은 학습과 훈련을 통해 길러지는 능력이다. 하지만 또한 창의성은 어느 정도 타고난 재능이기도 하다. 사람의 키가 유전자에 의해 결정되는 것처럼, 아무리 기지개를 켜도 유전적 한계를 넘어서기 어려운 것처럼 말이다. 이 말은 곧, 창의성 역시 특정한 환경 조건에 따라 발현이 억제될 수 있다는 의미로 해석될 수 있다. 성장기에 적절한 영양섭취를 하지 못하면 유전적으로 가능했던 신장에 이르지 못할 수 있는 것처럼, 창의성도 환경적 영향으로 온전히 발휘되지 못할 수도 있다는 의미다. 또한 이 말은, 사람이 유전적 소인 이상으로 자기 신장을 늘릴 수 없는 것처럼 창의성도 타고난 재능을 넘어서까지 개발될 수는 없다는 주장으로 이어질 수 있다. 이러한 관점은 어느 정도는 타당해 보인다. 다른 인지적 능력들과 마찬가지로 창의성에도 유전적 영향을 강하게 받는 특

정 성격 특성과 뇌의 인지 능력이 있기 때문이다. 사람에 따라 연상 작용이 유독 빠를 수도, 호기심이 강하고 새로움을 너그러이 받아들일 수도, 뛰어난 상상력을 갖고 있을 수도 있다.

이런 지적 능력이 창의성을 구성하는 한 축이라면, 다른 한 축은 창의성을 촉진하거나 방해하는 환경 요인으로 볼 수 있다. 이번 장에서는 후자에 관해 다룰 예정이다.

유전 vs 훈련

[2장. 이해하라]에서 살펴본 바와 같이, 창의성이 뛰어난 사람들은 주의가 집중된 상태에서 전형적으로 나타나는 뇌파 활동과 연상이 중심이 되는 알파파 영역의 백일몽 모드 사이를 쉽게 전환할 수 있었다. 그렇다면 이러한 능력은 타고나는 재능일까, 아니면 학습과 훈련을 통해 기를 수 있는 능력일까?

적어도 부분적으로는 훈련이 효과가 있다는 점은 여러 실험을 통해 확인되었다. 예를 들어, 뇌파 반응 게임[10]에서 알파파를 많이 만들어 낸 참가자들, 즉 뇌신경을 잘 이완한 사람들은 긍정적인 피드백을 보상으로 받았다. 그리고 이렇게

▶ 무엇이 빠졌을까?
아래 빈칸에 공통으로 들어갈 단어는 무엇일까?
___ chaser
brain ___
___ warning

정답: storm

---

10 Neuro Feedback game. 뇌파를 실시간으로 측정해 화면이나 소리 등으로 피드백을 제공함으로써 사용자 스스로 뇌파를 조절하도록 유도하는 훈련

알파파 영역을 중점적으로 훈련한 후 실시한 테스트에서 이 참가자들은 알파파와 무관하게 사전 게임을 수행한 대조군에 비해 훨씬 더 창의적인 성과를 보였다.

창의적 사고는 하늘에서 뚝 떨어지는 재능만은 아니다! 창의성을 촉진하는 것으로 확인된 요소들이 분명히 존재한다. 창의성은 외부 자극과 경험을 필요로 한다. 미국 작가 잭 케루악(Jack Kerouac, 1922-1969)은 "최고의 스승은 경험이다."라는 말로 이를 정리했다. 이는 우리가 창의적 활동을 할 때 의식적으로 기억을 떠올린다는 의미만이 아니다. 뇌가 우리의 경험을 무의식적으로 활용할 때도 있다. 직관을 포함한 무의식적 사고 과정은 우리가 상관있는 정보들을 처리하고 상관없는 정보들을 걸러내는 데 도움을 준다. 또한 새로운 정보를 효과적으로 정리하고, 감각의 영역에서든 복잡한 사고과정에서든, 까다로운 구조를 인지하고 비교할 수 있도록 도와준다. 우리가 새로운 상황에 맞닥뜨리면 뇌는 이전에 경험한 시나리오와 그것을 비교한

▶정말 그러한가?
익숙한 속담 하나를 떠올려 그 본질을 곱씹어보라. 과연 그 말은 항상 옳을까? 현대 생활과 우리가 사는 현실에 좀 더 잘 어울리도록 바꿔볼 수는 없을까? 할 수 있다면, 어떻게?

가령 서양에는 "병아리가 배우지 못한 것은 어미 닭이 되어도 배우지 못한다."라는 속담이 있다(아마 1546년 마틴 루터(Martin Luther)가 식사 중에 게으른 학생들을 두고 한 말에서 유래했으리라 추정한다). 어쩌면 이 말은 이렇게 바꾸면 어떨까? "병아리가 배우지 못한 것을 어미 닭이 되면 잘 배운다."

다. 이때 유사점과 차이점을 감지하고 기존 지식과 비교하는 뇌의 활동은 문제 해결을 위한 핵심 과정이다.

새로 만들어진 여러 해결책 가운데 의미 있고 유용한 것을 걸러내는 단계에서는 기억의 역할이 중요하다. 창의적 해결의 마지막 단계를 제대로 수행하기 위해 우리는 그 분야의 전문가가 되어야 한다. 우리의 뇌가 경험에서 얻어진 지식을 속속들이 꿰고 있을 때 유의미한 해결책을 선별할 수 있기 때문이다.

창의성을 의도적으로 키우는 데에는 분명 한계가 있다. 그 점을 인정하더라도, 창의적 아이디어를 떠올리는 데 가장 긍정적인 영향을 미치는 요소를 꼽으라면 그건 바로 평소와는 다른 체험과 경험이다. 더 나아가, 새로운 것에 마음을 열려는 의지를 갖고, 예상치 못한 일이 생겼을 때 호기심으로 반응하는 사람은 보다 독특한 아이디어를 떠올릴 가능성이 높다. 이는 어떤 성격적 특성이 창의성과 가장 밀접하게 연관되는지를 살펴본 연구의 결과를 통해서도 확인할 수 있다. 고전 심리학에서 인간 성격을 구성하는 다섯 가지 주요 요소 중에서는 (외향성, 친화성, 신경성, 성실성이 아닌) 개방성이 창의성과 가장 밀접하다. 물론 개방성이 뛰어난 사람만이 창의적이라고 단정할 수는 없지만, 열린 마음을 가진 사람은 창의성을 발휘하기가 상대적으로 더 쉽다고 볼 수 있다. 그렇지만 타고난 성격이 개방적이지 않아도 창의성을 키울 방법은 있다. 일상 중에 어떤 행위를 하는 방식을 바꾸거나, 의도적으로 주변을 낯선 시선으로 바라보고 질문을 던져보는 연습이 도움이 될 수 있다. 이러한 노력은 개방성과 창의성을 강화할 뿐 아니라 작업 기억과 주의력을 키우는 데도 긍정적인 영향을 미친다.

다음 그림을 참고하여 자기 성격을 파악하는 데 한 걸음 더 다가가길 바란다. 대개 한 사람 안에는 다섯 가지 요소가 고루 섞여 있기 마련이지만, 유독 집중된 한 가지가 도드라질 때도 많다.

> **성격의 '빅 5'**
>
> 심리학에서는 흔히 '빅 5' 모델을 사용하여 개인의 성격을 설명하곤 한다. 이 모델에서 인간의 성격은 성실성, 친화성을 포함한 다섯 가지 요소로 분류되며, 각각의 특성은 스펙트럼 상 '약함'에서 '강함'으로 구분된다. 가령 개방성 항목을 예로 들자면, 지표의 가장 왼쪽인 '다방면에 관심이 많음'에 해당하는 사람은 그 특성이 강한 편에 속하고, 가장 오른쪽인 '새로운 것에 별로 열려 있지 않음'에 해당하는 사람은 개방성이 약한 편이다. 이렇게 다섯 가지 지표에서 자신이 선 위치를 종합하면 자기만의 고유한 성격 프로필을 구성할 수 있다.

높음		낮음
다방면에 관심이 많고 색다른 것을 즐기며 엉뚱한 상상을 잘한다.	**개방성** ←→	새로운 것에 별로 열려있지 않고 안정을 중시하며 관습을 높이 평가한다.
신뢰할 수 있고 자기관리를 잘하며 목표 지향적이고 책임감이 강하다.	**성실성** ←→	예측불가능하고 조용하고 내성적이며 진지하고 수줍음을 많이 탄다.
사교적이고 활기차며 재미를 좋아하고 긍정적인 감정을 잘 표현하며 즉흥적으로 행동하고 말이 많다.	**외향성** ←→	조심스럽고 조용하고 내성적이며 진지하고 수줍음을 많이 탄다.
협력적이고 친절하며 다정하고 공감능력이 뛰어나며 조화를 중요하게 여긴다.	**친화성** ←→	경쟁적이고 공격적이며 고집이 세고 말투가 거칠며 때때로 적대적인 태도를 보일 때가 많다.
걱정이 많고 긴장을 많이 하며 자기연민이 강하고 우울이나 불안에 쉽게 빠진다.	**신경성** ←→	느긋하고 여유가 있으며 만족감이 높고 자기 확신이 강하며 스트레스를 잘 견딘다.

출처: © GEO Kompakt

창의성의 활력소, 도파민

펜실베니아 대학의 인지심리학자 스콧 배리 카우프만은 연구를 통해, 창의적 성과를 내는 데에는 순수한 지적 능력보다는 배우고 새로운 것을 발견하려는 열망이 훨씬 더 큰 역할을 한다는 사실을 밝혀냈다. 앞서 우리가 이미 확인하였듯이 창의성은 IQ와는 무관하다. IQ 보다는 '알고자 하는' 강한 욕구가 중요하다. 이는 실수를 패배가 아니라 도전으로 받아들이고, 실패에서 교훈을 얻는 역동적 자아상을 지닌 사람들의 특성과도 일치한다.

새로운 것을 발견하려는 의지는 창의적인 사람이 되기 위한 핵심이다. 뇌 생물학적 관점에서 보면, 이는 뇌가 새롭거나 낯선 것에 어떻게 반응하는지와 관련이 있다. 규칙을 찾으려는 시스템으로서 우리의 뇌는 새로운 일이나 예상치 못한 상황에 맞닥뜨리면 스트레스와 불안 반응 축이 활성화되어 두려움과 불안을 느끼기도 한다. 동시에, 호기심을 담당하는 신경 회로가 작동하여 무언가 흥미로운 일이 일어날지도 모른다는 기대감도 생긴다. 이때 기대를 담당하는 주요 신경 전달물질이 바로 도파민이다.

▶한 발로 서기

벽에서 1미터쯤 떨어진 곳에 서서 한 발로 균형을 잡은 다음, 오른손으로 테니스공을 벽에 던진 다음 왼손으로 받아보라. 곧이어 왼손으로 던지고 오른손으로 받으라. 공을 떨어뜨리지 않고, 혹은 한 번만 튀기고 얼마나 오래 이 연습을 이어갈 수 있을까? 다음에는 반대쪽 다리로 바꾸어 서서 다시 오른손과 왼손을 번갈아가며 던지고 받아보라. 어느 쪽이 더 잘 되는지 살펴보자.

낯선 것이나 새로운 것과 마주쳤을 때 도파민 분비로 반응하는 뇌는 외부의 새로운 자극과 체험에 대해 개방적으로 반응하게 된다. 새로운 무언가를 체험하고 배우고 창조하려는 강한 열망은 삶의 활력소가 될 수 있다. 도파민은 창의적인 결과물을 만들어내는 데 필수적인 인지적 유연성을 높이는 데 중요한 역할을 한다. 그래서 스콧 카우프만을 비롯한 여러 인지심리학자들은 도파민을 "혁신의 어머니"라고 부른다. 개방적인 성격을 지닌 사람들은 도파민 분비가 증가할 경우 백일몽을 더 자주 꾸는 경향이 있는데, 이 또한 창의적 능력을 자극하는 중요한 요소로 작용한다. 우리가 앞서 본 것처럼, 개방성은 마음가짐에 따라 달라질 수도 있다. 사람은 더 자주 그리고 의식적으로 낯선 상황과 접하려고 노력할 수 있다. 그리고 이런 노력은 스트레스 반응을 줄이고 도파민 분비를 촉진하는 데 도움이 된다.

<창의성 훈련>

- 초점 바꾸기

이 그림에서 무엇이 보이는가? 어떤 동물을 찾아보라. 이를 위해선 창의적 탐색 전략이 필요하다. 하지만 일단 한 번 동물을 발견하고 나면 그 기억은 사라지지 않는다. 그 다음부터는 이 그림을 다른 방식으로 해석하는 것이 불가능하다.

출처: 주

창의성에 대한 강박을 경계하라!

최근 몇몇 직장에서는 직원들의 창의적 잠재력을 짜내야 한다는 일념 하에 사무실 인테리어에 광기에 가까운 집착을 보인다. 알록달록한 가구, 해먹, 칠판, 흥미롭게 생겼지만 성인에게는 너무 낮은 의자 등이 사무실에 놓이게 된 것은 모두 그런 욕심의 결과다. 비전형적인 공간이 혁신적인 사고를 자극하리라 믿기 때문이다. 하지만 창의성은 스위치를 누른다고 '딸깍'하며 떨어지는 것이 아니다. 사무실의 경우도 마찬가지다. 독특한 가구를 배치한다고 해서 없던 창의성이 생기지 않는다는 사실은, 인시아드 비즈니스 스쿨의 기술 및 디자인 사고 교수인 마뉴엘 소사(Manuel

Sosa)와 미국 카네기 멜론 대학교의 조직 이론 및 전략 교수인 이선기가 진행한 실험을 통해 입증되었다. 참가자들은 원 40개가 인쇄된 종이와 함께, 그 형태를 활용해 실제 존재하는 사물을 그리라는 요청을 받았다. 그 결과를 보건대, 비일상적 환경에서 실험에 참여한 사람들은 오히려 평균적으로 낮은 성과를 나타냈다. 그들은 주변에 있는 원형 사물에 생각이 고착되어 창의적 사고에 어려움을 겪었다. 반면, 환경의 영향을 받지 않도록 설계된 과제에서 참가자들은 오히려 좋은 결과를 보여줬다. 결국 공간을 기발하게 꾸민다고 해서 창의력이 자동으로 증진되지는 않는 것이다. 오히려 개방형 사무실처럼 산만한 환경은 창의적 사고를 하는 데 방해가 될 수도 있다.

요약하자면, 창의력을 인위적으로 북돋우려는 필사적인 노력은 재앙이 될지도 모른다. 이는 당신이 '자야지'하고 혼잣말을 하는 순간 잠이 화들짝 달아나버리는 것과 같은 이치다.

때로는 완전한 무위(無爲)가 창의력을 끌어내려는 맹목적인 행동보다 더 효과적이라는 것이 여러 연구를 통해 입증되었다. 그중에서도 생각이 자유롭게 흘러가도록 내버려두는 것이야 말로 탁월한 아이디어를 떠올리는 데 가장 유용한 전략이다. 유명 각본가인 아론 소킨(Aaron Sorkin)은 글이 막히면 하루에도 몇 번씩 샤워를 한다고 한다. 물론 이는 자원절약의 측면에서 최고의 방법은 아닐 수 있다. 환경 친화적으로 비슷한 효과를 누릴 수 있는 다른 방법으로는 숲을 산책하거나 10분 명상하기가 있다.

덧붙여 지루함은 오히려 새로운 영감을 자극하는 원동력이 될 수 있다. 프리드리히 니체는 지루함에 대해 행복한 여행과 유쾌한 산들바람 앞서 오는 불쾌한 영혼의 '무풍 상태'라고 표현했다. 세계적으로 가장 성공한 영국 작가 중 한 명인 아가사 크리스티 역시 글을 쓰는 데 지루함만큼 좋은 상태가 없다는 것을 젊어서부터 확신했다. 뜻밖에 창의적인 아이디어가 움트는 진정한 터전은 지루함일지도 모른다. 지루함을 느끼는 순간 우리는 생각이 꼬리를 무는 백일몽 상태에 빠지고, 뇌 안에선 기본 모드 네트워크가 활성화된다. 뇌에서 이 시스템이 작동하면 새로운 창의적 아이디어가 샘솟거나 적어도 이전과는 다른 연상 작용이 시작된다.

향정신성 의약품이 창의력을 키울까?

과학자들이 연구 논문을 재미있게 쓰기 위해 애쓰는 경우는 드물다. 그런데 미국과 싱가포르의 연구자들이 최근 발표한 한 연구는, 적어도 실험에 참여한 사람들에게는 꽤 재미있었을 것이다. 그들은 대마초가 창의성 증진에 도움이 된다는 흔한 믿음이 과연 사실인지를 실험을 통해 조사했다.

연구팀은 여기에 대마초를 피는 미국인들을 모집해 표준화된 창의력 테스트를 실시했다. 테스트 항목은 벽돌의 새로운 용도를 찾는 것부터 수익을 낼 수 있는 음악 밴드 개발 아이디어까지 다양했다. 일부 참가자들은 대마초를 흡입한 직후 바로 실험에 참가했고, 대조군은 마지막 흡입 후 최소 12시간이 지난 뒤에 시험을 치렀다.

독립된 심사위원들은 그 결과가 얼마나 혁신적인지를 평가했다.

연구진은 먼저 대마초가 사용자의 전반적인 기분을 고조시킨다는 사실을 확인했다. 이는 그리 놀라운 결과는 아니었다. 또한 대마초를 사용하면 참가자들이 자신의 창의력을 더 높이 평가하고, 자신이 더욱 혁신적이라고 느끼는 경향도 있었다. 그러나 독립된 심사위원들은 실제로 참가자들의 창의성 수준에는 아무런 변화가 없었다는 결론을 내렸다. 그리고 대마초를 핀 사람들은 실제 아이디어가 정말 새롭든 아니든 상관없이 만사를 놀랍게 받아들이는 경향이 있었다.

2002년 과학 전문지 <네이처:Nature>에 발표된 한 연구는, 소량의 실로사이빈(psilocybin, 일명 환각버섯) 복용이 창의성에 미치는 영향을 조사했고 그 결과는 대마초 연구와 유사했다. 참가자들은 환각을 경험했으나 그 경험이 창의력 향상을 낳았다는 증거는 거의 없었으며, 실제로 더 유용한 해결책을 도출하는 데에 별다른 영향을 미치지 않았다.

창의력이 커지는 환경, 집 vs 사무실

2020년 초, 전 세계 노동자들은 코로나 팬데믹으로 인해 재택근무라는 새로운 현실에 빠져들었다. 그 과정에서 그들은 원치 않게, 그리고 예상치 못하게 글로벌 차원의 실험에 참여하게 되었다. 사회학자와 경제학자, 심리학자와 뇌과학자들은 지난 3년 중적지 않은 시간을 '온라인 미팅이 직접적인 대화를 대체할 때 일어나는 현상'에 대해 분석하는 데 바쳤다. 그리고 이제, 그 초기 결과들이 모습을 드러내고 있다.

전문가들의 분석에 따르면, 직장인들이 직접 모여 브레인스토밍 회의를 하고 자유롭게 연상할 때 새롭고 독창적이며 실용적인 아이디어가 더 많이 도출되었다. 또한 새로운 관계를 형성하는 데 있어서도 대면 접촉이 온라인 교류보다 더 성공적이고 신뢰를 높이는 데 효과적이었다. 2022년 저명한 과학 전문지 <네이처 휴먼 비헤이비어: Natur Human Behaviour>는 2020년부터 재택 및 원격근무 체제로 전환한 마이크로소프트 직원 6만 여명으로 대상으로 진행한 연구 결과를 보도했다. 이에 따르면, 원격근무 전환 이후 직장 내 협업 속도는 전반적으로 느려졌고, 직원 간 협력이나 정보 교환의 기회도 줄어들었다. 그 주된 원인은 우연한 만남과 비공식적 대화가 줄어든 데 있었는데, 실제로 업무에 관련된 새로운 아이디어의 약 20%가 이런 일상적 접촉을 통해 교환되는 것으로 나타났다. 복도에서 회의 주제를 논하는 것은 드물다는 점을 감안하면 이는 매우 놀라운 수치다. 이처럼 우연은 진화의 과정뿐 아니라 인간의 생각 교환에도 중요한 역할을 한다. 창의력을 일부러 끌어내려고 지나치게 애쓸 필요가 없다는 사실을 뒷받침하는 또 하나의 근거다. 지나친 노력은 오히려 예측 불가능성에서 비롯되는 자유의 공간을 빼앗을 수 있다. 우연에 기회를 주어야 창의성이 커질 수 있다.

반대로, 몇몇 직군에서는 사무실과 집을 오가며 길에서 허비하던 긴 통근 시간이 사라졌다는 점에서 재택근무가 오히려 생산성을 높이는 것으로 나타나기도 했다. 중국의 근로자들을 대상으로 한 연구에 따르면, 원격근무가 직원들에게 더 큰 자율성을 선물한 것으로 나타났다. 또한 대학들은 대면 수업과 화상 강의를 병행하는 하이브리드 학습 과정을 제공하여 학생들로부터 큰 호응을 얻었다. 이 과정은 학교 근처에 거주하지 못하여 장거리 통학을 하던 학생들에게 특히 많은 인기를 누렸다.

▶나만의 꽃다발
일반적인 꽃다발과는 전혀 다른 꽃다발을 만들어 보라. 꽃잎을 실에 꿰어도 좋고, 꽃을 거꾸로 물에 담가도 좋다. 무심하게 끈으로 묶어서 선물해도 좋고, 화환을 만들어도 좋다. 분명 이 외에도 당신만의 다양한 아이디어가 떠오를 것이다.

그럼에도 불구하고 저명한 과학 학술지 <네이처>에 발표된 연구에 따르면, 근로자들은 실제 공간에서 대면하여 협업할 때가 화상 회의를 통해 협력할 때보다 더 높은 창의성을 발휘할 수 있었다. 뉴욕 콜롬비아대학교의 멜라니 브룩스(Melanie Brucks)와 캘리포니아 스탠퍼드대학교의 조나단 레바브(Jonathan Levav)는 원격 근무가 창의성과 아이디어의 다양성에 미치는 영향을 실험실 연구과 현장 연구를 결합해 분석했다. 연구팀은 약 600명의 참가자를 두 그룹으로 나누어 실험을 진행했다. 각 그룹은 두 사람씩 짝을 이뤘고, 한 그룹은 같은 공간에서, 다른 그룹은 각기 다른 공간에서 화상으로 과제를 수행했다. 참가자들은 두 가지 일상 용품, 프리스비(Frisbee)와 포장용 에어캡을 두고 5분 안에 가능한 한 많은 창의적 활용 방안을 구상하라는 과제를 받았다. 그 결과, 화상 회의로 협력한 그룹이 낸 아이디어가 같은 공간에서 협업한 그룹보다 혁신성이 떨어지는 것으로 나타났다.

이어서 연구진은 실험실에서 얻은 결과가 실제 직장 환경에서도 유효한지를 검증하고자 했다. 이를 위해 5개국에 지사를 둔 한 통신 회사의 엔지니어 1500여 명을 대상으로 연구를 진행했다. 참가자들은 화상으로 협업하는 그룹과 실제 같은 공간에서 협업하는 그룹으로 나뉘었고, 실험실 연구와 유사한 과제를 수행했다. 그 결과 실험실에서의 결론은 현실의 업무 환경에서도 그대로 유지되었다. 대면 협업을 한 팀들이 화상 회의로 연결된 팀들 보다 창의적 아이디어를 더 많이 도출한 것이다.

그렇다면 물리적 근접성이 창의성 향상으로 이어지는 까닭은 무엇일까? 관련한 가설 중 하나는, 창의성이 몸을 움직이고 공간의 내용을 관찰하는 능력과 관련되어 있다는 것이다. 예를 들어, 실험에서 보다 창의적인 성과를 낸 팀들은 주변을 관찰하는 데 더 많은 시간을 할애했다. 반면, 화상으로 협업한 팀들은 컴퓨터 모니터에 집중하는 경향을 보였다. 좁게 집중된 시야는 새로운 아이디어의 다양성이 줄어든 결과와 밀접하게 연관되었다.

물론 화상 협업이 부정적 영향을 미치지 않은 경우도 있었다. 예를 들어, 제시된 아이디어 목록 중에서 어떤 아이디어를 계속 발전시킬지 선택하는 과제에서는 두 그룹 간에 큰 차이가 나타나지 않았다.

다만, 이런 실험 결과는 현재 사용되는 화상 회의 장비와 기술에 기반한 것일 뿐이다. 관련 기술은 꾸준히 발전하고 있으며, 향후 등장할 새로운 기술들이 이러한 창의성 결손을 줄이는 데 기여할 가능성도 크다. 실제로 가상 화이트보드 같은 협업을 지원하는 소프트웨어가 이미 경제, 교육, 연구 등 다양한 분야에서 점점 더 널리 사용되고 있다. 이러한 기술은 가상 환경에서 보다 원활하고 격이 없는 방식으로 정보를 교환할 수 있도록 허락할 것이다.

머지않아 원격과 대면을 병행하는 하이브리드 근무 형태가 주류가 될 수 있지 않을까. 일에 접근할 수 있는 경로가 다양해지고, 통근 시간이 단축되며, 교통비와 환경 부담이 줄어드는 등의 무시할 수 없는 장점이 많기 때문이다. 바야흐로 이제는 그간 경험을 바탕으로 다양한 하이브리드 근무 모델을 실험하고, 거기서 얻은 통찰 위에 새로운 시스템을 구축해야 할 때다. 그래서 이 방식들이 어딘가 아쉬움이 남는 대체물이나 창의성을 가로막는 장애물이 되지 않도록 만들어야 한다.

▶빗물로 만든 문장
아무 단어를 하나 정해서 그 단어의 각 글자를 첫 글자로 삼아 문장을 만들어 보라. 예를 들어, 영어단어 RAIN을 골랐다면 Rabbits always ignore noise, Rose ate ice cream nonstop, Running around is normal. 등의 문장이 가능하다. RAIN이 아닌 다른 단어를 골라도 좋다. LIGHT나 DREAM 혹은 PEACE로 문장을 만들 수 있겠는가?

좋은 기분과 창의성의 상관관계

일반적으로 여유롭고 즐거운 기분은 대부분의 상황과 대부분의 사람들에게서 뇌의 연상 능력을 높이는 데 도움을 준다. 기분이 고조될수록 발산적 사고도 활성화된다. 반면, 불안과 스트레스는 이러한 사고 과정을 억제하는 경향이 있다. 물론 대부분의 경우에 그렇다는 것이다. 좋은 기분은 뇌의 잠재적 억제 기능[11]을 둔화시킨다. 덕분에 더 많은 자극을 처리할 수 있고, 평소에는 무심코 지나쳤던 감도가 '약한' 연상마저도 의식적으로 감지할 수 있다. 한 마디로 말해, 우리 기분이 좋으면 뇌 네트워크는 새로운 정보 앞에서 한결 더 개방적인 태도를 취할 수 있다.

그런 점에서 우리의 하루에는 일정이 없이 비어있는 시간이 좀 더 필요해 보인다. 무엇보다 외부의 압력이나 내면의 스트레스가 적은 시간을 규칙적으로 확보해야 한다. 창의적인 사람들은 대개 활동적이고 열정적이지만 그렇다고 조급하거나 허둥대진 않는다. 우리에겐 집중해서 일하는 시간만큼이나 백일몽을 꾸거나 사색에 잠기는 시간도 필요하다. 최고의 아이디어는 종종 그런 순간에 떠오르기 때문이다. 그러므로 긴장을 스스로 풀 수 있는 방법을 찾고 의식적으로 실천해보길 당신에게 권한다. 심한 스트레스는 창의적 사고를 방해한다. 창의적 아이디어를 쥐어짜려고 애쓰다보면 오히려 생각은 막다른 골목으로 치닫는다. 그래서 약속을 연달아 잡기 보다는 각 일정 사이에 의도적으로 여유 시간을 확

---
11 latent Inhibition. 익숙하거나 중요하지 않다고 판단된 자극에 대해 뇌가 자동으로 주의를 덜 기울이도록 하는 인지적 필터 기능

보하는 것이 현명한 시간 관리 방법이라 할 수 있다.

하지만, 우울한 기분이 아이디어를 떠올리는 데 전혀 쓸모가 없는 것은 아니다. 특히 기분이 가라앉으면 감각이 예민해지고 주의 집중 네트워크가 활성화된다는 점에서는 도움이 될 때도 있다. 사람이 위험에 처하면 그 위험에 집중하듯, 우리도 우울할 때 당면 과제를 더 예민하게 집중하여 살펴볼 수 있다. 또한 우울한 기분과 함께 온건하고 단기적인 스트레스 상황에 노출되었을 경우에는 뇌에 더 많은 에너지가 공급되어 혈류량이 증가하고 전반적인 뇌 기능이 향상되는 효과마저 누릴 수 있다. 그러나 우울증이나 기타 정신질환은 창의성과 직접적인 관련이 없다. 우울증이나 정신분열증 환자도 창의적일 수 있으나, 그들의 창의성이 질병으로 인해 강화된 것이라고는 볼 수 없다.

창의성과 SNS

오늘날 우리는 정보와 의견, 그리고 아이디어의 상당 부분을 사회적 관계망(SNS)를 통해 접한다. 기발한 요리법과 독특한 인테리어 아이디어가 넘쳐나므로 SNS야말로 창의성의 터전으로 여겨질 때도 있다. 하지만 과연 유튜브를 통해 창의적 아이디어를 많이 접하는 것이 우리의 창의성을 키우는 데 도움이 될까? 사실 그럴 가능성은 희박하다. 이유는 매우 단순한 기술적 배경에서 찾을 수 있다. 구글을 비롯한 IT 대기업이 제공하는 알고리즘은, 우리가 과거에 클릭하거나 '좋아요'를 누른 콘텐츠의 방향을 바탕으로 점점 더 비슷한 주제의 정보를 추천하도록 설계되어있다. 그래서 점차 우리는 광범위한 관점에서 정보를 능동적으로 탐색하는 대신 이미 걸러진 편향된 정보를 제공받는 데 의존하게 된다. 그러나 우리 뇌가 받아들이는 정보의 다양성이 보장되지 않으면, 창의적 잠재력 역시 서로 다른 의견과 관점, 사실로부터 제대로 된 영양분을 공급받지 못하게 된다. 이미 당신에게도 비슷한 경험이 있을 것이다. 한두 번 귀여운 고양이 영상을 클릭하다 보면, 어느 순간부터 그런 영상들만 끝없이 쏟아지는 경우 말이다. 하지만 그것은 제한된 가상현실로 당신의 사고를 귀여운 고양이라는 오직 한 방향으로만 끌고 간다.

▶국가명 알아맞히기 게임
뒤섞인 알파벳 철자 속에서 나라 이름을 찾아낼 수 있을까?
DAACNA
GEPYT
NYAEK
AVENEULEZ

정답
CANADA
EGYPT
KENYA
VENEZUELA

이것은 오늘날 우리가 살아가는 디지털 미디어 환경에서 새롭고 다양한 자극을 적극적으로 찾아 우리 뇌에 양분을 공급하는 것이 얼마나 중요한지를 보여주기 위한 작은 여담일 뿐이다. 우리가 계속 독창적인 아이디어를 떠올리고, 지금 우리에게 절실하게 필요한 창의적 잠재력을 유지하고 혹은 확장해 나가려면 제공되는 알고리즘에 만족하지 말고 스스로 자극과 정보를 찾아 나서야 한다.

나이와 창의성

젊은 직원과 나이가 지긋한 직원 중 누가 더 창의적일까? 미국의 지성인 노먼 포도레츠(Norman Podhoretz)는 "창의성 속에서는 어린아이의 억제되지 않은 에너지가, 겉보기에는 그와 반대되고 심지어는 적대적 요소인 성인의 질서 감각, 즉 절제된 지성이 부여하는 규율과 신비로운 방식으로 만나게 된다."라고 말했다. 창의성은 청년들의 전유물일까? 스타트업 창업자의 43%가 35세 이하라는 통계를 떠올리면 그렇게 생각될 수도 있다. 그러나 같은 통계에서 57%는 35세 이상이라는 점에 집중하면 그 생각은 뒤집어질 수도 있다.

여기서 우리는 연령에 관한 고정관념을 경계해야 한다. 분명한 것은, 창의적 아이디어가 만들어지는 방식은 연령과 직업적 경험에 따라 달라질 수 있다는 점이다. 그러므로 창의성은 생애주기에 따라 다른 방식으로 드러난다고 보는 게 맞다.

알버트 아인슈타인은 물리학자로서 경력을 시작하던 시절, 빛의 속도와 달리는 두 대의 기차에 대해 고민하기 시작했고 그 과정에서 상대성 이론을 발전시켰다. 그는 주어진 상황을 기존과는 전혀 다른 방식으로 구조화했다. 공간과 시간에 대해 어떤 방식으로 생각했느냐는 질문에 그는, 자신이 광선 위에 올라타거나 광선 옆에서 함께 달리는 상상을 자주 했다고 답했다. 그는 또한 '만약 내가 빛의 속도로 옆에서 달리면 빛은 멈춰 서 있을까?'라는 질문도 스스로에게 던졌다.

우리가 업무나 일상에서 주어진 상황을 새롭게 생각하여 해결책을 찾고자 할 때, 경험과 지식은 중요한 역할을 한다. 이러한 경험과 전문적 지식은 나이와 함께 쌓인다. 따라서 우리는 나이와 창의성을 서로 대립하는 개념으로 여겨서는 안 된다.

이와 관련하여, 심리학자들은 특정 자극을 중요하지 않은 것으로 분류하는 학습 방식으로 '잠재적 억제'라는 개념을 제시한다. 잠재적 억제 기능을 내면화한 사람은 복잡한 문제를 해결할 때 스트레스를 덜 받는 경향이 있다. 이 능력은 노화와 함께 감소하는 경향이 있다. 나이가 들수록 작업 기억의 기능이 저하되기 때문이다. 창의성에 대한 여러 연구에 따르면, 창의성이 뛰어난 사람들은 이 잠재적 억제가 특히 약하게 나타난다. 즉, 그들에겐 문제 해결 중에도 주변 자극에 한눈을 팔고, 이러한 산만함을 통해 오히려 비범하고 독창적인 것을 포착해내는 특징이 있다.

그래서 천재성과 천부적 재능은 어릴 때 두각을 드러내는 반면, 지혜와 전문적 능력은 나이가 들어서 빛을 발하게 된다. 하지만 단지 나이가 들었다는 이유만으로 지혜롭고 정서 지능이 뛰어나리라 짐작하는 것은 어리석다. 현명한 판단을 하는 데 핵심적인 역할을 하는 전두엽은 노화의 영향을 특히 많이 받는 부위 중 하나이다. 꾸준히 뇌를 활용하고, 나이가 들어서도 삶의 결정을 꾸준히 내려야 하는 사람만이 전두엽을 많이 단련하여 그 안에 저장된 경험들을 잘 활용할 수 있다.

이는 내가 노년기에 '브레인 피트니스'를 권하는 이유이며 그 구체적인 방법은 내가 쓴 다른 책, <머릿속 젊음: Jung im Kopf>에 자세히 설명되어 있다.

창의성 잠재력 훈련

창의성에 대한 연구는 이미 많은 것을 밝혀냈다. 하지만 이미 여러 차례 강조한 바와 같이, 개인별로 창의성을 증진하기 위한 구체적 행동 지침을 제시하는 것은 불가능하다. 그 해답은 스스로 찾아야만 한다. 이를 위해 [5장. 연습하라]에 여러 실천 방안을 추가로 정리해두었다.

다음의 10가지 조언은 누구에게나 적용이 가능한 일반론이다.

1. 세심하게 관찰하라.

창의적인 사람들의 공통된 특징 중 핵심은 바로 관찰력이다. 그들은 세상을 자세히 본다. 새로운 것을 얻으려는 사람은 다른 사람들이 기존의 지식을 어떻게 활용하고 사물을 어떻게 사용하는지를 자세히 살피고 거기에 어떤 문제가 있는지를 파악해야 한다.

2. 타인의 입장에 서보라.

채식주의자들도 샐러드 외에 정식 요리를 먹을 방법은 없을까? 어르신들에게 제공할 수 있는 원격 서비스에는 어떤 것들이 있을까? 새로운 것을 개발하려는 사람은 다른 사람의 머릿속에 들어갈 준비가 되어 있어야 한다. 다른 사람들이 어떻게 생각하고 느끼는지를 스스로 묻고 짐작해야 한다. 이 지점에서 요구되는 정서지능은 훈련을 통해 습득될 수 있다. 가령 소설을 읽는 것은 공감능력을 키우는 데 도움이 된다. 소설을 읽는 동안 등장인물의 사고방식을 관찰할 수 있으므로 맥락 안에서 다른 사람의 감정과 생각을 이해하고 설명하고 확인할 수 있다. 뇌 영상 촬영기법을 통해 밝혀진 바에 따르면, 이야기를 듣거나 소설을 읽을 때 눈썹의 뒤쪽, 대뇌의 가장 앞부분 안쪽에 위치한 안와전두피질이 활성화된다. 이 부위는 정서지능을 측정하는 과제에서 타인의 감정 상태나 행동의 동기를 설명해야 할 때 우리 뇌에서 활성화되는 영역이기도 하다.

3. 안전지대를 벗어나라.

익숙한 길에서 벗어나면 새로운 아이디어가 더 자주 떠오른다. 낯선 나라, 익숙하지 않은 냄새, 다른 색감은 새로운 자극이 된다. 즉, 잘 떠나는 사람이 더 창의적이다! 이는 여러 연구를 통해 과학적으로도 증명된 사실이다. 하지만 꼭 모르는 나라로 여행을 떠나야만 하는 건 아니다. 새로운 무언가를 배우는 것, 혹은 낯선 아이디어가 떠올랐을 때 실패에 대한 가능성을 감수하고서라도 일단 과감하게 사람들에게 말해 보는 것만으로도 자극은 충분하다. 새로운 것을 창조하고자 하는 사람은 그 과정에서 망신을 당하거나 실수를 하더라도 거기서 배움을 얻으리란 각오가 있어야 한다.

4. 기쁨과 좌절을 모두 허락하라.

기분이 좋을 때는 연상적 사고가 촉진되지만, 기분이 나쁠 때는 유기적으로 연결해 사고하는 능력이 위축된다. 깊이 고민해도 해결책이 떠오르지 않는다면, 그 순간은 좌절의 시기임을 자연스럽게 받아들이자. 문제가 그렇게 쉽게 풀렸다면 누구든 금방 답을 찾았을 것이고, 우리는 그 해결을 창의적이라고 감탄하지도 않을 것이다.

5. 이해하려면 설명하라.

자신의 생각을 비전문가들이 이해할 수 있도록 설명하기 위해서는 문외한을 앉혀놓고 발표해 보는 것이 도움이 된다. 배경 지식이 없는 사람을 설득하려면 일단은 용어를 바꾸어야 하고 사고방식을 전환할 필요도 생긴다. 그 과정에서 완벽한 줄 알았던 구상에서 구멍이 보이고, 외부인이 편견 없이 한 질문 덕분에 그간 보지 못했던 흥미로운 면을 발견할 수도 있다.

6. 생각의 흐름을 바꾸라.

어떤 과제 혹은 문제를 풀다가 더 이상 진전이 없을 때에는 그 문제로부터 잠시 거리를 두는 것이 도움이 된다. 잠깐 낮잠을 자거나 멍하니 딴 생각을 하거나 산책을 하거나 다른 사람과 수다를 떠는 등 생각의 흐름을 다른 방향으로 돌리려는 노력이라면 무엇이든 좋다. 그런 후에 다시 용기를 내어 새롭게 도전해보라.

7. 완성은 렘(REM)[12] 수면이!

수면은 창조적 에너지를 활성화시킨다. 이는 2000년대 초 독일 뤼베크 대학의 심리학자 울리히 바그너(Ulrich Wagner)의 연구를 통해 이미 증명된 사실이다. 그의 실험에서 참가자들은 이해할 수 없는 복잡한 기호열 속에서 간단한 규칙을 찾아내야 했다. 그 결과를 종합해보니 문제를 풀다가 밤잠을 자고 일어나 다시 도전한 그룹이 가장 좋은 성과를 보였다. 이는 해마의 작동 방식과 관련이 있다. 우리가 한 새로운 경험은 렘수면 단계에서 예전 기억과 활발히 뒤섞이고 이 과정을 통해 우리가 하루 동안 얻은 정보는 새롭게 정리가 된다. 무의식적으로 저장된 패턴들이 이런 처리를 거쳐 복잡한 문제 해결에 도움을 준다면, 다음 날 '아하!'하는 깨달음이 찾아오는 것이다.

8. 거리를 두라.

싱가포르 국립대학교의 심리학자 릴레 지아(Lile Jia)가 인디애나 대학교 블루밍턴 캠퍼스에 재직하던 시절 진행한 실험에서는, 참가자들에게 창의성 과제를 주면서 답변이 바로 옆방 실험실의 연구원들이나 거리가 멀리 떨어진 다른 도시의 학자들에 의해 평가될 것이라고 공지했다. 이스라엘 텔아비브 대학교의 심리학자 니라 리버만(Nira Liberman)은 공간적 거리가 아닌 시간적 거리를 변수로 두고 비슷한 실험을 진행했다. 실험을 앞둔 참가

---

12 급속 안구 운동 수면(rapid eye movement sleep)의 약자. 깨어 있는 것에 가까운 얕은 수면의 단계.

자들에게 자신의 답변이 내일 평가 받거나 1년 후에 평가받는다면 각각 어떤 기분이 들지를 상상하는 단계를 거치게 한 것이다. 두 실험에서 모두 참가자들은 평가자들이 공간적으로나 시간적으로 멀리 떨어져있다고 믿었을 때 두 배나 더 높은 창의성을 발휘했다. 평가가 멀리서 이루어진다는 생각이 뇌의 시뮬레이션 네트워크를 강하게 활성화시켜서 자유로운 연상과 유연한 사고를 유도한 것이다.

9. 뇌를 깨우는 몸 풀기

고정된 사고방식을 깨고자 한다면 먼저 일상 속 고정된 루틴에서 벗어날 필요가 있다. 예를 들어, 회의에서 새로운 아이디어를 제시해야 하는 상황이라면 그 전에 의도적으로 뇌를 혼란스럽게 할 필요가 있다. 평소와는 다른 길로 출근하거나, 익숙하지 않은 옷차림을 시도해보거나, 프란츠 카프카의 단편소설을 읽어보는 것도 좋은 방법이다. 혹은 눈을 감고 제자리에서 여섯 번 돈 뒤, 눈을 뜨자마자 가장 먼저 보이는 사물에 대한 이야기를 지어내는 등의 엉뚱한 연습도 의외로 효과적이다.

10. 놀이처럼 생각하라.

놀이는 우리를 즐겁게 만들면서도 뇌의 조합 능력을 탁월하게 자극하는 활동이다. 또한 우리의 마음을 긍정적으로 이완시켜준다. 인간은 놀이할 때에만 완전한 인간이다. 어쩌면 졸고 있을 때일지도 모르지만... 독일의 고전주의 작가 프리히드리히 쉴러(Friedrich Shciller)는 <인간의 미적 교육에 관하여:Über die ästehtische Erziehung des Menschen>에서 "결국 한마디로 표현하자면 인간은 완전한 의미에서의 인간인 경우에만 유희하고, 유희하는 경우에만 완전한 인간이다."라고 말했다.

창의적 아이디어로 저글링 하기

베티나 하겐-데무스(Bettina Hagen-Demuth)
-예술사진가, 작가, 인테리어 칼럼리스트, www.bettinahagendemuth.com

나에게 창의성이란 곧 활동성이다. 나는 매우 활동적인 사람이지만, '대외적으로'는 아니다. 바깥 활동에 적극적인 성향이 아니기 때문이다. 나의 활동성은 주로 내면에서 일어난다. 나의 두뇌는 쉼 없이 최고 속도로 돌아가며 지치지 않고 새로운 아이디어를 쏟아낸다. 그런 생각들이 과잉이 되지 않으려면 배출구가 필요한데, 내 경우에는 사진작업, 글쓰기 그리고 인테리어가 그 역할을 한다. 나는 무언가를 만드는 것을 좋아하고 그 안에 깃든 유희의 감각을 사랑한다. 나는 마치 저글링을 하듯 여러 개의 창의적 과제를 동시에 띄우고 번갈아가며 몰두한다. 창의성이 샘솟으려면 건강한 음식 섭취와 충분한 수면, 그리고 영감을 자극하는 환경이 필요하다. 그림, 책, 전시 등은 없어선 안 될 영감의 원천이며 남편과의 진지한 대화 또한 빠질 수 없다. 내겐 창의성을 연습하는 스파링 파트너가 둘 있는데 그 중 한 명이 나의 남편이다. 하지만 막상 작업에 돌입하면 혼자 있는 편을 좋아한다. 나는 창작의 과정에서 방해받는 걸 좋아하지 않기 때문이다. 그러다 생긴 문제는 현명하게 풀어야 할 도전 과제로 받아들이려 애쓴다. 시간이 오래 걸릴 수도 있겠지만, 인내심 역시 내 창의성의 일부라고 여기고 기쁘게 받아들인다. 생각해보면 젊을 때는 나의 비전형적인 사고방식에 확신이 없었다. 주류의 기준과는 맞지 않았기 때문이다. 하지만 이제는 안다. 이것이 바로 창의성을 발휘하는 나만의 방식이며 전적으로 신뢰해도 된다는 것을! 제발 세금 신고 같은 딱딱한 일이 나를 괴롭히지만 않기를 바랄 뿐이다. 그런 일 앞에선 생각의 물줄기가 끊어지고 나는 메마른 땅에 내던져진 기분이 든다. 나에게는 공포 그 자체다.

5장
연습하라: 모두를 위한 일상 훈련

영감을 기다릴 수는 없어. 몽둥이를 들고 쫓아가야 해.
-잭 런던 Jack London, 작가(1876-1916)

누구나 기본적으로, 우선은 특별한 목적 없이, 창의적 사고를 연습하려면 어떻게 해야 할까? 일상 속에서, 아주 평범한 방식으로, 특별히 직업적으로 창의성을 요구받지 않은 상황에서도, 마치 기초 체력을 다지듯 창의성을 연습할 수 있는 방법은 무엇일까?

구체적인 과제 해결을 위해, 그에 맞춰 적용할 수 있는 다양한 방식의 창의성 기법들이 있다. 이와 관련된 구체적인 방법은 [6장. 학습하라]에서 자세히 소개할 예정이다. 하지만 5장에서는 그와는 다른, 보다 근본적인 문제를 다루고자 한다. 어떻게 하면 일상 전반에 창의적 사고를 자연스럽게 스며들게 할 수 있을까? 뇌를 전반적으로 '튜닝'하여 창의적인 기본자세를 갖출 수 있는 방법은 없을까?

이러한 일상적 훈련은 사회적 갈등을 풀 때, 적절한 선물을 위한 아이디어를 찾을 때, 직장에서 주어진 과제를 해결할 때 등 다양한 상황에서 유용하게 쓰일 것이다.

물론 일상 속에서 주어지는 단순한 자극들도 뇌에 중요하게 작용할 수 있다. 하지만 창의성 모드를 효과적으로 훈련하는 데는 그 모드를 각자에 맞게 구조화하는 작업이 매우 중요하다. 이는 마치 헬스장에서 여러 근육다발을 다양한 방식으로 훈련시키는 것과 비슷하다.

"쓰지 않으면 잃는다(Use it or lose it)." 근육과 마찬가지로 창의성도 자주 쓰지 않으면 굳어버린다. 자극을 수동적으로 받아들이기만 해서는 창의성을 키울 수 없다. 창의적 잠재력을 강화하고자 한다면, 새로운 것에 호기심을 느끼고 자신감을 가질 수 있도록 뇌의 기본 자세를 갖춰야 한다. 창의성은 결코 하늘에서 뚝 떨어지지 않는다. 오히려 창의적 사고 모드에 들어가는 일은 힘겨운 노동에 가깝다. 하지만 연습은 가능하다. 또는 일상 속에서 뇌가 새롭게 연결될 준비가 되는 순간, 즉 신경 가소성이 활성화되는 순간을 찾아낼 수 있다. 그럴 때 뇌는 저장된 지식과 기억 사이를 오가며 그 모든 연상적 자원을 총동원하여 사고할 수 있다. 이처럼 사람이 자신의 사고방식을 창의적으로 전환할 수 있다는 사실은 이미 [2장]과 [4장]에서 자세히 다루었다.

▶감정을 담은 스케치
당신이 처음 키운 반려동물을 그려보라. 종이 한 장과 펜만 있으면 시작할 수 있다. 기억나는 대로 실루엣과 특징적 요소를 단순하게 그리면 된다. 반려동물 외에 아름답거나 무섭거나 웃긴 기억에 관해 그려도 좋다.

지금부터 연습에 들어갈 차례다. 이미 여러 차례 강조했다시피, 창의적 사고는 겉보기엔 간단해보이지만 실제로는 고된 일이다. 이 책에서 소개하는 연습도 마찬가지다. 항상 재미있을 수는 없고 어떤 것은 너무 시시하다고 생각될 수도 있다. 하지만 시간이 지나면 창의적으로 사고하는 즐거움이 서서히 생겨날 것이다. 노력은 반드시 빛을 발한다.

일상에서 하는 작은 연습

조깅하듯 가볍게 일상에서 할 수 있는 아이디어 연습부터 시작해보자. 먼저 종이 한 장을 꺼내거나 이 책의 부록 3번을 펼쳐서 간단한 스케치를 해보라. 이참에 아예 창의성 노트를 한 권 마련하는 것도 좋은 생각이다. 그리고 추상적인 것을 그릴 것인지, 구체적인 사물을 그릴 것인지를 먼저 결정하라. 무엇을 그리는지는 크게 중요하지 않다. 너무 오래 고민하지 않고 그리는 게 최고다. 당신의 손과 연필이, 그리고 뇌가 자연스럽게 일하도록 내버려두라.

그림을 완성했다면, 매일 아침 이 간단한 스케치를 보면서 떠오르는 연상을 자유롭게 펼쳐보자. 매번 같은 생각이 드는가, 아니면 매번 다른 것이 떠오르는가? 때로는 엉뚱한 생각이 들지는 않는가? 이 과정을 통해 당신은 사고의 한계를 넘는 법을 배우게 된다. 떠오른 연상을 다른 종이나 그림 뒷면에 메모하는 것도 좋다. 단, 그림 옆에는 아무 것도 적지 않아야 한다. 왜냐하면 그것이 다음날 그림을 볼 때 사고에 영향을 미치는 것은 비효과적이기 때문이다. 전날 적은 문장이나 개념을 보는 순간, 당신의 뇌는 그 글이 가리키는 방향으로 흘러가기 십상이다. 그렇게 한 번 메모가 특정 사고를 촉발하면 거기서 벗어나는 것은 매우 어려운 일이다.

꼬리에 꼬리를 무는 연상

아마 이 사고 연습도 당신 마음에 들 것이라 생각한다. 아침에 일어나 처음으로 시선이 닿는 모든 사물을 연상의 출발점으로 삼아보라. 예를 들어, 휴대전화, 알람시계, 침대 옆 전등, 침구, 칫솔, 거울, 수돗물, 화장실 휴지, 커피머신, 찻잔, 식탁, 나이프, 버터, 꿀, 자전거 등이 나의 직업과 어떻게 연결될 수 있을까?

나의 지극히 개인적인 예시를 공유하자면 다음과 같다.

나는 휴대전화 없이 지금 하는 일을 도저히 해낼 수 없다. 그래도 만약 휴대전화 없이 하루를 보내야 한다면 어떻게 해야 할까? 다른 방식으로 일을 처리하려면 어떻게 해야 할까? 나는 하루 동안 휴대전화를 무음 모드로 설정한 채 업무를 처리해보기로 한다.

알람시계는 나의 전 남자친구인 프리츠가 선물해준 것이다. 내가 지각을 너무 자주 했기 때문이다. 시계 덕분에 나는 시간을 잘 지키게 되었을까? 그보다도, 시간을 정확히 지키는 일이 정말 그렇게 중요한 걸까? 최근에 내가 사무실에 지각한 게 언제였더라? 사람들을 기다리게 하는 건 정말 예의에 어긋나는 일일까? 혹시 나는 특정한 상황, 특정한 사람들과 한 약속에만 늦는 게 아닐까?

생각해보면, 내 어머니도 시간을 잘 지키는 분이 아니셨다. 조금 늦게 가는 게 가끔 좋을 때도 있지 않은가? 프리츠에게 한번 연락해볼까? 프리츠는 지나치게 엄격했다. 아니, 어쩌면 그건 상대를 향한 존중의 표현이었는지도 모르겠다. 그래서 그는 단 한 번도 약속에 늦은 적이 없었던 걸까?

이렇게 생각이 꼬리에 꼬리를 물기 시작하면 출근길에도, 점심시간에도, 퇴근 후 영화나 콘서트를 보러 가거나 친구네 집에 놀러 가서도 생각이 계속 이어진다. 물론 질문 자체를 바꾸어보는 것도 좋다. 이건 부모님과는 어떤 관련이 있을까? 내 아이와는? 배우자와는? 선생님과는? 직장 상사와는? 내 취미와는?

이 방법을 조금만 연습하면 항상 새로운 생각과 연상들이 떠오르기 시작할 것이다. 그리고 그 연상들은 차츰 하나의 연상 고리로 확장되어 나갈 것이다. 때로는 재미있는 연상 고리도 생긴다. 예를 들어, 이 향기는 무엇을 떠올리게 하지?→(엘사 고모의 향수). 엘사 고모의 어떤 점이 좋았더라?→(곱슬머리). 왜 어떤 사람은 곱슬머리고, 어떤 사람은 직모일까?→(유전). 우리 가족의 곱슬머리는 어떻게 유전되어 왔을까? 등등

이런 생각 연습을 얼마나 오래할지, 어떤 형식이 자신에게 잘 맞는지, 스스로에게 어떤 질문을 던질지, 무엇이 재미있는지 등은 당신 스스로 정할 수 있다. 여기에 한 시간을 들일 수도 있고 5

분만 투자해도 된다.

어떤 공간을 대상으로 정한 다음, 창문, 문, 커튼, 식탁, 의자, 카펫, 냄비, TV 등 그 안에 놓인 세부사항을 하나씩 훑는 연습을 해볼 수도 있다.

아니면 특정 색에만 반응하는 방법도 있다. 이를테면 파란색과 흰색처럼. 또는 눈에 보이는 것 중 동그라미만 찾는 것처럼 어떤 형태를 정해놓고 연상을 시작할 수도 있다.

혹은 특정한 주제를 선택해보면 어떨까? 예컨대 부활절을 떠올리며 생각을 이어가는 것이다.

이처럼 즉석에서 생각을 떠올리고 자유롭게 연상해보자. 당신의 상상력에는 어떠한 제약도 없다. 생각의 결과는 중요치 않으며 가치를 따질 필요도 없다.

중요한 것은 결심에만 머물지 않고 실제로 매일 연습하는 것이다. 이를 가장 잘 실천할 수 있는 방법은 신뢰할 수 있는 일상적 자극과 연결하는 것이다. 예를 들어, 잠자리에서 일어난 직후, 양치질을 한 다음, 출근길, 점심시간 전후 등을 기점으로 삼아 창의성 연습을 하는 것이다.

연습 시간이 쌓일수록 당신은 새로운 질문, 새로운 사물과 사람과 장소를 더 많이 발견하게 될 것이고 그 과정에서 두뇌는 더욱 활발히 작동할 것이다.

물론 당신에게 의문이 들지도 모른다. 이런 연습이 직장이나 사생활에서 창의적인 해결책을 찾고 새로운 아이디어를 떠올리는 데 과연 도움이 될까? 답은 간단하다. 일단 당신의 연상 능력을 키워놓으면, 필요할 때마다 언제든지 그 능력을 최대치로 활용할 수 있다.

연습을 할 때 당신이 기억해야 할 것은, 뇌에서 자주 사용되어 자동으로 연결되는 마치 빠른 고속도로 같은 신경 경로가 아니라, 보다 넓고 다양한 신경 경로를 활용하도록 애써야 한다는 것이다. 그러한 노력 중 하나가 바로 '저전두엽 상태(2장. 무엇이 창의적인 뇌를 만드는가? 참조)'에 도달하는 것이다. 앞서 설명했다시피, 전전두엽의 활동이 억제되면 뇌 속 정보 흐름을 통제하는 기능도 함께 저하된다. 우리가 명상을 하거나 잠에서 막 깨어났을 때, 혹은 샤워 직후에 이러한 상태가 되기 쉽다. 6장 [학습하라]에서 살펴보게 될, 어떤 주제에 대해 가능한 많은 연상을 떠올리게 해주는 기법을 배울 수도 있다. 우리가 더 많은 아이디어를 만들어낼 수 있다면, 각각의 아이디어가 쓸모 있는지 생각하여 선별하는 과정에서 활용할 수 있는 총량 또한 늘어나므로 결국 문제 해결에 도움이 되는 아이디어를 찾아낼 가능성도 커진다.

▶종이 위에서 펜대 굴리기
종이 한 장을 꺼내 손글씨로 무엇이든 써보자. 무엇을 쓰느냐는 그리 중요하지 않다. 단, 무언가를 베껴 쓰는 것이 아니라 머릿속에 떠오르는 생각대로 펜이 굴러가게 내버려둬야 한다. 언뜻 무의미해 보이더라도 개의치 말자.

<창의력 훈련>

- 당신의 형태 기억력은 얼마나 좋은가?

이 훈련을 하는 데는 5분에서 10분밖에 걸리지 않는다. 핵심은 당신의 상상력을 자극하는 데 있다. 이 책의 부록 4번에는 다양한 삼각형으로 채워진 연습장이 실려 있다. 이등변삼각형, 정삼각형, 예각삼각형, 직각삼각형 등이 골고루 섞여 있다. 이 기본 도형들을 활용하여 어떤 사물을 그릴 수 있을까? 물체의 크기는 중요하지 않으며, 삼각형의 테두리를 넘겨 그려도 괜찮다. 생각의 틀을 깨보라. 깃발, 별, 피자 조각…
더 이상 아이디어가 떠오르지 않는가? 그렇다면 부록 5번에 실린 예시들을 참고해도 좋다.

사고를 전환하는 일주일

일상의 단순한 자극은 뇌에 필요하지만 대개는 우리가 창의적으로 생각하는 데에 방해가 된다. 그러므로 우리는 그런 자극을 창의적 사고를 위한 닻으로 삼아야 하며, 이를 통해 창의적 사고 모드로 넘어가는 중요한 접점을 스스로 만들어야 한다.

그런 노력의 일환으로 가상의 주간 계획표를 만드는 연습을 해보자. 평범한 일정을 적는 계획표가 아니라 특별하고 비일상적인 일들을 적어보는 것이 훈련의 핵심이다.

다음 예시를 참고하여 평소와 다르게, 혹은 새로 하고 싶은 일 세 가지를 찾아 매일 실천해보자.

- 양치질을 할 때 외다리로 서서 평소 쓰지 않는 손으로 칫솔을 잡기
- 동료들의 이름을 거꾸로 불러보기
- 신문을 거꾸로 들고 읽기
- 쇼핑 목록을 집에서 외운 다음, 메모지에는 초성만 적어 가기
- 눈을 감고 샤워하기
- 매주 월요일에는(혹은 다른 특정 요일에는) 컴퓨터 마우스를 익숙하지 않은 손으로 써보기
- 걷거나 자전거, 버스, 자가용 등을 이용해서 일주일 동안 매일 다른 길로 출근해보기
- 하루를 정해 빨간색 혹은 초록색 식료품만 먹어보기
- '오늘 내가 깜짝 놀란 일은 무엇이었지?'를 스스로에게 물어보기
- 사무실에서 잠시 다른 자리에 앉아 일해보기
- 재택근무를 자주 한다면 가끔 자리를 바꾸어 일해보기(주방, 거실, 아이 방, 서재, 발코니, 심지어 욕실까지 공간을 옮겨 다니면 새로운 관점이 열린다.)
- 아침, 점심, 저녁을 평소에 먹던 자리가 아닌 다른 자리에서 먹어보기
- 점심은 야외에서 먹어보기(비가 오더라도)
- 한 번도 가보지 않은 장소로 산책 가기
- 물건을 평소와는 다른 자리에 놓아보기. 예를 들면, 신발을 부

엄 선반에 두거나 목욕가운을 거실 스탠드에 걸어보기. 물론 열쇠나 휴대전화는 항상 같은 자리에 놓아야 고민하지 않고 금방 다시 찾을 수 있지만, 그런 물건들도 몇 주에 걸쳐 서서히 자리를 바꾸어 보자.

완전히 바꿀 수 있는 것

이번에는 노력을 좀 더 기울여야 하지만 한 번쯤은 다르게 시도해볼 수 있는 몇 가지 사례를 소개하고자 한다. 무엇을 선택할지는 전적으로 당신이 선택하기 나름이다!

- 생각을 180도 뒤집기. 당신이 절대 사지 않을 잡지는 어떤 모습일까? 아무도 사지 않게 만들려면 내 상품을 어떻게 설계해야 할까? 이 질문은 누구나 자기 직업에 맞게 바꾸어볼 수 있을 것이다. 아무도 먹으려 하지 않는 빵은 어떤 모양일까? 아무도 들어오고 싶지 않게 하려면 현관문을 어떻게 디자인해야 할까? 내가 강아지를 부르면 모두가 돌아보며 "이름을 이따위로밖에 지을 수 없었냐?"고 따지게 될, 그런 강아지 이름은 무엇일까?
- 체스를 한 판 두거나 새로운 게임을 배우는 것으로 하루를 마무리하기
- 축하 카드를 쓸 때 운율을 맞추기
- 직장에서 마주치는 사람들을 주인공으로 엉뚱한 이야기 짓기

- 스도쿠를 풀기
- 신문에서 낯선 단어를 하나 골라 뜻 찾아보기
- 출근길에 신호등이 몇 개인지 기억하기
- 십자말풀이를 속도감 있게 풀기
- 잠자리에 들기 전 TV 대신 예전부터 읽고 싶었던 책 꺼내 읽기
- 평소에는 전혀 관심 없던 주제에 관한 팟캐스트 찾아 듣기
- 지금 사는 도시에서 K로(혹은 다른 알파벳으로) 시작하는 길 이름을 모두 찾은 다음, 한 해 동안 하나씩 직접 가서 걸어보기. 몇 년을 살면서도 보지 못했던 놀라운 것들을 발견하게 될 것이다.
- 지도에서 평소 동경하던 장소 하나를 골라, 그 곳에 대한 새로운 사실을 최대한 많이 알아보기
- 침대 곁에 메모장을 두고 잠에서 깨자마자 제일 먼저 드는 생각을 적기

여기까지는 예시일 뿐이다. 당신이 원하는 대로 얼마든지 목록을 늘려도 된다. 중요한 것은, 계속 새로운 무언가를 떠올리도록, 최대한 꾸준히 도전하게 만들도록 자신을 이끄는 것이다. 이는 일종의 두뇌 체조다. 자신이나 타인이 굳어진 사고의 틀에서 벗어나도록 돕는 데 효과적이다. 당신의 상상력에 날개를 달아주라.

'만약... 한다면?' 시나리오

"세상에 만약이란 없지. 그랬으면 우리 아빠도 억만장자였겠네." 어쩌면 당신도 이런 말을 들어보았을지 모르겠다. 이는 두 변수 사이의 인과관계, 즉 조건을 설명하는 표현이다. 사람은 이렇게 '만약... 했다면 어떻게 되었을까'를 머릿속으로 가정해보곤 한다.

그럴 때 상상의 나래를 펼치고, 새로운 가능성을 고민하고, 처음에는 불가능해 보였던 시나리오를 펼쳐볼 공간이 열린다. 상상력은 왕성해지고, 어울리지 않는 요소들 간의 연결이 촉진된다.

잠들기 전에 이런 연습을 해보자. 침대에 누워 '만약...한다면 어떨까?'하는 질문을 자신에게 던져보는 것이다. 만약 내일 사표를 낸다면? 내일 상사에게 가서 월급을 올려달라고 말한다면? 내일 이사를 간다면, 내일 강아지 한 마리를 입양한다면, 내일 고급 자동차를 주문한다면? 내일부터 모든 사람이 똑같은 임금을 받게 된다면? 모든 병이 즉시 치료되는 알약이 발견된다면? 이러한 가상의 공식들은 당신을 두뇌 게임의 세계로 인도할 것이다. 물론 이 질문들을 당신이 해결해야 할 구체적인 주제나 문제에 적용해도 된다. 어쩌면 지금까지는 절대 바꿀 수 없다고 여겼던 조건들로부터 벗어나 예상치 못한 해결책을

▶한 발 한 발 내딛기
15분 정도 산책을 하며 주변에서 일어나는 일을 보고, 냄새 맡고, 소리를 들어보자. 굳이 무언가를 생각하려 애쓰지 말고 그저 있는 그대로를 느껴보자.

떠올리게 될지도 모른다. 무엇보다 이런 상상은 꽤나 즐거운 놀이다. 혼자 해도 좋지만 가족이나 친구들과 함께해도 재미있다. 올해 크리스마스 파티를 하지 않는다면? 내일 아침 아이에게 학교 가기 전에 아이스크림을 사준다면? 올해 휴가를 가지 않는다면? 1년간 안식년을 갖고 요트로 세계 일주를 한다면?

'만약... 한다면?' 질문은 우리가 새로운 대안적 현실을 상상하고, 다양하게 궁리하고, 사고 전환을 연습하는 데 도움이 된다.

주의력이 창의성을 높인다

창의적 사고 과정은 문제를 식별하거나, 해결에 필요한 질문을 설정하는 데서 출발한다. 이를 위해서는 자신의 사고 과정이나 주변에서 벌어지는 일들을 매우 세심하게 관찰할 필요가 있다. 주의 깊은 인식이 중요한 이유는 두 가지다. 첫째는 과제를 정확히 이해하기 위해서, 둘째는 적절한 해결책을 찾기 위해서다. 창의적인 사람들은 덜 창의적인 사람들에 비해 주변에서 더 다양한 사물과 대상과 맥락을 포착한다. 창의성이 뛰어난 사람들을 대상으로 한 여러 연구들이 반복적으로 증명한 바에 따르면, 그들에겐 남들보다 세상을 더 자세하게 보는 경향이 있었다. 그들은 단지 휴대전화 화면에서 눈을 잠깐 들어 세상을 힐끗 쳐다보는 데 머무르지 않고, 주변으로 세부적으로 꼼꼼하게 들여다본다. 따라서 창의성의 첫 단계에서 '주의력'을 키우는 것은 창조적 사고를 시작하기 위한 기초 훈련과 다름없다. 여기서 말하는 주의력이란, 어떤 상황이나 자원의 활용 방식을 끊임없이 되묻고, 자신의 행동을 돌아보며, 모두가 추구하는 방향을 거슬러 생각하는 태도다. 왜냐하면 우리의 생물학적 한계만큼이나 정신적 한계 또한 창의적 성과에 큰 영향을 미치기 때문이다. 의식적으로 자기 결정을 되돌아보고, 익숙한 루틴을 의심하며, 자기 행동을 변화시켜 습관에서 벗어나려는 사람은 전두엽이 활성화될 수밖에 없다. 정확히 말하자면, 전전두엽의 작업 기억이 훈련되어 정보 처리 능력이 향상된다. 이는 집중적인 사고를 요하는 과정에서 큰 장점으로 작용한다. 특히 창의적 사고의 초기 단계에서 어떤 질문을 던질 것인지를 결정하는 순간에 매우 유용하다. 알버트 아인슈타인은 1938년에 쓴 <물리학의 진화>에서 이렇게 말했다. "무엇보다 중요한 것은, 올바른 질문을 던지는 것으로 때로는 그것이 답을 구하는 것보다 더 중요하다."

질문 하나, 작은 디테일 하나에 오랫동안 주의를 기울이는 것은 결코 쉬운 일이 아니다. 우리가 컴퓨터 작업을 하는 동안 평균 40초에 한 번씩 집중이 깨진다는 사실을 알고 있는가? 이처럼 산만해지기 쉬운 일상 속에서 초보자들이 실천하기에 비교적 쉬운 방식이 바로 마음챙김 훈련이다. 마음챙김 훈련은 명상의 한 형태로 현재 순간을 의식적으로, 그리고 판단 없이 느끼게 해주어 우리를 잠시 멈추게 한다. 전문서적, 안내서, 어플리케이션 등 다양한 경로를 통해 호흡을 활용한 마음챙김 방법을 익힐 수 있다.

여기에서는 교감신경과 부교감신경 사이의 균형을 잡아주는,

짧고 간단한 연습 하나를 소개할까 한다. 두 신경계 모두 호흡 리듬을 통해 활성화되거나 비활성화되며 자율신경계에 속한다. 이 신경계는 우리의 의지와는 무관하게 호흡, 혈액순환, 신진대사와 같은 대부분의 내장 기능을 조절한다. 교감신경은 흥분, 긴장, 활동 상태를 담당하고, 부교감신경은 회복에 관여한다. 이 연습은 소피 모르트(Sophie Mort) 박사의 <당신 삶을 위한 안내서:Aleitung für dein Leben>에서 가져온 것이다.

<창의성 훈련>

- 의식적으로 호흡하는 5분

편안한 장소에서 편안한 자세로 앉는다. 눈을 감는다. 코로 숨을 깊이 세 번 들이마시고 내쉰다. 주변에서 들리는 소리에 집중한다. 오직 그 소리에만 주의를 기울인다. 이제 자신의 호흡 소리에 의식적으로 귀를 기울인다. 호흡이 지나가는 길을 따라 코를 지나 목, 가슴, 배를 감각한다. 어느 지점에서 호흡이 가장 뚜렷하게 느껴지는가? 생각이 떠오르면 그 흐름을 잠시 따라가되, 다시 호흡으로 돌아온다. 주의가 분산되어도 계속 호흡으로 돌아온다. 마무리할 때는 발가락과 손가락을 가볍게 움직이고 천천히 눈을 뜬다.

의지를 강화하는 명상

명상은 뇌가 집중하고 주의력을 유지하는 능력을 강화해주며, 간접적으로는 의지력 또한 길러준다. 우리가 한 가지 일에 집중하는 시간이 길어질수록 전전두엽 피질이 더 잘 작동하게 되고, 우리가 호흡에 집중하면 뇌는 자유로운 생각을 물 흐르듯 따라간다. 따라서 명상은, 우리가 생각을 더 분명하게 드러내고, 무념무상의 상태를 가능하게 하며, 집중력을 높이는 데 큰 도움을 준다. 이러한 명상의 방식은 매우 다양하다. 걷기 명상, 만트라 명상[13], 불교식 좌선, 진행자로부터 안내를 받는 명상과 혼자서 하는 자유 명상 등 무수히 많다. 그중 하나를 가볍게 시도해보자. 예를 들어, 생각을 관찰하는 명상은 입문자에게 좋다. 여기서는 소피 모르트가 제안한 연습을 소개하려 한다.

<창의성 훈련>

- 나의 안전한 장소

아주 편안한 자세로 앉거나 눕는다. 어디에든 반드시 몸을 기댄 다음, 눈을 감거나 시선을 아래로 내려서 당신 앞의 한 지점을 바라본다. 숨을 고르게 들이마시고 내쉰다. 이제 당신이 기꺼이 가고 싶은 평화로운 장소 하나를 마음속에 떠올린다. 마음으로 그 장소를 관찰한다. 그곳은 어떤 모습인가?

---

[13] 특정 단어나 문장을 반복적으로 읊조리며 집중력을 높이고 마음을 가라앉히는 명상법

어디인가? 무슨 소리가 들리는가? 어떤 냄새가 나는가? 어떤 색깔이 보이는가? 어떤 꽃, 건물, 자연, 동물이 보이는가? 여름인가, 겨울인가? 따뜻한가? 빛은 어떤가? 당신이 원하는 장소의 모든 것을 자세하게 관찰하라. 어쩌면 당신이 과거에 가보았던 비슷한 장소가 떠오를지도 모른다.

그 느낌을 따라가라.

이 안전한 장소에서 현실로 돌아오길 원할 때는 눈을 뜨고 의식적으로 주변을 둘러보라.

세 가지 간단한 조언

줄리아 카메론(Julia Cameron)은 베스트셀러 작가로, 헐리우드 배우 리즈 위더스푼(Reese Witherspoon)이나 가수 알리시아 키스(Alicia Keys)를 비롯해 많은 화가, 작가, 감독 등을 상담해온 인물이다. 그녀는 1992년 출판한 책, <아티스트 웨이- 당신의 창의성을 깨우는 영적 여정>[14]으로 명성을 얻었다. 이 책은 전 세계에서 400만 부 이상 판매되었으며, 수많은 예술가들이 창의력 고갈에서 벗어나는 데 도움을 주었다. 그녀는 이후로도 10여 권이 넘는 책을 집필했고, 이들 대부분은 코로나 대유행 시기에 많은 독자들로부터 사랑을 받았다. 올해로 74세가 된 카메론은 1975년부터 1977년까지 <택시 드라이버 Taxi Driver>, <좋은 친구들 GoodFellas>과 같은 영화로 유명한 감독이자 각본가이자 제

---

14 한국어 부제는 '마음의 소리를 듣는 시간'이다.

작자인 마틴 스코세지(Martin Scorsese)와 혼인관계를 유지했었다. 그녀는 다음 세 가지를 일상에서 실천한다면 누구나 이전보다 더 창의적인 삶을 살 수 있다고 말한다.

1. 모닝페이지 쓰기: 잠에서 깬 직후 그 자리에서 머릿속에 든 모든 생각을 손 글씨로 세 페이지 적는다. 카메론은 매일 아침 모닝커피를 마시기도 전에 이 글쓰기 의식을 수십 년째 실천해오고 있다. 2023년 6월 <쥐트도이체 차이퉁: Süddeutschen Zeitung>과의 인터뷰에서 그녀는 "글쓰기를 통해 우리는 자신 앞에서 좀 더 솔직해지고 자신을 명확하게 이해하는 데 이를 수 있다."고 말했다. 물론 매일 아침 펜을 들어 세 페이지를 쓰는 건 쉬운 일이 아니다. 그러므로 아침에 일어나자마자 떠오르는 아이디어 세 가지를 적어보는 것으로 변형하여 실천해보는 것도 괜찮을 것 같다.

2. 산책하기: 주 2회 산책은 의무다. 단, 도중에 음악이나 라디오를 들어선 안 된다. 주변 환경과 감각에 집중하는 것이 무엇보다 중요하다.

3. 자기 탐험하기: 주 1회 발길이 닿는 대로 나들이를 떠나보자. 박물관도 좋고 익숙하지 않은 동네를 거니는 것도 좋다. 정처 없이 걸으며 새로운 것을 발견할 기회를 자신에게 허락하라.

창의성 연습은 얼마나 오래 해야 할까?

창의성 연습은 항상 할 수 있다면 더할 나위 없이 좋다. 그러나 우리들 대부분은 시간이 부족하므로 어쩔 수 없이 시간을 제한해야 한다. 매일 10분, 여유가 있다면 20분도 좋다. 어떤 영감과 연습이 당신 자신에게 가장 효과적인지는 직접 해봐야 알 수 있다. 이런 연습은 그저 창의력을 더 잘 발휘하도록 돕는 데 그치지 않고, 스트레스를 완화하여 건강을 증진하는 효과도 있다.

단, 한 가지 유의할 점이 있다. 내일 당장 좋은 아이디어가 필요할 경우, 오늘 연습을 시작하는 건 별로 도움이 되지 않을 수 있다. 마라톤에 출전하기 위해서는 오랜 연습기간이 필요하듯, 이런 연습도 유의미한 목표를 성공적으로 달성하기 위해서는 몇 달이 필요하다. 그러니 가장 좋은 방법은, 일주일에 한 번 두 시간을 몰아서 하기 보다는 짧게라도 매일 꾸준히 연습하는 것이다.

꾸준히 하다보면 어느 순간 창의적으로 사고하는 능력이, 말 그대로, 몸에 배게 될 것이다. 다만 그 시점은 사람마다 다를 수

▶일곱 단어로 이야기 짓기
집, 계단, 거울, 전화기, 개, 붕대, 차.
이 일곱 개의 단어는 무작위로 꼽은 것이다. 이 단어들을 가지고 간단한 이야기를 하나 지어보자. 제시된 순서를 그대로 따라야 한다. 일곱 개 단어로 이야기를 만드는 데 열 문장이면 충분하다. 물론 원한다면 더 풍성한 이야기를 지어도 좋다. 그다음에는 단어의 선후를 뒤집어보라. 이제는 어떤 이야기가 탄생하는가?

있다. 하지만 일단 창의적 사고가 습관이 되면 그 이후는 자동으로 비틀어서 생각하고, 정해진 틀 너머를 보고, 필요할 때마다 창의성 스위치를 툭 하고 켜는 일이 자연스럽게 될 것이다.

> **나의 아이디어 노트**
>
> 생각은 휘발성이 강한 구조를 갖고 있다. 적어두지 않으면 금방 사라진다. 어떤 생각, 어떤 이미지 혹은 어지럽고 불분명한 어떤 연상이 훗날 어떤 중요한 아이디어로, 혹은 번뜩이는 통찰로 이어질지는 당신은 물론 다른 사람도 알지 못하는 일이다. 그러므로 무엇이든 메모해두어야 한다. 눈에 띈 것, 특별하게 느껴지는 것, 당신의 주의를 끈 것, 혹은 누군가가 한 말, 사진, 혹은 문장이나 인물, 어떤 경험이라도 적어두자. 아무리 사소해보여도, 아니면 극단적으로 인상적이어도 상관없이 무조건 적자. 어떤 것이 당신 주의력의 문턱을 넘어왔다면, 그것이 유쾌한 것이든 슬픈 것이든 간에, 뭔가 있다는 뜻이다. 이런 식으로 작성한 연상적 아이디어 노트는 여느 일기나 가계부, 엑셀표와는 다르다. 거기엔 더 개발되기를 기다리는 아이디어의 조각들이 모여 있다. 적는 곳이 어디든, 학교 공책이든 메모장이든 상관없다. 떠오르는 생각을, 단어나 문장, 짧은 상념이나 간단한 스케치로 붙들어 놓으면 된다. 엑셀표처럼 정확하게 모든 것을 기입할 필요는 없다. 한 번은 이탤릭체로 쓰고, 한 번은 동그라미를 치기도 하고, 한 번은 대문자로만 써도 된다. 쓰는 방법이 다양할수록 좋다. 손 글씨와 시각적 구성은 뇌에 더 확실하게 저장된다.

물론 페이지즈(Pages), 원노트(OneNote), 에버노트(Evernote) 등 시중에 다양하게 나와있는 메모를 위한 어플리케이션을 활용해도 좋다. 단, 시간의 흐름대로 복기할 수 있어야 하므로 일관성 없이 낱장의 종이에 흘어 놓는 건 금물이다. 일 년쯤 지나 당신이 적은 메모를 다시 들여다본다면 아마 깜짝 놀라게 될 것이다. 마치 만화경처럼, 의식의 조각들이 이룬 색채의 프리즘이 볼 때마다 새로운 형상을 만들어 낼 테니까. 분명 놀랍고 즐겁고 경이로운 경험이 될 것이라 장담한다.

그러니 지금 당장은 별로 좋아 보이지 않는 아이디어라도 일단 한 번 적어보라. 세상에 나쁜 아이디어란 없다! 지금 당신 생각에 이 아이디어가 그럴듯해 보이지 않는다면 그 이유까지 함께 적어놓으라. 적기 위해 당신은 논지를 떠올려야 할 것이고 그 와중에 다시금 새로운 아이디어가 생겨날지도 모른다. 누가 알겠는가. 바로 그 순간이 당신의 '유레카 순간'일지.

분야를 넘나드는 1년제 교양 프로그램

이런 짧은 연습이 일정 시간이 쌓이면 일상적 훈련만으로는 부족하다는 기분이 들 것이다. 그럴 땐 좀 더 장기적인 계획을 세워보면 어떨까? 뇌 과학 연구에 따르면, 익숙하고 편안한 습관에서 벗어나 새로운 자극을 받는 데에는 자신을 둘러싼 울타리를 넓혀가면서 다양한 자극에 노출되는 것이 매우 효과적이다. 그런 의

▶ 단어 찾기 게임
이 재미있는 온라인 단어 찾기 게임은 집중력과 이미지 인식 능력, 기억력 활성화에 진짜 도움이 되는 사고 전환용 게임이다. 하물며 무료다.
https://https://spiele.spiegel.de/wortblitz/

미에서 1년 단위의 프로그램을 구성해 보는 것은 탁월한 선택이 될 수 있다. 그리고 이 과정을 자녀와 함께 실천한다면 자녀의 호기심도 지속적으로 자극할 수 있으므로 더할 나위 없는 성과를 얻을 수 있을 것이다.

예를 들어, 올해를 '연극과 영화의 해'로 정해보는 건 어떨까? 한 달에 한 번은 가족이 함께 영화나 연극을 보러 가는 것이다. 다음 해는 '아시아 감각의 해'로 정해서, 매달 한 번은 아시아 식재료로 요리하고 그 분위기에 맞게 식탁을 꾸민 다음, 아시아 음악을 틀어놓고 식사를 하는 것도 좋다. 식사 뿐 아니라 가족 중 한 명이 베트남이나 태국, 중국의 짧은 소설을 읽거나, 도자기 채색, 직조 기법, 서예 등 그 지역의 공예나 예술을 소개해볼 수도 있을 것이다.

아니면 등산의 해나 박물관의 해, 셀프 제작(DIY)의 해, 도시 방문의 해, 악기의 해, 언어의 해 등의 프로그램도 당신의 관점을 쇄신하는 데 확실한 도움이 될 것이다. 한 해를 스포츠의 해로 정해 매달 다른 종목을 TV로, 혹은 동호회 연습장을 찾아 관전하는 것도 유익해 보인다. 태권도, 골프, 럭비, 탁구, 다트, 발리볼, 축구, 테니스 외에도 외발 자전거 하키, 탬버린 테니스[15], 수중 럭비, 크

---

15 Tamburello, 북부 이탈리아에서 즐기는 스포츠로 라켓 대신 탬버린을 사용한다.

로스민턴[16] 등 스포츠의 세계는 넓고 다양하다.

어떤 활동을 계획하든, 짧은 시간이나마 다른 세계에 들어가 새로운 것을 경험하는 과정에서 무언가를 배우게 될 것이다. 배움의 가능성은 무한하다.

---

16 Crossminton, 배드민턴 보다 짧은 라켓으로 셔틀콕 보다 날아가는 속도가 빠른 공을 쳐서 배드민턴 보다 빠르고 강렬한 게임을 즐기는 스포츠.

품위 있게 인생을 즐기는 사람들에게서 얻는 영감

얀 하르트비그(Jan Hartwig)
- 미슐랭 스타 셰프, 2022년 뮌헨에 레스토랑 얀(Jan)과 프라이빗 다이닝룸을 열었고, 그로부터 얼마 지나지 않은 2023년 4월 미슐랭 3스타 셰프로 선정되었다. https://jan-hartwig.com

손님들은 종종 내게 새로운 요리에 관한 아이디어를 어디서 얻느냐고 묻는다. 사실 아이디어라는 것이 마법처럼 '짠'하고 나오는 게 아니다. 그건 언제나 복잡다단한 과정을 거친 다음 나온다. 누군가 지금 당장 한 시간 반을 줄 테니 새 메뉴를 짜오라고 요구한다면 나는 엄청난 돈을 준다고 해도 응할 수가 없다. 나는 머릿속에서 생각이 자유롭게 맴돌 수 있어야만 아이디어가 떠오르는 사람이다. 택시나 비행기 안에서처럼 어쩔 수 없는 휴식이 주어질 때나 휴가를 받아 시간이 넉넉할 때 좋은 생각을 할 수 있다.

어떤 재료를 어떻게 조합할지 고민될 때면 나는 뮌헨의 전통시장을 돌아다니면서 생각을 정리하곤 한다. 과일, 야채, 버섯, 치즈, 허브, 농가에서 직접 생산한 제품 등, 가판대에 놓인 물건 하나하나가 영감의 원천이다. 그 재료가 이국적인 것인지, 토속적인 것인지는 중요치 않다. 이리저리 둘러보다보면 다양한 조합이 떠오른다. 시각과 후각을 자극하는 시장은 언제나 내게 새로운 영감을 불러일으킨다.

나는 아이디어나 생각이 떠오르면 일단 손으로 적고 본다. 나는 아날로그적 인간이라 예전부터 단어든 개념이든 직접 써봐야 더 잘 이해하는 타입이었다. 그래서 우리 집 다락방에는 연습장부터 음악 공책까지, 메모를 남겨놓은 공책이 수백 권이나 쌓여있다. 손으로 글씨를 쓸 때 내 생각에 더 깊이 몰입할 수 있는 것 같다. 긴 글이 아니라 키워드만 적거나 간단한 스케치를 할 때도 있다. 내 머릿속을 차지한 것은 무엇이든 그냥 다 적는다. 컴퓨터로는 그런 게 안 된다. 물론 모든 레시피와 조리 과정을 정확하게 문서화할 때는 나 역시 디지털 기술을 활용한다. 하지만 새로운 요리를 만드는 데 있어서 가장 기본이 되는 것은 항상 손 글씨 메모다.

이런 기록을 모아서 훑어보면 특히 더 흥미롭다. 예를 들어, 나는 2007년부터 2014년까지 볼프스부르그(Wolfsburg)에 있는 미슐랭 3스타 레스토랑 아쿠아(Aqua)에서 셰프 스벤 엘버펠트(Sven Elverfeld)와 함께 일했다. 그 시절 내가 무엇에 몰두하고 있었는지, 10년이 지난 지금 다시 꺼내 읽어보면 정말 놀랍고 흥미롭다. 그래서 나는 노트를 단 한권도 버리지 않는다. 레스토랑에서 근무 후 집에 돌아왔지만 어떤 연유에서건 마음이 붕 떠서 쉽게 잠들지 못하는 밤이면 나는 혼자 조용히 나만의 서재에 앉는다. 수백 권의 책들 사이에 앉아 예전 메모장을 하나씩 꺼내 읽는 그 시간은 내게 정말 특별하다. 그때 나는 비로소 진짜 내가 된다.

내게 영감을 주는 또 하나의 원천은 사람이다. 삶의 풍류를 아는 사람들, 사진가, 호텔리어, 나의 직원들, 동료들, 손님들... 품위 있게 인생을 즐기는 모두가 내겐 영감의 샘이다. 나는 행복할 때 아이디어가 샘솟는다. 운동할 때건, 산책을 할 때건, 주방에 섰을 때건 구체적인 상황은 중요치 않다. 사람은 기분이 좋을 때, 무슨 일이든 더 잘할 수 있는 법이다.

그 다음으로는 자기 규율이 중요하다. 규율이 없으면 아무 일도 되지 않는다. 미슐랭 레스토랑의 주방에서 일한다는 것은 어떤 의미에서는 정상급 선수들과 스포츠 경기를 하는 것과 다름이 없다. 즐거움과 규율, 그리고 무엇보다 상대를 향한 존중이 없어선 안 된다. 나는 레스토랑 <얀>의 직원들이 하나도 빠짐없이 기쁜 마음으로 일터에 나오길 바란다. 그래서 존중의 문화는 내게 매우 중요한 가치이다. 우리 직원들은 인사할 때 서로 악수를 한다. 설거지를 맡은 보조 직원이라고 예외는 아니다. 그리고 받은 팁은 직책과 상관없이 모두가 공평하게 나눈다.

나는 내 창의적인 순간을 전적으로 믿고 지지해주는 직원들에게 항상 감사한다. 나는 성격이 매우 급한 편이라 어떤 아이디어를 개발하는 중에 송이버섯이 필요하면 당장 그걸 손에 넣어야한다. 직원 중 누군가가 지시를 받고 근처 시장으로 달려가지만 그가 다녀오는 30분 동안 내 아이디어는 전혀 다른 방향으로 뻗어나간다. 직원이 구해온 송이버섯은 더 이상 쓸모가 없어진다. 이런 일이 벌어져도 내 직원들은 내가 문을 잠그고 나만의 창의적 세계로 들어갈 수 있도록 허락한다.

하나의 요리를 창의적으로 개발하는 데 걸리는 시간은 케이스마다 매우 다르다. 가령 모짜렐라 치즈와 토마토, 바질의 조합이라면 오래 고민할 필요가 없다. 이미 재료들끼리 기본적인 조화를 이루고 있고 하나의 요리로 시도된 적도 많기 때문이다. 하지만 비둘기 고기와 멸치와 레드 비트를 조합하는 방법은 처음부터 확실하게 떠오르지 않는다. 한때 치즈 요리 하나를 완벽하게 개발하기 위해 아주 오랫동안 실험을 거듭해야 했던 적이 있다. 딱딱한 스위스 치즈에 블랙 라임, 화이트 맥주, 그리고 꽃가루를 곁들인 메뉴였다. 처음에는 '레몬타임 소스를 곁들인 가자미와 훈제 장어'라는 아이디어에서 출발하였으나 오랜 고민 끝에 완성된 요리는 '훈제 조개 소스를 곁들인 가자미와 북해산 새우'였다. 내 뇌가 처음에 떠오른 것에 집착하지 않고 유연하게 변화를 받아들였기에 가능한 성과였다.

나는 기존 메뉴 한 가지를 대체할 만큼 훌륭하지 않으면 새로운 요리를 내놓지 않는다. 그게 바로 내가 스스로에게 세운 기준이다.

요즘 나는 시간이 지나도 언제나 사랑받는 메뉴, 즉 시그니처 메뉴에 특히 끌린다. 이런 요리들은 계속 메뉴에 남아있어야 한다고 생각한다. 물론 경우에 따라 약간은 다듬을 필요가 있겠지만. 예를 들어, 대만의 한 음식 평론가가 몬트리올의 한 레스토랑을 방문하여 어떤 요리를 극찬했다면 나도 그곳에 갔을 때 똑같은 요리를 맛볼 수 있기를 바란다. 문득 독일 바에리셔 호프(Bayerischer Hof) 호텔의 레스토랑, 아뜰리에(Atelier)에서 일했던 시절이 떠오른다. 거기서 나는 처음으로 미슐랭 3스타를 받았다. 당시 시그니처 메뉴였던 '중국풍 삼겹살과 건초우유 버터로 만든 훈제 홀랜다이즈 소스 그리고 아이스플랜트, 참깨, 겨울무, 감칠맛 육수'는 지금 내놓아도 손님들이 열광할 요리였다. 하지만 지금 나는 이 조합을 새롭게 바꾸고 있다. 예전에 했던 요리들을 다시 꺼내어 몇 가지 요소를 바꾸는 식으로 다시 다듬는다. 완전히 새로운 메뉴를 개발하는 것만큼이나 이 작업도 매우 흥미롭고 재미있다. 멈춰 서 있지 않고 계속 앞으로 나아가는 것, 그 자체가 내 창의성을 키우는 원동력이다.

6장
학습하라: 당신을 도와줄 창의성 기법

> 창의성은 단지 사물을 연결하는 것이다.
> 창의적인 사람들에게 어떻게 그것을 해냈는지 물어보면,
> 그들은 조금 죄책감을 느낀다.
> 왜냐하면 스스로 무언가를 했다기 보다는
> 이미 존재하는 무언가를 먼저 보았을 뿐이기 때문이다.
> 그리고 시간이 지나면 그것은 그들에게 아주 당연한 것으로 보인다.
> -스티브 잡스 Steve Jobs,
> 애플(Apple)의 공동 창업자이자 전CEO (1955-2011)

이번 장에서는 창의성을 발휘해야 하는 과제 앞에서 당신이 성공적인 해결책을 구할 수 있도록 도와줄 다양한 기법을 소개하려 한다. 이미 소개된 수백 개가 넘는 기법들 중 효과적이고 배우기 쉬워 보이는 것들을 선별하였다.

당신이 어떤 창의성 기법을 선택할지는 다양한 요소에 따라 달라진다. 당신에게는 처음에 가능한 많은 아이디어를 떠올리는 것이 중요한가, 아니면 구체적인 해결책 한 두 가지를 찾는 것이 더 중요한가? 완전히 새로운 아이디어를 모으고 싶은가, 아니면 이미 떠오른 아이디어를 발전시키고 다듬고 싶은가? 명확하게 정의된 문제가 있는가, 아니면 그저 막연한 방향성만 있는가?

"우리 회사의 가정용 변기 모델 판매를 늘릴 수 있는 방법은 무엇일까?" "칠순을 맞은 삼촌을 기쁘게 해드리려면 어떤 선물을 준비해야 할까?" "이번 크리스마스에는 사람들 인상에 깊이 남을 카드를 쓰고 싶은데 어떤 문구가 좋을까?" "우리 공방에서 지금까지와는 전혀 다르게 의자를 만든다면 어떤 모양일까?" 등 질문의 유형에 따라 필요한 접근법이 달라진다.

그리고 또 한 가지 고려해야 할 점은, 당신 혹은 당신 팀이 과거에 창의성 기법을 사용해본 경험이 있느냐는 것이다.

또한 뇌를 '창의적 모드'로 전환하기 위한 기법을 혼자 시도해 볼 것인지, 아니면 여러 사람과 함께 그룹으로 시도할 것인지도 중요한 변수다. 그룹으로 진행할 경우에는 누가 진행을 맡을 것인지, 그룹의 규모는 어느 정도가 적절한지, 또 어떻게 구성하는 것이 가장 이상적인지도 고려해야 한다.

광고전문가인 알렉스 오스본(Alex F. Osborn)은 1939년 창의성을 발휘하는 기법으로 '브레인스토밍'을 적극 활용하기 시작했다. '브레인스토밍'이란 우호적인 분위기 속에서 모인 사람들이 새로운 아이디어를 함께 고민하는 방식이지만, 브레인스토밍을 한다고 해서 꼭 좋은 아이디어를 발견하는 것은 아니다. 이 기법의 효과는 몇 가지 중요한 조건에 따라 달라질 수 있다. 사실 브레인스토밍은 새로운 아이디어를 떠올리는 데 탁월한 방법임에도 불구하고 관련된 연구는 턱없이 부족하다. 그나마 그간 나온 연구를 종합해보면, 가장 효과적인 브레인스토밍 방식은 여러 사람이 각각 따로 떨어져서 한 가지 문제를 고민하는 것이다. 이렇게 해서 별 진전을 보지 못할 때에는, 비로소 그룹을 구성할 구실이 생긴다. 이때 그룹은 서로를 잘 아는 사람과 그렇지 않은 사람들을 섞어 구성해야만 하며, 고민을 시작한지 일정 시간이 지나면 제안된 아이디어에 대한 비판이 허용되어야 한다. 그런데, 여성 비율이 높은 그룹이 순수 남성 그룹보다 더 성공적이었다는 연구 결과가 있다. 그 이유를 분석해 보니, 여성이 더 똑똑하거나 창의적이어서가 아니라, 의사소통을 더 잘하고 서열구도를 만들지 않는 경향이 있어서 그룹 안에서 자유로운 역동성이 자연스럽게 형성될 수 있었기 때문이었다. 남성들로만 구성된 그룹에서도 탁월한 성과를 낸 경우는, 집단 내 의사소통이 원활하고 위계질서를 형성하지 않았다는 공통점이 발견되었다. 이는 억지로 여성 구성원을 집어넣지 않고서도 그룹 안에서 브레인스토밍에 성공할 수 있으며, 창의성이 요구되는 문제 해결 과정에서 무엇보다 의사소통이 중요하다는 사실을 알려준다.

단독 활동, 아니면 그룹 활동?

창의성이 발휘되려면 주변 환경, 다른 사람들, 다양한 미디어와 의견들과의 상호작용이 필요하다. 그렇지 않으면 '새로운 것'이 나올 수는 있어도 그것이 실제로 유용하게 활용되기는 어렵다. 한 연구에 따르면, 창의성이 뛰어난 사람들은 집단 활동이나 외부 세계와의 상호작용과 혼자서 작업하는 시간 사이를 능숙하게 오가는 경향이 있었다. 바로 이 전환 능력 덕분에 주의 집중 네트워크와 시뮬레이션 네트워크가 필요에 따라 뇌의 주도권을 유연하게 주고받을 수 있는 것이다. 또한 연구에서 밝혀진 중요한 사실은, 창의성이 발휘되려면 다른 사람들과 떨어져 홀로 작업하는 과정이 반드시 필요하다는 것이었다.

이와 관련하여 애플의 공동창립자인 스티브 워즈니악(Steve Wozniak)은 자서전 <아이 워즈 iWoz>에서 발명가들에게 "혼자서 일한다."를 좌우명으로 삼으라고 조언하기까지 했다. 유명 SF 작가인 아이작 아시모프(Isaac Asimov, 1920-1992)는 1959년 에세이 <사람들은 어떻게 새로운 아이디어를 떠올리는가?>에서 이렇게 말했다. "내 느낌으로는, 창의적 사고에는 고립이 필수다. 창의적인 사람들은 쉬지 않고 일한다. 하물며 잠을 자거나 의식적으로 그 문제를 생각하고 있지 않을 때조차 그들의 영혼은 생각을 이리저리 주고받는다. 그럴 때 다른 사람의 존재는 방해만 될 뿐이다. 발명은 곤란한 작업이다. 남들에게 드러내고 싶지 않은 수백 혹은 수천 개의 이상한 생각 다음에야 좋은 생각 하나가 찾아온다."

혼자 고민하는 것과 집단 안에서 고민하는 것 중 무엇이 아이디어를 떠올리는 데 더 효과적일지는 스스로 테스트해봐야만 알 수 있는 일이다. 그저 개인적 경험이긴 하지만, 처음에 이런저런 생각에 몰두할 때는 혼자가 편한 사람들이 많은 것 같다. 그렇게 떠오른 아이디어로 짧은 목록을 만든 다음에는 다른 사람의 의견을 듣는 과정이 필요하다. 하지만 이러한 과정을 창의적 기법에 따라 체계적으로 적용해 본 경험이 있는 사람은 많지 않다. 특히 개인적인 영역에서는 더더욱 그렇다. 반면 회사에서 임직원들을 코칭할 때는 이런 기술들이 점점 더 많이 활용되고 있다. 중요한 것은, 어떤 질문에 어떤 기술이 자신에게 더 잘 맞는지를 직접 시험해보는 것이다. 창의성에 관련된 분야에서는 획일적인 방식이나 정답이 정해진 것처럼 주장되는 견해들이 분명 존재하지만, 실제로는 상황에 따라 방법을 바꾸고 다양한 접근을 시도하는 과정에서 큰 효과를 보는 경우가 많다. 그러므로 때로는 혼자서, 때로는 그룹 안에서 일하면서, 자신이 창의적으로 사고하는 데 가장 도움이 되는 조건을 찾아 실천하는 노력이 중요하다.

연상적 사고에는 규칙이 필요하다

그렇다, 규칙이다! 지금까지 이 책에서는 사고를 더 자유롭게 만들고, 다양한 방향의 연상을 돕기 위해 틀을 벗어나라고, 하물며 백일몽을 꾸라고 수차례 강조해왔다. 하지만 창조적 사고를 위한 규칙을 개인별로 잘 설정해두면 새롭고 유용한 것을 발견하거나 창조할 가능성을 높일 수 있다. 바로 이런 맥락에서, 특히 집단 내 창의성을 촉진하는 데 도움이 되는 몇 가지 요소를 소개하고자 한다.

- 비판 금지

요지는, 집단 내에서는 무엇보다 모든 참가자가 자유롭게 자신의 아이디어를 제시할 수 있어야 한다는 것이다. 중간에 끼어드는 말이나 아이디어에 관한 평가, 특히 무례하거나 깎아내리는 말, 발언자를 조롱하는 표현은 절대 삼가야 한다. 누구 하나가 초반에 비판적인 발언을 하면 다른 사람들은 즉흥적으로 떠오른 말이나 생각을 공유하려는 의욕을 잃게 된다. 의견을 냈다가 바보 같은 소리라며 무시 당할까봐 두려워지기 때문이다. 신뢰와 존중은 창의성을 위한 기반이다. 물론, 이후 모든 과정에서 아이디어에 대한 건설적인 비판이 금지되어야 한다는 뜻은 아니다. 처음에 떠오른 다양한 아이디어를 긍정적인 방향으로 유도하기 위해서는 당연히 건설적 토론도 필요하다.

- 위계질서 금지

위계는 창의적 사고를 촉진하는 데 도움이 되지 않는다. 어떤 의견이든 도움이 될 수 있으며, 창의적인 과정에 기여할 수 있기 때문이다. 집단의 모든 구성원이 상급자의 말만 따르거나 그의 의견을 만고불변의 진리로 여긴다면, 그들 각자의 아이디어가 발전할 수 있는 기회는 크게 제한된다. 지위를 막론하고 조직 내 모든 구성원이 자유롭게 아이디어와 의견을 제시하도록 권장되어야 한다. 조직 내에서 직급이 높은 사람의 의견이 자동적으로 우선되는 현상인 '히포(HIPPO, Highest Paid Person's Opinion)'는, 생산성을 높이는 데 아무런 도움이 되지 않는다.

- 질보다 양이 우선

아무리 뛰어난 아이디어라도 몇 가지 안 되는 옵션 중에 고르기보다는, 풍부한 아이디어들 속에서 최고를 가려내는 편이 훨씬 쉽다. 어떤 의견은 나중에 전체 구상 과정을 풍성하게 만들어주는 핵심이 되기도 하므로 아주 사소한 변형이라도 반드시 기록해두어야 한다. 모든 생각에는 저마다의 가치가 있다. 서로 다른 관점이 결합할 때, 마침내 기발한 아이디어가 탄생한다.

- 킬러 문장은 금물

아이디어를 죽이는 '킬러 문장'들은 당신 머릿속에서 지워라. 다음과 같은 말들은 잠재력이 자라기도 전에 씨를 말린다.
- 그 얘기는 벌써 했잖아.
- 우리는 그런 식으로 해본 적이 없어.
- 그건 돈이 너무 많이 들어.
- 그렇게는 안 돼.
- 그건 말이 안 돼.
- 그렇게 해서는 아무것도 되지 않아.
- 그런 건 아무도 원하지 않아.

독립성이 프로젝트 성공에 큰 기여를 할 수 있다는 것을 증명하는 사례를 들어보려 한다. 혹시 독일 우체국 계열의 택배회사 DHL의 '팩스테이션(Packstation)'에 대해 들어본 적이 있는가?

독일에서는 이 노란색 무인 택배함을 어렵지 않게 볼 수 있다. 스마트폰에 관련 앱을 깔면 하루 24시간 언제라도 택배 수령과 발송이 가능하다. 2024년 기준으로 독일 전역에 운영 중인 팩스테이션은 약 1만2500개로, 개별 보관함 개수로 치면 1백만 개가 넘는다. DHL이 이 프로젝트를 시작한 것은 2003년이다. 시험용으로 24개가 설치되었다. 당시 재택근무가 보편화되지 않았던 시기라 사람들은 대부분 낮에 출근하여 집에 없는데 온라인 쇼핑 건수는 급증하다보니 대면으로 택배를 전달하는 시스템에 차질이 생긴 것이다. DHL은 우스꽝스러운 아이디어를 내는 데 아무런 두려움이 없는 젊은 직원 넷에게 혁신적인 해결책을 찾는 업무를 맡겼다. 사실, 팩스테이션이 본격적으로 도입되면 우체국 집배원이 존재할 가치가 사라질 수도 있었으므로 내부적으로 비판을 받을 수도 있는 아이디어였다. 그러나 윗선으로부터 충분한 자율성과 전폭적인 지지를 부여받은 네 사람에게는 아이디어 개발에 대한 두려움이 없었다. 결과적으로 노란색 무인 택배함 프로젝트는 큰 성공을 거두었고 2006년부터 독일 전역에 확대 설치되었다.

혼자서 아이디어를 찾을 때

간혹 혼자 일할지, 그룹으로 일할지를 고민할 겨를이 없을 때가 있다. 이틀 안에 발표를 준비해야 하거나, 동료나 가족들로부터 긴급히 처리해야 할 일을 부탁 받거나, 스스로 긴급한 과제를 부여했을 때가 그렇다. 그런 경우 아무도 당신의 창의적인 사고 흐름을 방해하지 않으니 자유롭게 몰입할 수 있다는 장점이 있다. 하지만 당신의 아이디어에 새로운 연상을 더해줄 사람, 단 한 마디로라도 영감을 줄 누군가가 곁에 없다는 점은 확실히 단점으로 작용한다.

도움 받을 다른 사람이 없을 때에는 머릿속에서 혼자 공을 주고 받으면서 생각의 방향을 바꾸어보는 건 어떨까? 그 과정에 도움이 될 만한 기법들도 다양하게 존재한다.

출발점은 하나다. 일단은 당신의 목표나 기대를 글로 작성해보라. 당신은 무엇을 이루고 싶은가? 그 목표는 현실적인가? 특정한 목적을 이루는 데 있어서 그 목표는 어떤 쓰임이 있는가? 그리고 정말 그것이 당신 자신의 바람인가, 아니면 스스로도 확신하지 못하는 일을 수행하고 있는 것인가? 진정성과 자율성이야말로 창의성의 핵심 열쇠다!

문제 해결을 위한 첫 방향을 잡는 데는 3분 연습, TAQ 기법, 마인드맵 등이 적합하다. 그다음으로는 이미지 브레인스토밍, 플립플롭 기법, 월트 디즈니 체어 기법, 오스본 체크리스트 등이 도움이 될 수 있다.

혼자서도 충분히 활용할 수 있는 이 일곱 가지 기법을 지금부터 하나씩 소개하려 한다. 그렇다고 이 방법들을 반드시 혼자서만 해야 하는 건 아니다. 각 기법에 맞는 워크북 연습지와 해결 예시는 부록에 수록되어 있다.

- 3분 연습

3분 동안 당신의 키워드를 간접적으로 표현할 수 있는 대안 단어들을 찾아보라. 그것은 당신이 찾는 아이디어의 주제가 되는 핵심일 수도 있고, 혹은 일부만 반영하는 조각일 수도 있다. 예를 들어, '지속가능성'이란 주제를 생각해보자. 당신의 회사, 부서 혹은 가정을 보다 지속가능한 방식으로 운영할 수 있는 방법을 떠올리는 것이다.

백지 한 장을 꺼내거나 혹은 컴퓨터 화면에 빈 문서를 띄우고 타이머를 3분에 맞춘 다음 시작해보자. 혹시 워밍업이 필요하다면 연습 키워드로 예행연습을 해보는 것도 좋다. '속도 늦추기', '보라색', '군중' 등을 키워드로 삼아 3분 동안 떠올릴 수 있는 단어의 예시는 부록 6번에 실려 있다. 직접 해보면 알겠지만, 이렇게 떠오른 즉흥적인 생각의 조각들은 꽤 범위가 넓다. 어쩌면 어떤 단어들은 키워드와 잘 들어맞지 않고, 심지어는 생뚱맞은 게 떠오를 수도 있다. 혹은 당신에겐 전혀 다른 연상이 떠오를 수도 있다. 그래도 좋다. 관건은 3분 동안 전력을 다해 최대한 많은 단어를 적는 것이다. 완벽한 답안이 목표는 아니다. 그러니 동의어 사전에서 검색하는 건 별 도움이 되지 않는다. 그건 당신만의 연상에서 떠오른 결과물이 아니기 때문이다.

'지속가능성'을 키워드로 삼아 연습해보길 권한다.

이 연습을 할 때 우리 뇌에서는 어떤 일이 벌어질까

단언컨대, 전두엽은 인간 진화의 결정체라 할 수 있다. 이성과 계획, 예측과 목표 지향적 사고를 관장하는 뇌의 이 영역 덕분에 인간에게는 '호모 사피엔스'라는 이름이 붙었다 해도 과언이 아니다. 하지만 전두엽의 활성화가 가져온 단점도 있다. 문제 해결 상황에서 통계적으로 가장 가능성이 높은 답을 우선으로 찾는 전두엽 기능 덕분에, 우리는 오랜 세월에 걸쳐 그 방식의 전문가가 되어버렸다. 그러나 새롭고 낯설며, 기존 규칙을 벗어난 사고방식을 요구하는 창의적 사고 과정에서는 전두엽의 활동이 큰 도움이 되지 않는다. 이럴 때 바로 앞서 소개한 간단한 연상 훈련에서 도움을 받을 수 있다. 이 훈련은 뇌 전체의 연결 네트워크를 활성화 시켜서 익숙한 연상 작용 너머의 연상, 즉 확률이 낮고 흔하지 않은 생각까지 끌어내는 데 효과적이다. 뇌의 더 많은 영역을 사고과정에 참여시키고, 정답 하나를 찾는 게 아니라 가능한 많은 연상을 찾는 게 우선이 되도록 사고방식을 전환시켜 주는 것이다. 더군다나 짧은 시간에 많은 아이디어를 떠올린 것을 두고 남이나 자신에게서 긍정적 피드백을 받는다면, 뇌의 보상 시스템이 활성화되어 새로운 사고 과정은 더욱 촉진될 수 있다. 우리의 뇌는 한번 성공했던 경험이 있는 상황을 다시 시도하려는 경향이 있으므로 이런 보상은 큰 도움이 된다. 그러므로 몇 차례 연상 훈련에서 긍정적인 경험을 한 사람은 이후에도 새롭고 낯설며 특이한 아이디어를 더 쉽게 떠올릴 수 있고 창의적 사고를 요구하는 도전을 기꺼이 받아들일 수 있게 된다.

- TAQ 연습법

TAQ 연습법은 하나의 주제를 빠르게 파악하고 5분 안에 그 주제에 대해 던질 수 있는 중요한 질문들을 정리하는 방법이다.

이는 아이디어를 빠르게 이끌어내고, 기발한 발상을 얻는 데 효과적이다.

- 주제(Theme): 핵심 개념을 적는다.
- 연상(Association): 그 개념에 관한 생각과 기억을 적는다.
- 질문(Questions): 언제, 어디서, 누가, 무엇을, 어떻게, 왜?

이 연습에서 전략적 포인트는 시간제한을 두는 것이다.

- 연습에 집중한다.
- 생각이 자유롭게 흘러가도록 둔다.
- 각각의 메모가 얼마나 합당한지를 깊이 고민하지 않는다.
- 연상되는 질문을 떠올린다.
- 기록은 키워드 중심으로 한다.

5분은 어디까지나 기준일 뿐이다. 생각이 계속 샘솟는다면 15분까지도 괜찮지만 몇 시간씩 들이지는 않을 것을 권한다. 이 연습의 목적은 어디까지나 처음 떠오른 생각을 빠르게 모으는 데 있기 때문이다.

부록 7번에는 당신이 정한 주제에 맞춰 활용할 수 있는 TAQ 표가 실려 있다. 부록 8번은 "우리 가정은 보다 지속가능해져야 한다."라는 주제에 맞춰 작성한 TAQ 예시이다.

> **이 연습을 할 때 우리 뇌에서는 어떤 일이 벌어질까**
>
> 제한된 시간은 이 연습의 결정적 요소이자 놀이적 요소를 가미하는 핵심이다. 우리 뇌는 게임을 가장한 자극을 좋아하므로, 놀이를 가미하면 스트레스를 덜 위협적으로 받아들인다. 여기서 핵심은 제한된 시간이라는 스트레스 인자를 우리 뇌가 긍정적으로 받아들이게 하는 것이다. 그러면 실제 상황에서도 시간이 부족할 때 압박감을 쉽게 감당할 수 있게 된다. 전두엽에서 긍정적인 감정을 느끼면 스트레스와 불안을 유발하고 대뇌의 연상 능력을 억제하는 편도체의 활동은 줄어든다. 그 덕분에 연상은 자유로워지고 사고는 더 창의적이 된다.

· 마인드맵

이 기법을 활용하면 주제를 시각적으로 정리하고 그것과 관련된 다양한 측면들 간의 관계를 연결할 수 있다. 발표 준비, 프로젝트 계획, 아이디어 수집에 특히 유용하다. 작성에는 30분 정도의 시간, A3 크기의 큰 종이, 그리고 다양한 색의 펜이 필요하다. 1970년대 개발된 마인드맵 기법은 완전히 혁신적인 아이디어를 끌어내는 데 적합한 도구는 아니다. 하지만 이미 떠오른 생각을 체계화하고 다른 기법으로 얻은 결과를 한눈에 정리하는 데 효과적이다. 종이 한가운데에 중심 주제를 적고, 거기서 선으로 가지를 쳐서 하위 주제나 관련 질문, 키워드 등을 연결한다. 이 하위 가지에서 또 다른 가지를 뻗어나가게 할 수도 있다. 주제 분류가 복잡할 경우에는 나무 형태의 마인드맵을 사용할 수도 있다. 또한 긍정적인 요소는 '+', 부정적인 요소는 '-'를 붙여서 시각적으로 표시하면 더 보기 쉽게 정리된다. 개념마다 글자의 크기를 다르게 쓰는 것도 전체 구조를 더 잘 파악하는 데 도움이 된다. 이렇게 하면 거미줄처럼 연결된 구조 속에서 생각의 연결고리들이 한눈에 보이게 된다.

물론 마인드맵을 작성하는 데도 연습은 필요하다. 그러니 일단은 도시 여행 계획이나 할 일 목록(To-do List)처럼 간단한 주제로 시작해보자. 시각화된 것을 잘 배우는 사람에게는 아마도 이 작업이 처음부터 수월하게 느껴질 수도 있다.

컴퓨터 작업에 익숙한 사람을 위해서는 디지털 마인드맵을 만들어주는 훌륭한 프로그램이 많다. 언제라도 수정할 수 있다는 점에서 종이보다 실용적인 대안이다. 다만 수정 중에 사라지는 부분을 유의해야 한다. 5분 전에는 그저 관련성이 있다고 여겼던 것이 10분 후에는 중대하게 고려될 수도 있기 때문이다. 그러므로 프로그램이 자동 저장 기능을 제공하지 않는다면, 대규모로 수정하기 전에 예전 버전을 따로 저장해두는 것이 좋다.

부록 9에는 결혼식 파티 계획에 관한 예시가 수록되어 있다. 다만 이 예시가 모든 결혼 준비에 완벽하게 들어맞는다고는 할 수 없다. 이 경우에도 마찬가지로, 부부마다 우선순위와 바라는 점, 가능한 조건들과 전제들이 서로 다르기 때문이다.

> **이 연습을 할 때 우리의 뇌에서는 어떤 일이 벌어질까**
>
> 우리가 컴퓨터 화면이나 종이를 이용해 하는 작업은 사실 우리 뇌가 일하는 방식과 같다. 주제별로 덩어리를 묶어 서로 연결한다는 점에서 그러하다. 이는 곧, 우리가 지식이 교차하는 중심지를 설정함으로써 개별 요소나 행동 과정을 저장하고 불러오기 쉽게 만든다는 뜻이다. 특히 이 방법은 중요한 요소를 중심에 두고 그 주위에 연관된 주제들로 구성된 네트워크를 배열할 때 효과적이다. 이렇게 하면 뇌는 정보를 일목요연하게 파악할 수 있다. 우리는 뇌에 시각적인 목표를 제시할 수 있고(지금 해결하려는 문제에서 가장 중심에 서 있는 것은 무엇인가?), 또 어떤 부분의 문제가 어떤 주제 영역과 연결될 수 있는지를 시각화할 수 있다. 뇌는 일반적으로 5~7개의 변수(또는 개념)를 한꺼번에 다루는 데 어려움을 겪기 때문에 핵심 문제를 하위 주제로 나누는 것이 도움이 된다. 이렇게 하면 처리해야 할 개념의 수가 줄어들어, 특히 전두엽이 처리할 수 있는 범위 내에서 정보를 처리하기가 수월하다.

- **이미지 브레인스토밍**

이 기법에서는 당신만의 대체 세계를 만들어야 한다. 그 세계는 정글일 수도 있고 심해나 달, 인적 드문 툰드라 혹은 싱가포르 같은 대도시일 수도 있다. 중요한 것은, 선택한 가상 세계와 연결할 수 있는 이미지가 많아야 하고, 눈을 감고서 그 이미지들을 생생히 그릴 수 있어야 한다는 점이다. 정글을 한번 상상해보라. 아마도 우람한 나무들과 덩굴들, 원숭이, 나무늘보, 원주민들, 활과 화살, 야영지, 빗줄기 등이 눈앞에 그려질 것이다. 하지만 이게 브레인스토밍과 무슨 상관이냐고? 때론 구체적인 생활환경으로부터 한 발짝 떨어져있을 때 우리 생각이 마음껏 뻗어나가는 데 도움이 되곤 한다.

이제 당신의 문제를 이 낯설고 푸른 세계로 옮기고 그 안의 등장인물도 바꿔보자(축구팀이나 이누이트, 월스트리트 매니저 등 대체 세계와 아무 관련이 없고 원래 당신이 다루고 있는 실제 주제와도 상관이 없는 인물이어야 한다).

예를 들어보자. 당신에게 IT 업계 직원들의 팀워크를 향상시키기 위한 기발한 전략을 수립하라는 임무가 주어졌다고 가정해보자. IT 지원 부서에는 30명가량의 직원들이 있고, 일부는 며칠씩 재택근무를 한다. 코로나 팬데믹 이후 관리자들은 그들이 함께 어울릴 수 있는 기회를 늘려야 한다고 판단했다. 서로를 새롭게 알아갈 필요가 있었다. 기존에 나왔던 아이디어는 이미 대부분 폐기되었고 사람들은 식상함을 원하지 않는다. 따라서 완전히 새로운 아이디어가 필요하다.

혹시 이 문제를 '정글에 간 축구팀'이라는 설정으로 옮겨볼 수 있지 않을까? 두 개의 축구팀이 정글에서 만나서 경기를 한다는 상황 속에 팀워크 향상 전략을 대입해보는 것이다.

[부록 10]에는 당신이 직접 선택한 연습 주제를 기록할 수 있는 표가 마련되어 있다. 왼쪽 열에 당신이 선택한 대체 세계에서 대체 인물이 문제를 해결하기 위해 무엇을 할 수 있을지를 적어보라. 더 이상 아이디어가 떠오르지 않으면 오른쪽 열로 넘어가 그 아이디어를 실제 문제에 어떻게 대입할 수 있을지를 적어본다.

'IT 부서의 팀워크 강화 방안'이라는 주제로 정글 속 축구팀 설정을 활용해 25분 간 아이디어를 도출한 예시는 [부록 11]에서 확인할 수 있다.

예컨대, 이 연습의 결과는 다음처럼 가정해볼 수 있다. 다가오는 봄에 IT팀이 밭이나 정원을 임대하여 농사를 짓고, 여름이면 다 함께 채소와 과일을 수확하여 함께 식사를 하거나 잼 등을 만드는 것이다. IT 종사자들은 주로 앉아서 일하고 자연으로 나가기보다는 해가 잘 들지 않는 실내에 주로 머물기 때문에 야외에서 몸을 움직이는 활동은 반가운 변화가 될 것이다. 여기엔 자연에서 모티브를 딴 디자인으로 물병을 제작하거나 단체 티셔츠를 제공하는 것도 아이디어에 포함된다. 이 아이디어가 어떻게 이미지 브레인스토밍을 통해 탄생했는지는 부록 속 예시에서 확인할 수 있다.

이 연습을 할 때 우리 뇌에서는 어떤 일이 벌어질까

뇌는 생각 속에서 수행하는 시뮬레이션을 실제 상황만큼이나 현실적으로 받아들인다. 특히 우리가 어떤 목표를 가능한 세부적으로 이미지화할 경우, 뇌는 단지 생각하거나 관점을 바꾸려 애쓰는 데 그치지 않고, 동시에 여러 신경 네트워크가 활성화된다. 이들 네트워크는 창의적 사고에 중요한 역할을 한다. 가령, 백일몽이나 자유로운 연상에 관여하는 기본모드 네트워크, 언어를 처리하는 언어 네트워크, 다양한 수준 간의 전환을 조절하는 전이 네트워크 등이 그러하다. 더 나아가, 환상의 세계를 창조하는 행위 자체도 이미 하나의 창의적 사고 과정이다. 뇌는 세상을 인식하고 사고하며 행동을 준비하는 방식을 변화시킴으로써 다양한 모드로 전환할 수 있다. 이는 마치 학교에서 수업 시간마다 과목이 바뀌는 것과 비슷하다. 시뮬레이션 된 세계는 이미 그 자체로 창의적 사고를 위한 환경이다. 이러한 환경은 자유로운 사고를 더 쉽게 만든다. 또한 환상의 세계에서는 현실 세계의 규칙을 깨는 것이 허용되므로 익숙하고 잘 알려진 사고 흐름에서 벗어나는 것도 훨씬 수월해진다. 그 결과 일반적인 사고 패턴을 벗어나 더 창의적인 해결책을 찾기 위한 연상의 공간으로 나아갈 수 있게 된다.

- 플립플롭 Flip Flop 기법

원리는 간단하다. 이를테면, "직장에서 받는 스트레스를 잘 관리할 수 있는 방법은 무엇일까?"와 같은 과제를 정하고 20분 정도 시간을 낸 다음, 종이 한 장을 세로로 나누어 두 개의 칸으로 된 표를 만든다. [부록 12]에 실린 양식을 활용할 수도 있다.

종이의 왼쪽 칸에는 스트레스를 더욱 심화시킬 수 있는 상황을 떠오르는 대로 모두 적는다. 말하자면 최악의 시나리오를 구상하는 것이다.

- 아침부터 지각을 한다.
- 일 처리가 너무 더디다.
- 매일 아침 어디서부터 일을 시작해야 할지 갈피를 못잡는다.
- 동료들은 퉁명스럽다.
- 티 나게 실수를 저지른다.

종이의 오른쪽 칸에는 각각의 상황을 어떻게 예방하거나 개선할 수 있을지를 적는다. 이를 영어로는 '플립플롭(flip-flop)'[17] 기법이라고 부른다. 하지만 영어로 '플롭'이 실패를 뜻한다는 것을 감안하면 '플롭플립(flop-flip)'이라고 부르는 편이 더 맞을지도 모른다. 모든 부정적 요소, 상황을 악화시킬 수 있는 요인들을 먼저 적고 나서, 반전을 고민하기 때문이다. 이런 이유에서 이 방법

---

17 어떤 결정이나 정책을 이리저리 바꾸는 것을 일컫는 영어식 표현이다.

을 '뒤집기 기법' 혹은 '물구나무 기법'이라고도 부른다. 이제 관점을 전환하여 그런 스트레스를 현명하게 관리할 수 있는 상황을 떠올려본다.

- 10분 일찍 일어나 지각할 위험을 낮춘다.
- 하루 업무를 마무리하면서 다음날 무엇을 하고 싶고, 해야 하는 지를 미리 정리한다. 그렇게 해도 업무 오랫동안 해결되지 않으면 다음 번 직원회의 때 상사와 업무량에 관해 논의한다.
- 사무실 분위기를 누그러뜨리기 위해 월요일에 케이크를 가져간다. 혹은 구내식당에서 함께 점심을 먹으며 좀 더 유쾌한 분위기를 만들 방법이 없을지를 이야기해본다. 가령, 한 주에 한 번씩 돌아가면서 누군가 간식을 가져오고 5분 정도 기분 좋은 휴식 시간을 가지면 어떨까? 어쩌면 부장님도 함께 할 수 있지 않을까?
- 실수를 줄이기 위해 헷갈리는 일이 있으면 동료에게 간단히 확인을 부탁한다. 또는 인사팀에게 새 회계 시스템에 관한 교육을 요청하거나 서류를 당일 시스템에 올리는 대신 다음 날 아침에 한 번 더 검토를 거치고 발송한다.

이 연습을 통해 당신은 부정적인 상황에도 그에 대응하는 긍정적이고 건설적인 대안을 생각해볼 수 있다는 것을 깨닫게 된다. 여기에서 제시한 '스트레스 관리'는 매우 개인적인 주제이므로 '플립플롭 목록'은 스스로 작성해보는 것이 좋다.

주제에 따라서 이 기법을 그룹 활동으로도 활용할 수 있다. 단, 여러 사람이 함께 하려면 반드시 서기나 진행자가 필요하다.

이 방식을 활용하면 짧은 시간 안에 문제 해결에 도움이 되는 다양한 아이디어를 쏟아낼 수 있다. 그 중 이미 실행된 것이나, 실행되기 어려운 것은 자연스레 걸러질 것이다. 30가지 아이디어 중 7개만 실행 가능한 것이라도 충분히 훌륭한 성과다.

플립플롭 기법을 활용하여 아이디어를 찾을 수 있는 또 다른 주제는 [부록 13]에서 확인할 수 있다. 가령 "특정 요리 잡지를 더 많이 팔 수 있는 방법을 찾으라."는 지령이 당신 팀에 떨어졌다고 상상해보라.

이 연습을 할 때 우리 뇌에서는 어떤 일이 벌어질까

감정이 실린 경험은 감정이 없는 중립적 사실보다 뇌에 더 빠르고 정확하게 저장된다. 부정적인 경험은 진화적으로 생존에 매우 중요한 정보이기 때문에, 뇌는 이를 강하게 기억하여 회피하게 만든다. 그래서 뇌의 기억 저장소는 긍정적인 감정과 연결된 정보보다 부정적인 정보를 더 빠르게 꺼내어 반응한다. 그리고 이런 감정 정보는 감정이 실리지 않은 중립적 사실보다도 더 빠르게 소환된다. 이 특성을 팀 활동에 활용하면, 부정적인 상황을 기반으로 연상하는 작업은 빠르게 진행될 수 있다. 그러나 중요한 점은, 인간은 긍정적인 감정을 느낄 때 더 자유롭고 개방적으로 사고할 수 있다는 것이다. 따라서 단지 부정적인 상황에 대한 해결책을 찾는 데만 급급할 게 아니

> 라 점차 긍정적인 감정을 일으킬 수 있는 주제로 확장해 나가는 것이 중요하다. 단순히 부정적인 감정을 억제하고 스트레스나 불안을 줄이는 것만으로는 전두엽의 인지 처리 능력이 향상되지 않는다. 긍정적인 감정이 생길 때, 연상적 사고에 날개가 달린다.

- **월트 디즈니 의자**

미국의 만화영화 제작자이자 영화 프로듀서인 월터 엘리어스 디즈니(Walter Elias Disny, 1901-1966)는 지난 세기를 통틀어 가장 창의적인 인물 중 하나로 꼽힌다. 그는 1923년 월트 디즈니사(社)를 설립했고, 1928년 만화 캐릭터인 미키 마우스와 이후에는 도널드 덕을 탄생시켰으며, 할리우드에서 가장 유명하고 다수의 상을 받은 영화 제작자로 자리매김했다. 1955년에는 캘리포니아에 디즈니랜드를 개장했다.

그는 역할을 바꾸면 생각의 방향이 달라진다는 것을 깨닫고 실천에 옮겼다. 새로운 아이디어를 찾을 때도 이 전략을 활용했다. 그는 한 가지 문제에 접근할 때 몽상가, 현실주의자, 비평가라는 세 가지 다른 역할을 번갈아 수행했다. 서로 다른 세 가지 의자에 앉아보는 것은 그가 각각의 관점에서 상황을 고려하는 데 도움을 주었다. 세 개의 의자에 앉음으로써 자연스럽게 해당 역할의 관점에서 사고할 수 있었던 것이다.

이 원리를 연습하기 위해서 당신에게는 세 장의 종이와 펜, 그리고 세 개의 의자가 필요하다. 가능하다면 의자마다 표시를 하여 어떤 역할에 해당하는 의자인지를 잘 알아볼 수 있게 한다. 혹은 어떤 문제를 고민하거나 아이디어를 구상할 때 장소를 바꾸는 것도 방법이다. 공간 변화는 상상력과 사고력을 자극하고 떠오른 생각을 정리하고 연결하는 데 도움을 준다.

이 창의력 기법은 혼자서 실천할 수도 있지만 워크숍이나 회의에서 그룹으로 실행할 수도 있다. 특히 이미 기본적인 아이디어는 나왔지만 구체적인 세부 사항이 정해지지 않은 상황에서 유용하다.

예를 들자면, 다가오는 유치원 생일파티를 일정한 컨셉(예: 유니콘)으로 열고 싶을 때나 당신이 속한 동호회에서 후원자를 모집해야 할 때가 이 기법을 적용하기 좋은 경우다.

몽상가 그룹(혹은 그 역할을 맡은 당신)은 생각나는 모든 걸 적는다. 부적절한 것과 난해한 것과 불가능한 것과 그저 농담에 그칠 것까지 모두를. 생각에 한계를 두지 않는다.

현실주의자 그룹(혹은 그 역할을 맡은 당신)은 그중 합리적인 것을 검증하고, 황당한 것들 중에서 실행 가능한 의견을 골라내고, 그것들을 어떻게 적용할지 계획을 세운다.

비평가 그룹(혹은 그 역할을 맡은 당신)은 그 아이디어에 반대되는 논지를 수집한다. 정해진 시간 내에 실행할 수 있는가? 사회적으로 적절한가? 재정적으로 감당할 수 있는가? 비평가에겐 자비가 필요 없다.

이 역할들은 여러 번 바꾸어 반복할 수 있고 그러는 편이 바람직하다. 비평가가 되었다가 다시 몽상가가 되어보라! 그렇게 당신은 여러 개의 기본 아이디어를 빠르게, 그러나 깊이 있게 검토하고, 어떤 아이디어를 어떤 방식으로 실현해 나갈지를 결정할 수 있다.

이 연습을 할 때 뇌에서는 어떤 일이 벌어질까

역할극을 통해 다른 사람의 입장을 경험하는 것은 뇌의 안와전두피질(4장 창의적 잠재훈련 참고)을 활성화시킨다. 이 부위는 우리 자신의 감정과 사고를 기록할 뿐 아니라, 타인의 감정과 생각까지도 그려내는 능력을 가진다. 이때 타인의 경험은 실제 현실일 수도 있고, 이야기로 전해진 것이나 상상일 수도 있다. 역할 바꾸기를 통해 뇌는 관점을 전환하기가 한결 수월해진다. 다른 인물의 역할을 수행함으로써, 안와전두피질은 생각이 흘러가는 환경을 바꾼다. 이를 통해 우리는 기존의 사고방식에서 벗어나 새로운 사고 경로를 탐색할 기회를 갖는다. 우리가 원한다면, 뇌는 그간 수없이 사용한 정보의 고속도로를 활용하는 데 그치지 않고, 다른 역할과 인물을 맡음으로써 알게 된 뇌신경 회로에 난 작은 오솔길도 다 함께 이용할 수 있게 된다. 이는 뇌의 연상 능력을 자극하고 결과적으로 결과물을 향상시키는 데 기여한다. 이와 같은 기제는 뒤에 설명할 '6개의 생각 모자 기법'에서도 동일하게 작동한다.

- 오스본 체크리스트

알렉스 오스본은 브레인스토밍에 이어 다양한 주제와 낯선 관점을 탐색하는 데 유용한 체크리스트를 개발했다. 이것을 활용하려면 일단 구체적인 과제나 질문이 필요하다. 이 기법은 특히 개인이나 팀이 프로젝트나 제품을 위한 독창적인 아이디어를 찾을 때 적합하다.

연습을 위해서 최대 1시간을 확보한다. 색인 카드와 압정을 사용하는 게시판을 마련할 수 있다면 좋다.

오스본 체크리스트의 10가지 질문은 당신이 사고의 폭을 확장할 수 있도록 도와준다. 말하자면, 문제를 모든 방향에서 면밀히 살펴보게 만드는 것이다.

1. 그 제품이나 아이디어를 완전히 다른 방식으로 사용하거나 대안적으로 활용할 방법이 있을까?
2. 비슷한 사례를 참고하거나 무언가를 모방하는 방식으로 조정할 수 있을까?
3. 냄새, 색깔, 형태를 바꾸거나 새로운 의미를 부여할 수 있을까?
4. 주제나 제품을 좀 더 크게 만들거나, 더 무겁고 견고하게 바꾸거나, 무언가를 추가하거나 과장할 수 있을까?
5. 더 작게 만들거나, 나누거나, 일부를 제거할 수는 없을까?
6. 장소, 재료, 방식과 같은 요소를 다른 것으로 대체할 수 있을까?
7. 절차, 순서, 속도 등을 바꾸거나 교체할 수 있을까?

8. 전체를 거꾸로 뒤집거나, 기능을 반전시키거나, 전혀 다른 방식으로 접근할 수 있을까?

9. 그 제품이나 아이디어를(부분적으로라도) 다른 것과 결합할 수 있을까?

10. 그 제품이나 주제를 전혀 다른 상태로 전환할 수 있을까? 예를 들어, 독특한 기술, 다른 매체, 새로운 감각 차원으로 변환하는 것이다.

이러한 설명이 다소 추상적으로 들릴지 모르니 예를 하나 들어 설명하겠다. 주제는 도시 홍보 분야의 아이디어다. 북해나 발트해 연안, 혹은 산악 지역에 자리한 XY라는 마을이 부활절을 맞아 많은 관광객을 유치하려고 'XY에서 보내는 부활절 휴가'라는 주제로 홍보 전략을 세우려 한다. 이 캠페인은 특히 인상적인 부활절 축제로 유명한 휴양지를 모델로 구상된 것이다. 현지 관광국장은 사순절이 시작되는 재의 수요일부터 부활절 전날인 성토요일까지, 도시 웹사이트에 부활절과 관련된 콘텐츠를 40편 이상 게재하는 방안을 계획하고 있다. 물론 각 게시물에는 XY에서 어떤 즐길거리와 볼거리가 마련되어 있는지를 강조할 것이다. 예를 들어, 달걀 꾸미기나 달걀 숨기기 놀이, 부활절 어린 양 모양 쿠키 굽기와 성토요일 혹은 부활절 당일 밤에 열리는 대형 모닥불 행사, 부활절 예배 등 다양한 아이디어 40가지가 필요하다.

예를 들어, 'XY에서 보내는 부활절'이라는 주제를 오스본 체크리스트에 따라 확장해본다면 이 기법만으로도 XY시의 부활절에 관한 아이디어를 20가지 정도 떠올릴 수 있다. [부록 15]에는 우리의 아이디어 몇 가지를 실었지만, 그 목록이 완벽하다고는 할 수 없다. 어쩌면 당신에게 더 기발한 아이디어가 있을지도 모른다. 때로는 체크리스트의 10가지 항목 모두를 적용하기 어려울 수도 있다. 괜찮다. 생각이 잘 떠오르지 않거나 맞지 않는 항목은 건너뛰면 된다. 문제에 따라 모든 항목이 의미를 지니는 것은 아니기 때문이다.

처음으로 오스본 체크리스트로 연습을 하고 싶다면 [부록 14]의 양식을 활용하고, 10가지 항목으로 이루어진 오스본 체크리스트를 아이디어를 떠올리는 실마리로 삼아보라. 어떤 항목은 다른 것보다 더 쉽게 접근할 수 있지만, 다루기 힘들어 보이는 항목일지라도 너무 빨리 포기하지 말고 좀 더 고민해 보도록 하자.

> **이 연습을 할 때 우리 뇌에서는 어떤 일이 일어날까**
>
> 이 연습 역시 앞선 연습들과 마찬가지로 뇌의 연상 능력을 끌어올린다. 관점을 반복해서 전환하는 과정은 새로운 사고 경로를 자극하고 뇌가 새로운 연상을 형성하도록 도우며 평소 잘 쓰지 않던 네트워크를 집중적으로 활성화시킨다.

팀에서 새로운 아이디어를 찾는다면

우리가 지금부터 소개할 두 가지 연습은 특히 집단이나 팀 활동에 적합하다. 인원수는 상황에 따라 달라질 수 있다. 이 창의성 기법의 목적은 무엇보다 일정량 이상의 아이디어를 끌어내는 데 있다. 즉, 우선은 양이 중요하다. 어떤 아이디어가 질적으로 가장 뛰어난지를 처음에는 대개 알 수 없다. 아이디어를 실행 가능성, 재정적 타당성, 성공 가능성 등의 기준으로 평가하고 검토하는 것은 전혀 다른 과정이다. 이때 잘 선택하려면 일정한 기준을 세울 필요가 있다.

팀으로 창의적인 작업을 할 때에는 언제나 따뜻하고 신뢰할 수 있으며 우호적인 분위기가 마련되어야 하고, 공간 또한 그런 분위기를 뒷받침할 수 있어야 한다. 따라서 회사 내에서는 평소의 사무실과는 다른 분위기의 공간을 선택하는 것이 유익할 수 있다. 또는 애초에 아이디어 회의를 하는 공간을 다른 곳으로 옮겨, 사무실 환경에서 느껴지는 일종의 제약을 벗어나는 것도 방법이다. 이처럼 작업 환경을 위한 세팅은 결코 소홀히 할 수 없는 요소다.

더불어 다음 세 가지 사항도 중요하다.

1. 시작에 앞서 모든 팀 구성원에게 기본 규칙을 명확히 알린다.

2. 아이디어를 정리한 결과물은 외부인에게도 몇 분 안에 설명할 수 있을 정도로 쉽게 작성되어야 한다. 전문가들은 이를 '엘리베이터 피치(elevator pitch)'라고 부른다. 엘리베이터를 탄 짧은 시간 동안 충분히 아이디어를 전달할 수 있어야 한다는 뜻이다.

짧은 설명은 생생한 언어를 동원하여 열정적으로 하는 편이 좋다. 안타깝게도 새로운 아이디어는 일단 저항에 부딪치기 쉽기 때문이다. 창의성은 늘 오래전부터 내려오는 것들과 경쟁해야 한다.

3. 실행 계획을 수립하라. 창의적인 아이디어를 도출하는 데 그치지 않고 구체적인 실행을 계획하는 사람만이 이 과정을 통한 실질적인 성과를 거둘 수 있다. 수많은 좋은 아이디어들이 그저 '언젠가는 할 수 있을 것 같다'는 수준에 머무르는데, 그건 실행을 위한 구체적인 과제 분담이 이루어지지 않았기 때문이다.

이것을 연습하기에 알맞은 예제 또한 부록에 수록되어 있다.

- 여섯 개의 생각 모자

회사나 집에 색깔이 서로 다른 모자 여섯 개가 있는가? 없다고 걱정할 것은 없다. 색색의 수건이나 카드만 있어도 충분하다. 여섯 가지 생각 모자 기법은 사고를 체계화하고 구분하기 위해 1986년 인지과학자 에드워드 드 보노(Edward de Bono)가 고안한 방법이다. 이 연습에는 약 한 시간을 할애하고, 6명에서 15명 정도의 참가자를 위한 공간을 마련하라. 참가자들은 여섯 개 조로 나누어 흰색, 초록, 파랑, 빨강, 노랑, 검정(또는 회색)의 색깔 카드를 준비한다. 이제 워크숍 진행을 맡은 당신은 모두가 답할 수 있는 질문 하나를 제시한다. 그리고 참가자들은 그룹별 혹은 개인별로 다음 여섯 가지 모자의 역할을 나누어 갖는다.

- **흰색 모자**: 중립적 정보, 사실관계, 수치를 담당한다.
- **빨강 모자**: 불안, 기쁨, 의심처럼 떠오르는 감정을 드러내며 직관적인 아이디어를 수집한다.
- **노랑 모자**: 낙관적인 시각과 긍정적인 논거를 중심으로 과제를 바라본다.
- **초록 모자**: 독창성을 대표한다. 창의적인 것에서 한발 더 나아가 비현실적이거나 엉뚱한 발상도 포함된다.
- **검정 모자**: 철저하게 비판적인 관점에서 조망한다. 반대 의견을 찾고 모든 것을 의심하며 회의론자의 입장을 유지한다.
- **파랑 모자**: 객관성과 통제를 책임진다. 전체 주제를 조망하며 질서와 구조를 유지하고, 논점을 정리하거나 질문을 제기하는 역할을 맡는다.

각자가 정해진 역할을 맡는다. 아이디어는 정해진 색깔의 카드에 몇몇 키워드 중심으로 간단하게 적는다. 카드가 모두 작성되면 게시판에 붙여서 참가자들이 서로 다른 관점에서 문제나 주제를 바라볼 수 있도록 한다. 여섯 개의 모자가 어떤 순서로 토론에 참여할 것인지는 주제에 따라 달라진다. 이 과정에서 사회자는 파랑 모자와 함께 토론의 순서와 평가를 조율한다.

다음은 하나의 예시다. 어느 학생이 개교 75주년을 맞아 모교의 교육시설에 관한 발표를 준비하게 되었다. 그는 이 기관의 어떤 점을 살펴볼 수 있을까?

- **흰색 모자**: 학생은 몇 명이고, 교실은 몇 개이며, 면적은 얼마이고, 개교 이래 학교에서 수업을 받은 학생은 총 몇 명이며, 지금까지 몇 명의 교사가 수업을 하였는가? 75년간 몇 건의 징계가 내려졌으며, 기록된 성적 중 최고점은 얼마인가?
- **빨강 모자**: 기쁨, 좌절, 무기력, 다툼, 학생들 간의 경쟁, 따돌림, 운동장, 첫 키스, 쉬는 시간에 울려 퍼지는 아이들의 웃음소리
- **노랑 모자**: 졸업생 중 유명인사, 훌륭한 인공 암벽, 최고의 미술 교사(심지어 문화부로부터 표창도 받음), 햇살이 환하게 비추는 교실, 맛있는 급식, 봄마다 꽃이 만발하는 화단, '학생이 학생을 돕는다' 프로젝트
- **초록 모자**: 선생님이 저지른 역대급 실수(선생님의 말실수 목록도 포함), 가장 웃겼던 장난은? 연극부 학생들이 공연 초연을 1시간 앞두고 단체로 배탈이 나는 바람에, 선생님이 무대로 뛰어올라간 사건이 있었다. 그 영상은 유튜브에서 수천 뷰를 기록했다. 기술 수업에서는 학생들이 직접 교정에 둘 벤치를 만들었다. 물리 수업에서는 아인슈타인의 질량-에너지 등가 공식인 $E=mc^2$를 본 딴 형태로 벤치를 만들어 감탄을 자아냈고, 미술 전공 학생들은 멕시코 화가인 프리다 칼로(Frida Kahlo)의 초현실주의 화풍으로 그것을 색칠했다. 프랑스어반 학생들은 의자 뒷면에 'Je

t'aime'라는 글씨를 새겼다.
- **검정 모자**: 교사 전용 흡연공간이 비밀리에 있다. 계단은 많고 엘리베이터는 없다. 고장 난 화장실 칸이 있고, 창문이 지저분하며, 교사들 평균 연령이 높고, 수학 교사 세 명은 번아웃을 겪었다. 겨울에 난방비가 많이 나오고, 지붕에 설치된 벌통에는 곰팡이가 생겨서 2년 동안 교내 양봉 동아리에서 꿀을 채취할 수 없었다. 학비가 높고, 학부모의 밤 행사에서 아버지 두 명이 싸움을 벌여 경찰이 출동하는 일도 있었다.
- **파랑 모자**: 어떤 점을 개선할 수 있을까? 분위기를 쇄신하기 위해 학생들이 자발적으로 할 수 있는 일은 무엇이 있을까?

- 635-기법

635라는 흔치 않은 숫자 조합은 쉽게 설명할 수 있다. 참가자 6명이 5분 간 각자 3개의 아이디어를 내면 총 18개가 된다. 이를 30분 동안 반복하면 최대 108개의 아이디어가 나온다. 방법은 다음과 같다. 6명이 한 테이블에 일정한 간격으로 앉는다. 각자에게는 [부록 16]에 실린 예시처럼 세로 3열, 가로 6줄의 양식지가 주어진다. 참가자들은 왼쪽 상단부터 오른쪽으로, 첫 번째 줄에 주어진 주제에 대한 아이디어를 세 가지 적는다. 제한 시간은 5분이다. 시간이 지나면 이 양식을 오른쪽 사람에게 넘긴다. 그러면 각자는 가장 위에 이미 세 가지 아이디가 적혀 있는 양식을 받게 된다. 이를 훑어본 뒤, 5분 안에 두 번째 줄에 새로운 아이디어 세 가지를 덧붙인다. 물론, 앞서 적힌 아이디어를 반복해서는 안 된다. 이러한 방식으로 계속 돌아가다가 참가자가 다시 처음 자기 양식을 돌려받으면 끝이다. 이 기법을 제대로 활용하면 최대 108개의 아이디어를 모을 수 있다.

이 기법의 장점은 무엇일까? 바로 단시간에 일정량의 아이디어나 해결책을 끌어낼 수 있다는 점이다. 모두가 제한된 시간 안에 움직여야하므로 빨리 무언가를 적어내야만 한다. 그러다보니 끝에는 별 볼일 없는 아이디어만 칸에 남은 것 같은 기분이 들 수도 있으나, 실은 무엇보다 기발하다는 점에서 훌륭한 아이디어인 경우가 많다. 대부분 세 번째 차례쯤 되면 이미 뻔한 답은 다 적혀있기 때문이다. 그때부터는 일반적인 틀을 넘어 아직 언급되지 않은 무언가를 찾아야 하고 그게 어려울 수도 있다. 하지만 바로 그 순간에 흥미로운 아이디어가 탄생한다.

이 기법을 실행하려면 최소 6명(4,5명도 가능하나 그 이하는 안 된다!)의 참가자와 구체적인 질문이 정해져 있어야 한다. 시간을 관리하고 표를 다음 사람에게 넘기라고 신호를 줄 진행자를 세우는 게 좋다. 마지막에는 진행자가 6장의 종이를 모두 모아 게시판에 붙인다. 작성할 때부터 중복되는 아이디어를 피하려고 애쓸 필요는 없다. 나중에 확인 후 거르면 된다. 보통 이 과정을 거치면 실행하거나 토론할 만한 쓸모 있는 아이디어가 60개 정도

남는다. 이후 다른 창의 기법을 활용하여 이 아이디어를 더 구체화하는 단계가 필요하다.

이 기법은 1968년 마케팅 전문가인 베른트 로르바흐(Bernd Rohrbach)에 의해 고안되었으며, 다음과 같은 다양한 상황에 효과적으로 활용될 수 있다. 가족 내 일반적인 주제(예: 휴가 계획), 지극히 개인적인 문제(예: 돈을 어떻게 절약할까? 혹은 승진하려면 어떤 경력을 쌓아야 할까?), 학교나 대학에서의 질문(예: 괴테의 시를 읽어야만 하는 이유는?), 혹은 직장 내 의사결정(예: 매출을 증진시킬 방법은? 혹은 어떻게 하면 고객 만족도를 향상시킬 수 있을까?).

635 기법은 거의 모든 사안에 적용될 수 있으나, 전문지식이 요구되는 매우 복잡한 주제를 다루는 데는 알맞지 않다는 단점이 있다.

[부록 17]에는 간단한 양식 한 장이 작성되어 있다. 이를 바탕으로 집에서 직접 실습해보는 것도 좋다. 우리가 제안하는 주제는 다음과 같다.

-올해는 크리스마스 시즌과 그 준비 과정에서 받는 스트레스를 피하고 싶다. 어떻게 해야 스트레스 없이 연휴를 보낼 수 있을까?

> **이 연습을 할 때 우리 뇌에는 어떤 일이 벌어질까**
>
> 이 연습은 신경과학적 관점에서 보면 다소 상식을 거스르는 측면이 있다. 수많은 연구들이 불안과 스트레스는 뇌의 연상 능력을 제한한

다고 말하기 때문이다. 그러나 한편으로는, 스트레스 반응이 신체, 그리고 뇌에 더 많은 에너지를 공급하여 오히려 원활한 사고를 돕는다는 주장도 있다. 생각하고 배우는 데는 더 많은 에너지가 들기 때문이다. 단, 이때 가장 중요한 전제는 스트레스가 불안이 되지 않아야 하며, 문제를 해결할 수 있다는 자신감이 있어야 한다는 점이다. 무엇보다 중요한 것은, 자신을 상황에 휘둘리는 존재가 아니라 여전히 주도적으로 행동하는 사람으로 느끼는 것이다. 단순히 반응만 하는 게 아니라 능동적으로 행동할 수 있다고 느껴야 한다. 또한, 자신이 집단의 일부라고 느끼고, 혹시 주어진 시간 안에 과제를 해결하지 못하더라도 개인적으로 창피를 당할 수 있다는 생각을 하지 않아야 한다. 스트레스라고 다 같은 스트레스가 아니다. 스트레스가 만성이 아니라 일시적이며, 그것이 회복력과 함께 작용할 때는 오히려 날개가 될 수 있다.

따라서 스트레스가 긍정적인 도전이 될 때, 뇌의 정보 처리 과정이 향상되고 계산 속도와 전체 활성도가 올라간다. 이는 뇌가 사용할 수 있는 에너지의 양이 늘어나기 때문이다. 그렇게 되면 특정 주제와 관련된 아이디어가 더 많이 떠오를 뿐 아니라 평소 잘 쓰지 않아 접근하기 어려웠던 '지식의 섬'에도 더 쉽게 도달할 수 있다. 독일의 희극배우 카를 발렌틴(Karl Valentin)은 이렇게 말했다. "예술은 아름답지만 일이 많다." 이 말은 지금의 경우에도 적용된다. 시간 압박 속에서 창의력을 발휘하는 것은 분명 도전이지만, 연습을 통해 충분히 성취할 수 있는 능력이기도 하다.

재미가 있으면 뇌는 저절로 일한다

토르스텐 베르너(Thorsten Werner)
전기공학 엔지니어이자 회사 대표. 병원, 소방서, 어린이집, 행정청사 등
공공 건축물의 기계 및 전기 설비 계획과 설계 전문가.
https://rauschenberg-ing.de/

우리 엔지니어 사무소에서는 기본적으로 늘 비슷한 과제를 다루지만 그것이 적용되는 건물의 형태나 구조는 매번 다르다. 환기 시스템, 배관의 흐름, 조명이 공간에 반응하는 방식 등 기술적인 요소는 늘 일정하게 유지된다. 하지만 우리가 무언가를 창조적으로 디자인하는 것은 아니다. 그런 점에서 우리는 예술가가 아니라 기술자다. 따라서 우리는 예술가와는 다른 방식으로 창의성을 발휘한다.

우리의 창의성은 두 개의 다른 차원에서, 즉 건축의 계획과 실제 시공 단계에서 발휘된다. 요즘 우리는 3D로 설계를 진행하므로 수십 년 전보다 훨씬 정확한 도면을 제작할 수 있다. 하지만 나는 일단은 종이에 손으로 대강 스케치하고 그 과정에서 '창의적으로' 생각한 후에야 비로소 실제 도면제작에 들어가는 편이 바람직하다고 생각한다. 그것이 전체를 보는 데 있어 도움이 되기 때문이다. 대개 우리는 '어떻게 하면 더 효율적으로, 더 빠르게, 그리고 더 저렴하게 건축할 수 있을까'라는 질문에 대한 답을 찾는 과정에서 창의성을 발휘하게 된다. 답을 찾기 위해서는 무엇보다 유연한 사고가 필요하다. 정형화된 방식에 따라 움직여서는 안 된다. 그렇게 계획이 끝나면 건

축을 할 차례다. 구체적인 설계를 최대한 정확하게 해도 실제 시공 단계에서는 그와 어긋나는 상황이 발생할 수 있다. 현장에서 계획에 없던 요소가 갑자기 등장하는 것이다. 예를 들어, 콘크리트 버팀목의 배치가 계획과 달라서 환기 설비를 원래대로 설치할 수 없는 경우가 생길 수 있다. 이럴 때는 환기 시설 설계자가 현장 소장과 함께 즉시 새로운 해결책을 찾아야 한다. 시공이 중단되지 않도록 최대한 빨리 해결해야 하는데, 이러한 유연성은 환기 뿐 아니라 전기, 난방, 배수 등 모든 분야에서 동일하게 요구된다.

우리는 수작업과 경험을 통해 빠른 사고 전환을 배우지만 그게 전부는 아니다. 예컨대, 나는 휴가 중에 대형 백화점과 같은 건물에 들어가게 되면 천장을 올려다본다. 그리고 내가 알고 있는 환기 설비와 비교하면서 이곳에서는 어떤 방식으로 문제를 해결했는지 살펴보고, 조명이 어떤 콘셉트로 설치되어 있는지도 관찰한다. 이런 관찰은 나도 모르게, 거의 자동적으로 이루어지며 때로는 그것이 영감으로 이어지기도 한다.

나는 창의적인 해결책을 찾기 위한 직업적 훈련과 경험을 쌓는 데는 무엇보다 전체적인 맥락을 이해하는 능력이 중요하다고 확신한다. 해결책을 찾지 못하는 기술자들은 충분히 넓게 보지 못해서일 때가 많다. 이는 체스 경기를 할 때와 다르지 않다. 체스에서 이기려면 최대한 상상력을 발휘하여 다음 수보다 더 멀리, 일곱 번째, 여덟 번째, 아홉 번째 수까지 내다볼 수 있어야 한다. 예를 들어, 내가 어떤 수를 다르게 두었을 때 어떤 결과가 나올지, 혹은 여섯 번째 수가 잘못된 선택이었다면 그것이 어떤 결과를 초래할지를 예측할 수 있어야 한다. 건축 계획을 세우는 일에서도 마찬가지다. 빠르게 그리고 멀리 내다보며 사고해야 한다.

나는 종종 샤워를 하면서 좋은 해결책을 떠올린다. 심지어 그 문제에 대해 생각하려 의도하지 않는데도 그저 뇌가 충분히 휴식을 취한 아침에 느긋하게 샤워를 하다보면 저절로 해결책이 떠오르는 것이다. 스키를 탈 때도 비슷한 경험을 한다. 집중해서 어떤 문제를 생각하기보다는, 그저 주변을 바라보다가 해답을 떠올린다. 그런 순간들은 언제나 기분 좋은 경험으로 남는다.

하지만 나는 시간 압박 속에서도 내 할 일을 잘 하는 편이고 그것을 특별히 스트레스라고 생각하지 않는다. 오히려 더 집중을 잘할 수 있다. 스트레스라고 무조건 부정적이지만은 않다. 나는 오랫동안 수구 선수로 활동했는데, 경기를 하는 동안에는 전술을 바꿀지 말지를 10분 동안 여유 있게 생각할 수 있는 상황이 아니다. 그 판단은 그때그때 이뤄져야 하며, 이는 건설 현장에서도 마찬가지다. 건축주가 갑자기 변경을 요구하고 그래서 기존 계획이 모두 틀어질 때조차 나는 여전히 공사 기한을 맞출 방법을 신속하게 떠올려야 한다. 참고로 나는 오랫동안 체스도 두어 왔는데, 그 경험이 사고력을 단련하는 데 큰 도움이 되었다고 확신한다.

창의성을 발휘하기 위해 내게 매우 중요한 요소가 하나 더 있다. 바로 재미다. 재미가 있으면 뇌는 저절로 일을 한다. 오후 6시가 지나도 업무에 집중하여 새로운 해결책을 찾는다. 재미가 없으면 뇌는 결국 다른 사람이 풀어놓은 답을 받아들이고 만다.

7장
생각하라: 창의적인 사회를 위한 전략

> 만약 모두가 '우리가 어디에 가게 될까?'라고 말하기만 하고,
> 아무도 실제로 '어디로 가게 될까?'를 알아보기 위해 움직이지 않는다면,
> 우리는 어디에 가게 되는 걸까.
> -쿠르트 마르티 Kurt Marti
> 스위스의 목사이자 작가 (1921-2017)

창의성은 공동체의 삶과 사회경제 시스템의 발전을 이끄는 미래 지향적인 요소다. 또한 세계화와 새롭고 강력한 인공지능 기술의 눈부신 발전과도 깊은 관련이 있다. 창의적이고자 하는 사람, 새로운 해결책을 모색하고자 하는 사람이라면 지각의 습관(관점 전환), 사고의 습관(새로운 연상 형성), 행동의 습관(새로운 시도)을 과감히 극복하고 루틴을 바꾸어야 한다.

이는 개인뿐 아니라 공동체 전체에도 똑같이 적용된다. 이러한 원칙은 자녀 교육과 학교 교육 제도, 재교육과 평생학습은 물론 작은 회사부터 대기업에 이르기까지 모두에게 유효하다.

나와 다른 것에 마음을 열고, 사고의 틀을 깨고, 도전에 유연하게 대응하는 것은 곧 편견 없이 행동하는 것을 뜻한다. 정치, 사법, 종교, 경제, 문화, 교육, 노동, 여가 등 사회 모든 영역에서 객관적

이고 사실적이며 현실적인 고찰은 함께 살아가는 데 도움이 된다. 그리고 우리는 이 모든 영역에서 매일같이 변화를 경험하고 있다.

변화는 미래이며 미래는 변화다

몇 년 전부터 많은 회사에서 '팀 성과 조직'을 도입하고 있다. 이들은 허례허식 없이 실용적인 업무 방식을 추구하며, 책임의 영역은 각자의 능력에 따라 분할하는 원칙을 따른다. 전통적인 위계구조와 리더의 권한은 점차 뒷전으로 밀려나고 있다. 동료가 다른 부서로 옮겨가거나 해고되기도 하고, 기존 팀들이 해체되어 새로운 팀으로 재편되기도 한다. 경영진은 '변화관리(Change Management)' 교육을 받는다. 이 경영기법은 새로운 요구를 제시하고, 불안을 퍼뜨리며, '아이디어가 곧 자산'이라고 선전한다. 수십 년간 한 회사를 다닌 직원들에게도 빠르게 사고방식을 전환하고 혁신적인 아이디어를 내놓으라는 요구가 떨어진다. 하지만 위계가 강하고 부서 간 구획이 뚜렷한 조직에서는 문제 해결에 비효율적인 경향이 나타나기 쉽다. 직원들은 무의식적으로 이 아이디어가 상사나 그 상사의 상사에게 어떻게 보일 것인지를, 혹은 이걸로 다른 부서보다 유리한 입장이 될 수 있을지를 먼저 고민하게 된다. 문제에 관해 자유롭게 생각하고 가능한 많은 해결책을 떠올리는 데 쓰여야할 정신력이 다른 곳에 소모되는 것이다. 이러한 창의성의 제약은 위계질서의 모든 수준에서 나타나며, 최고경영자(CEO)라고 해서 예외는 아니다.

게다가 앵글로색슨계 국가들과 비교했을 때 독일에서는 건전한 실수 문화가 자리 잡지 못했다. 실수를 저지를 수 있다는 것은 창의성과 새로운 사고를 위한 기본 조건이다. 우리의 실수 문화는 새롭게 평가될 필요가 있고, 이에 관해서는 몇 페이지 후에 좀 더 다룰 예정이다.

하지만 일단은 더 나은 출발을 위해 아주 개인적인 차원에서부터 이야기를 시작해보자. 변화란 왜 그렇게 받아들이기도, 이끌어내기도 어려운지를 분석해보려는 시도에서부터 말이다.

사람이 잘 안 변하는 이유

뇌과학과 심리학, 사회학 등 다양한 분야의 연구들은 인간의 머릿속에서 같은 것을 반복적으로 떠올리도록 하는 사고의 회로는 마치 콘크리트처럼 단단하여 다시 프로그래밍하는 것이 매우 어렵다고 말한다. 학자들은 실험 대상자들이 개인적인 목표와 행동 방식을 바꾸기 위해서는 구체적으로 어떤 개입이 필요한지를 알아내기 위해 다양한 설계의 실험을 시도했다. 그 결과, 일단은 익숙해진 방식을 바꾸고 새로운 것을 시도해보려는 의도가 필요하다는 것을 알아냈다.

하지만 의도가 전부는 아니었다. 개입으로 변화를 도모한 실험의 결과는 하나같이 실망스러웠다. 학자들은 실험 대상자들의 의도를 바꾸는 데는 성공하였으나 그렇다고 오랜 습관에서 비롯한 행동까지를 바꾼 것은 아니었다. 오랫동안 반복되어 온 생각의 습관은 좀처럼 사라지지 않았다. 다른 해결책을 찾아야 한다는 필요성을 충분히 인식하면서도 그것이 생각에 미치는 영향은 미미했다. 그러므로 오랜 습관에서 벗어나고자 할 때, 개인적인 목표에만 초점을 맞추는 것은 큰 의미가 없어 보인다.

사람이 변할 준비가 되는 때

앞서 언급한 실험은, 실험 대상자에게 구체적인 행동 대안을 제시하는 방식으로 이어졌다. 단순히 행동 변화를 위한 인식만을 주입한 것이 아니라, 일상 속에 자연스럽게 자리 잡을 수 있는 새로운 루틴과 연습을 실제로 연습하도록 했다. 예를 들어, 양치 후 복근 운동을 하거나 점심 식사 후 산책을 하는 식이다. 이러한 연구들은, 사람들이 습관을 바꿀 가능성이 가장 높은 때는 변화가 외부에서 강제될 때가 아니라 자신이 그 변화를 내면화할 때라는 사실을 분명히 보여주었다. 이는 창의적 사고 과정과 마찬가지로 변화에도 결정 과정에 참여하는 것이 중요한 전제 조건이라는 사실을 알려 준다. 또한 사람들은 사회 집단 속에서 함께 루틴을 바꿀 때 훨씬 더 수월하다고 느꼈으며, 달성하고자 하는 목표를 가능한 구체적으로 시뮬레이션하고 세부까지 생생하게 그려볼 수 있을 때 변화에 도움을 받았다.

'생생하게 그리는 것' 혹은 시각화가 어떻게 작동하는지를 설명하기 위해, 많은 이에게 익숙할 법한 예시를 하나 들어보자. 살이 너무 많이 쪄 체중 감량을 목표로 삼아본 적이 있다면 쉽게 공감할 수 있을 것이다. 다이어트를 할 때 구체적인 시뮬레이션이란 과연 무엇을 뜻할까? 지금부터 체중 감량이 필요한 사람의 머릿속으로 들어가 그 생각의 흐름을 따라가 보자.

식단을 바꾸고 몇 킬로그램이 빠진다면 어떤 옷이든 마음껏 입을 수 있지 않을까? 체중이 줄어들면 계단을 오르는 게 훨씬 쉬워지지 않을까? 뱃살 때문에 시선을 받지 않는다면 얼마나 홀가분할까? 목표 체중에 도달했을 때는 어떻게 그 순간을 기념하면 좋을까? 지인이 반신반의하며 '살 빠졌지?'하고 물을 때는 뭐라고 답하지? 1킬로그램이 줄 때마다 스스로에게 어떤 보상을 해주면 좋을까? 마사지, 영화관 나들이, 꽃다발, 새 조깅화?

새로운 것에 익숙한 느낌을 덧입히고 새로운 행동 유발 자극을 함께 활용하면 새로운 루틴으로 진입하는(그리고 나쁜 습관을 더 빨리 잊는) 문턱이 훨씬 낮아진다. 예를 들어, 조깅을 하려고 현관 앞에 꺼내놓은 운동화처럼 말이다. 운동을 하지 않으려면 일부러 그 신발을 치워야 하므로, 12월 31일 저녁에 막연히 '내년에는 더 자주 뛰고 걷고 산책하자'라고 마음만 먹는 것보다 훨씬 더 강력한 유발 자극이 된다.

보다 놀라운 사실은, 우리가 마음챙김 훈련이나 명상을 통해 실제로 습관을 바꾸기 위한 의지력을 강화할 수 있다는 점이다. 이러한 효과는 특정한 루틴을 바꾸는 상황에만 적용되지 않는다. 마음챙김과 명상은 뇌의 실행 기능을 담당하는 전두엽의 통제력을 강화하여 우리의 의지력을 키워주는 데 도움이 되기 때문이다.

의지력은 매일 반복되는 선택 속에서 점점 소진되며, 실제로 근육처럼 단련할 수도 소모될 수도 있다. 이 점은 누구나 경험을 통해 알고 있다. 하루가 끝나갈 무렵이면 고칼로리 야식의 유혹은 가장 강해지고, 그에 맞서 달리러 나가겠다는 의지는 가장 약해진다.

하지만 마음챙김(mindfulness)은 어떻게 훈련할 수 있을까? 그에 대한 좋은 연습 방법 하나를 소개하자면 다음과 같다. 먼저 눈을 감고 5분 동안 자신의 호흡을 관찰하되, 지금 이 순간에 집중하면서 정확하고 열린 마음으로 모든 것을 바라보는 것이다. 그 다음에는 눈을 뜨고 다시 5분 동안, 자신을 둘러싼 환경을 가능한 중립적으로 관찰한다. 보이는 대상을 성급하게 판단하지 않도록 주의한다. 생각이 다른 곳으로 새면 그때마다 이 연습으로 되돌린다. (참고: 5분간 의식적으로 호흡하기-138쪽)

▶저글링
테니스공(혹은 탁구공) 두 개가 필요하다. 테라스도 좋고, 공원 아니면 실내도 좋다. 평평한 바닥 위에 선다. 양손에 공을 하나씩 쥐고 공을 위로 던진 다음 팔을 교차하여 받는다. 오른손으로 던진 공은 왼손으로 받고, 왼손으로 던진 공은 오른손으로 받는다. 익숙해지기까지는 연습이 필요하다!

습관과 루틴을 더 빨리 바꾸는 네 가지 비결

- 우리는 오직 스스로 변화의 가능성을 믿을 때만 습관을 바꾼다. (여기서 중요한 것은 결정을 내리는 자율성이다.)

- 사회적 집단 안에서 다른 사람들과 함께할 때 루틴(그리고 중독 행동)을 바꾸기가 훨씬 쉽게 느껴진다. 우리가 새로운 맥락을 찾을 때, 즉 새로운 유발 자극을 활용할 때 성공 확률은 올라간다. 예를 들어, 컴퓨터 앞에 앉아 온라인 교육을 받는 것이 효과가 없거나 지루하게 느껴진다면, 학습 장소를 바꾸거나 컴퓨터 대신 책을 활용해보는 것이 좋다.

- 원하는 바를 세부 사항 하나하나까지 최대한 정확하게 상상하는 것도 도움이 된다. 머릿속으로 미래를 시뮬레이션해보라. 그 장면을 정확히 그려볼수록, 머릿속(그리고 실제로 발생할 수도 있는) 저항에도 불구하고 목표를 이루려는 동기가 커진다.

- 마음챙김을 훈련하라! 훈련은 반복이다. 습관은 인간의 사고 방식 가운데 가장 강하게 변화에 저항하는 것이며, 기존의 습관은 새로운 루틴으로 대체하는 것이 가장 효과적이다.

- 마무리: 습관의 진짜 힘은 '이해'에서 나온다. 우리의 습관은 우리가 그것을 어떻게 활용하고 어떻게 다루느냐에 따라 달라진다.

창의성 향상을 위해 정치와 사회가 할 일

창의성은 이미 오늘날 가장 중요한 직업적 역량 중 하나이며, 앞으로 그 중요성이 더욱 커질 것이다. 소프트웨어 기업인 어도비(Adobe)에서 실시한 연구에 따르면, 대졸 직원의 85%가 창의적 사고가 직장에서 문제를 해결하기 위한 결정적 역할을 한다고 응답했다. 비즈니스 네트워크 플랫폼인 링크드인(LinkedIn)의 데이터를 분석한 결과에 따르면, 창의성은 직업 역량 중 가장 많이 요구되는 능력 중 하나이며, 기업이 필요로 하는 소프트 스킬[18] 가운데에서도 최우선 순위에 올라 있다.

자동화로 인해 점점 더 많은 반복 업무가 기계로 대체되고 있는 가운데, 창의성, 유연성, 회복탄력성, 적응력과 같은 소프트 스킬을 갖춘 사람들이 앞으로 가장 좋은 기회를 누릴 가능성이 크다. 그렇다면 미래 세대가 이러한 역량을 갖추고 직업 세계에 진입할 수 있도록 하려면, 우리 사회와 정치는 지금 무엇을 준비해야 할까?

- **창의적 학교 교육을 위한 변론**

표준화된 시험에서부터 획일적인 교육과정에 이르기까지, 현행 학교 교육은 창의성이 자라날 여지를 거의 남기지 않는다. 대부분의 과제는 정해진 답을 찾는 데 초점이 맞춰져 있는데, 오히려 창의적 사고는 과제의 조건이 열려 있을 때에만 촉진된다. 그렇지 않다면, 학생들은 미래 직업 세계에서 요구될 역량을 제대로 준비하지 못한 채 사회에 나가게 될 것이다. 글로벌 시장에서 경쟁력을 갖추려면, 창의적 사고를 가능케 하는 환경적 조건들을 내면화해야 한다. 여기에 '달달 외우기'는 포함되지 않는다. 새로운 아이

---

18 Soft Skill, 자격증이나 시험으로 평가하기 힘들다고 생각되는 사람의 내면적 능력

디어를 만들어내는 능력은 다음 세대가 반드시 갖춰야 할 역량이며, 이는 특히 인공지능의 반복적 패턴과 구분된다는 점에서 더욱 중요하다. 이를 위해서는 스스로 질문을 던지고, 상식에 맞서 생각하며, 낯선 상황에서 새로운 방식으로 사고할 수 있어야 한다.

그렇다면 이러한 요구에 맞춰 교실 수업은 어떤 자극을 제공해야 할까? 창의성을 하나의 과목으로 추가하는 것은 결코 답이 아닙니다! 창의성은 행동 속에서 발휘되는 것이며, 이는 과목과 과제의 맥락 속에서 자라나는 것이지, 7시 45분부터 9시 15분까지 시간표에 따라 배울 수 있는 것이 아니다. 창의적 사고는 특정 영역에 관한 지식과 결합되어야 하며, 가능한 모든 교과에서 지속적으로 훈련되어야 한다.

우선 학교는 지금보다는 훨씬 더 적극적인 수단을 동원하여 창의성 교육을 우선순위에 놓아야 하며, 이는 교사 양성 과정에도 반영되어야 한다. 교사들은 수업 속에서 개방적이고 창의적인 사고를 촉진하는 과제를 더 많이 도입하도록 장려 받아야 한다. 교사가 그런 태도를 보여줄 때, 학생들은 모방을 통해 그것을 자연스럽게 수용하게 된다. 더욱이 창의성을 자극하는 열린 질문은 학생들의 학습 동기를 높이는 데에도 효과적이다. 학생들은 새로운 것을 탐구하고 서로에게서 배울 수 있는 자유를 갖게 되며, 이로 인해 학습 과정에 더 깊이 집중하여 배움에 필요한 능력을 더 열심히 익힐 동기를 얻는다. 또한 자율성이 강화되면, 그만큼 호기심도 더욱 쉽게 펼칠 수 있다.

예를 들어, 체조 영상을 틱톡(TikTok)에 올리는 것을 좋아하는 여학생은 자신의 기술을 완벽하게 표현하고 싶다는 동기에서 수많은 시간을 들여 매트 위에서 연습할 것이다. 학습 내용이 학생의 개인적인 관심사와 연결될 때, 새로운 것을 배울 동기는 더 강해진다. 그리고 자기 과제에 대해 자율성과 통제감을 느낄 때, 자기가 하는 일에 자신감을 갖게 된다.

학생들을 대상으로 고차원적인 인지 능력을 더 많이 펼칠 수 있다면 그것은 교사에게도 큰 동기부여가 될 것이다. 문제를 해결하고 비판적으로 사고하고 서로 다른 교과를 통합하여 가르치는 일은 학생은 물론 교사에게도 즐거움을 준다. 그리고 교사가 창의성 교육에 혁신적 기술을 접목시킬 수 있다면, 학습 효과는 한층 더 높아질 것이다. 창의적 과제는 학생들이 기존 지식과 새로운 정보를 연결할 수 있도록 돕는다. 그렇게 될 때, 학교는 진정 흥미로운 공간이 될 수 있을 것이다.

창의성은 또한 개인의 성장을 자극한다. 창의적 사고 과정에는 새로운 것을 시도하려는 마음가짐뿐 아니라, 실패하더라도 거기서 배우고 새로운 접근법을 고민하는 태도도 포함된다. 이러한 건설적 투쟁은 학생들의 회복탄력성을 키우고, 성공을 위해서는 난관을 극복해야만 한다는 사실과 그 방법을 배우도록 돕는다. 학생들에게는 최종 결과가 좋든 나쁘든 간에 새로운 무언가를 시도해 볼 기회가 필요하다. 창의적 사고를 자극하는 열린 과제는 새로운 것을 탐구하고 서로에게서 배우는 자유를 제공한다.

학생들은 스스로 도전에 맞서고 창의적인 아이디어를 실행에 옮겨보면서, 자신이 생각했던 것보다 훨씬 더 많은 가능성이 열려 있다는 사실을 깨닫게 된다. 그 과정에서 자기신뢰와 자존감이 자연스럽게 높아지고, 감정적으로 한층 더 성숙해져서 실패를 좌절이 아닌 도전으로 여기는 역동적인 자아상을 형성하게 된다.

첨언을 하자면, 학습적으로 어려움이 있다고 판단되었으나 교사가 창의적인 프로젝트를 부여하는 순간 인재로 판명된 학생의 사례가 교육학계에 보고되는 일이 드물지 않다. 학습에 별 흥미가 없어 보이는 학생에게 창의성을 마음껏 발휘해보게 하거나 개인적으로 관심을 둔 분야에서 주제를 정해 탐구해도 된다고 허락한다면 그들의 학습 태도와 성과는 뚜렷하게 달라질 수 있다. 무엇보다 시험을 잘 못 보거나 성적이 전반적으로 나쁜 학생들이 매우 창의적일 수 있다는 사실을 고려할 때, 우리가 할 일은 그저 그들 안에 있는 창의성을 깨우는 것뿐이다.

▶나의 가계도
당신의 가족관계를 연표나 가지치기처럼 전통적인 방식이 아닌, 다른 방식으로 표현해본다면 어떨까? 가능성은 무궁무진하다.
어떤 아이디어가 떠오르는가? 예를 들어, 조상들의 이름을 작은 카드에 적어 친족 관계에 따라 정리한 다음 마당에 있는 나무에 실제로 걸어보면 어떨까?

- **부모가 줄 수 있는 창의적 자극**

이 장과 앞선 장에서 언급된 여러 가지 조언은 가정에서 아이를 기를 때에도 적용 가능하다. 아니, 좀 더 분명히 하자. 창의성은 수업으로 가르칠 수도 없고 '기를' 수도 없다. 하지만 누구나 어린이나 청소년과의 관계 속에서 창의성을 자극하는 데 유익한 환경을 조성하고, 무엇보다 그에 필요한 태도와 조건을 모범적으로 보여줄 수는 있다. 새로움을 향한 열린 태도와 섬세한 관찰력은 창조의 중요한 전제 조건이다. 부모나 양육자가 낯선 이웃, 새로운 기능이 추가된 휴대폰 어플리케이션, 일상에서 벗어난 새로운 경험에 어떻게 반응하고, 때론 가족 모두가 일상의 루틴을 어떻게 깨뜨리는지를 아이들은 곁에서 보고 배운다. 그 과정에서 실수하거나 실패하는 모습을 보여주는 것 또한 중요하다. 그 일환으로, 가족이 함께 내년에는 지금까지 한 번도 하지 않았던 일 12가지를 꼽아 해보자고 결심하는 건 어떨까? 단, 여기서 중요한 것은 자녀들에게도 독립적이고 자율적으로 자신만의 경험을 만들 수 있는 기회를 주는 것이다. 신선하고 낯선 아이디어를 끝까지 밀고 나가려면 강한 자의식과 뚝심이 필요하다. 또한 좌절과 실패의 경험, 그리고 틀어진 일에 애를 써본 기억이 있어야 한다. 그런 점에서 회복탄력성은 창의적 사고를 하는 데 없어선 안 될 중요한 요소라 할 수 있다.

어린이에게는 역동적인 자아상 즉, 변화를 받아들이고 실패로부터 배우며 새로운 것을 시도하는 마음가짐이 필요하다. 부모로서 그 가치를 가장 잘 전달하는 방법은, 스스로 그런 가치를 중요하게 여기고 있다는 사실을 행동으로 보여주는 것이다. 휴대전화에서 눈을 떼어 아이를 바라보고, 주말이나 휴가 때는 아이가 자신의 프로젝트라고 인정할 만한 활동을 함께 하는 것으로, 일정이 빡빡하게 짜인 교육용 여행으로 며칠을 채우는 것은 여기에 해당하지 않는다. 아이의 창의성 발달에는 부모의 양육 태도 또한 중요한 역할을 미친다. 이때 아이에게 가장 도움이 되는 것은 '권위 있는 양육 방식'[19]이다. 이 방식은 부모가 아이에게 많은 것을 요구하면서도 동시에 안정감과 자신감, 신뢰감과 실망스러운 상황에서 기댈 수 있는 정서적 안식처를 함께 제공하는 것을 의미한다. 이런 양육 환경은 새로운 아이디어가 잘 작동하지 않을 경우에도 실패를 딛고 일어날 수 있는 회복탄력성을 높여줄 뿐 아니라 아이 스스로 새로운 아이디어를 떠올릴 수 있는 자율성을 키워준다. 그런 아이디어는 부모로부터 시간과 공간, 여유를 허락받은 아이에게서만 자라나기 때문이다.

실제로 어린아이의 창의성은 일상생활에서 어떤 물건을 아이에게 건네주고 그것으로 실험을 해보게 하는 것처럼 아주 구체적인 행위를 통해 자극할 수 있다. 주방용품은 타악기로 변신할 수 있고, 사과 칩이나 사탕을 직접 만들어보는 과정에서 식료품으로 화학 실험을 할 수도 있다. 손수 비트를 기르는 작은 텃밭은 무궁무진한 가능성의 터전이다. 사실 이런 활동은 새로울 게 하나도 없다. 우리 부모들이 이미 우리에게 권했던 일들이다. 하지만 미

---

19 authoritative Parents. 미국의 심리학자 다이애네 바움린트(Diana Baumrind)가 4가지로 분류한 부모의 양육 태도 중 하나로 따뜻함과 적절한 통제가 결합된 형태를 의미한다.

디어 소비가 늘어나고 디지털 세계에 머물러 있는 시간이 많아지면서 점점 자유로운 놀이 시간은 줄어들고 이렇게 간단하지만 의미 있는 활동들은 사라질 위기에 놓이고 말았다.

늘 기억에 두고 곱씹어야 할 사항을 요약하자면 다음과 같다. 자녀의 창의성을 위해 중요한 것은...

- 사고의 자유
- 종종 지루한 시간
- 모든 일에 간섭하지 않기
- 과보호 줄이기
- 불안 없이 키우기
- 용기를 북돋아 주기
- 다양한 교육과 탐구 자극(143페이지 참고)

새로운 실패 문화의 필요성

하물며 레오나르도 다빈치도 하늘에서 떨어질 수 있다! 즉, 그도 실수할 수 있었다는 뜻이다. 레오나르도 다빈치(1452-1519)는, 아인슈타인과 함께, 오늘날까지도 창의성을 대표하는 인물로 여겨진다. 그러나 그는 또한 창의적인 천재라고 해서 만사에 성공하는 건 아니라는 사실을 보여주는 훌륭한 사례이기도 하다. 오히려 그는 그 반대에 가깝다. 대부분 위대한 발명가들은 동시에 위대한 실패자이기도 하며, 그들은 수많은 새로운 아이디어를 떠올렸으며 그중 많은 것들은 결코 작동하지 않았다는 공통점을 갖고 있다. 다빈치는 끊임없이 기술을 개발했다. 그가 스푸마토[20] 기법으로 그린 <모나리자>의 미소는 그 의미를 둘러싼 다양한 해석으로 감탄을 자아내고, <최후의 만찬>에서는 일반적으로 쓰이지 않던 유화 물감을 벽화에 적용하는 새로운 시도를 했다. 또한 그는 재능 많은 공학자였고, 도량 건축가이자 기계 설계자였으며 전쟁용 기계와 새로운 이동 수단을 발명하기도 했다. 심지어 그는 비밀리에 시신을 부검하는 새로운 방법까지 개발하여 액체로 채워진 뇌실의 해부도를 실물에 가깝게 그려낸 최초의 인물이다.

하지만 그는 아이디어의 실패도 기꺼이 받아들였다. 오늘날 미술 전문가들이 애석해하는 것 중 하나는, 그가 <최후의 만찬>을 그리기 위해 개발한 회반죽이다. 그 회반죽은 그림을 그리는 데 아주 좋았고, 엄청난 광택과 놀라운 색채 선명도를 가능케 했으나, 불행히도 내구성이 매우 낮았다. 덧붙여, 그가 평생 가장 많은 시간을 들인 주제는 비행이다. 남몰래 써내려간 스케치북 속에는 새들이 어떻게 나는지를 이해하고, 인간도 하늘을 날 수 있게 하려는 수많은 아이디어가 담겨 있다. 그러나 이 목표는 끝내 성공하지 못했다. 그는 생애 마지막까지도 결정적인 돌파구를 찾지 못했고, 자신은 물론 실험 대상자의 생명까지 위험에 처하게 만든 적도 있다. 그럼에도 불구하고 결코 도달하지 못한 목표를 향해 가는 동안 그는 놀라운 발명품을 수도 없이 남겼고 그중 하나가 헬리콥터다. 이 이야기가 우리에게 시사하는 바는 무엇일까?

---

20 Sfumato. 윤곽선을 연기처럼 부드럽게 흐리는 회화 기법

우리는 그의 사례를 통해, 성공을 위해서는 행운뿐 아니라 끈기와 '빈틈을 감수할 용기'도 필요하다는 사실을 알 수 있다. 스탠포드 대학의 심리학자 캐롤 드웨크(Carol Dweck)가 연구한 바에 따르면, 타고난 재능만을 신뢰하고 늘 잘하는 것만을 하는 사람, 즉 고정된 자아상을 가진 사람들은 일이 잘 굴러가지 않으면 쉽게 포기하고 실수에 대한 두려움을 크게 느끼는 경향이 있다. 그들은 실패할지도 모른다는 두려움에 도전을 받아들이지 않는다.

반면, 역동적 자아상을 가진 사람들은 '연습이 대가를 만든다'라는 믿음을 갖고 있다. 이런 사람들은 지속적으로 성장하려는 의지를 가지고 목표를 이루기 위해 고군분투하며 실패를 두려워하지 않는다. 그들은 실패로부터 배울 수 있고 도전을 통해 역량이 강해진다는 사실을 알기 때문이다.

그 결과, 기꺼이 배우려는 자세와 자신만의 새로운 아이디어를 떠올리는 용기는 더욱 큰 보상으로 돌아온다. 반대로 기존의 지식만 칭찬받는 환경에서 실패는 곧 좌절이다. 하지만 뇌의 관점에서 실패는 새로운 지식을 구축하는 핵심적 요소다. 왜냐하면 우리 뇌는 도파민을 통해 작동하는 기대 체계를 갖고 있는데, 실패를 통해서만 그 체계가 점점 더 정교하게 조율되기 때문이다. 따라서 실패에 대한 두려움은 학습 기능을 저해한다.

우리는 열린 해결책을 추구하는 문화를 조성해야 한다. 더불어 우리 아이들은 물론 회사의 인사 책임자들에게도 실패는 창의성의 핵심 요소임을 분명히 인식시켜야 한다. 무엇보다 우리 스스로가 실패와 함께 놀 수 있는 태도를 가져야 한다.

노벨 화학상 수상자인 닐스 보어(Nils Bohr, 1885-1962)는 이를 다음과 같이 요약했다. "한 분야에서 생각할 수 있는 모든 실수를 다 저질러본 사람이 진정한 전문가다." 생물학자이자 심리학자인 바스 카스트(Bas Kast)는 <그리고 갑자기 클릭이 되었다. 창의성의 수작업>[21]이란 책에 이렇게 썼다. "천재성 혹은 재능이 누군가에게 있거나 없거나 하는 선천적 특성이라고 여기는 그 생각 자체가, 우리 안에 있는 가능성이 발휘되는 것을 치명적으로 가로막는다. 물론 누가 어떤 재능을 더 타고났는지는 사람마다 다르다는 것에는 의심의 여지가 없다. 그러나 또한 연습을 통해 우리가 스스로에게 재능을 부여할 수 있는 것 또한 사실이다."

우리가 해결이 어렵다고 느껴지는 문제를 붙들고 늘어질 수 있으려면 먼저 실패의 감정을 다루는 법을 배워야 한다. 사람들은 자주 대부분의 창의적 사고과정이 실패에서 시작한다는 사실을 잊어버리곤 한다. 물론 어려운 문제를 자발적으로 끈질기게 해결하려 노력한

▶아주 저렴한 선물
A4 크기의 종이 한 장으로 작은 깜짝 선물을 만들어 보라. 아마 당장 떠오르는 아이디어는 작은 배, 종이비행기, 봉투 정도일 것이다. 그러나 좀 더 곰곰이 생각해보면 다른 아이디어가 떠오르지 않을까? 유튜브에서 종이접기 영상을 검색하는 것은 훈련에 아무런 도움이 되지 않는다.

---

21 Und plötzlich es macht Klick. Handwerk der Kreativität. 국내에는 <조금 다르게 생각했을 뿐인데>라는 제목으로 출간됨.

다고 해서 꼭 성공하리란 보장은 없다. 그러나 그런 태도는 성공을 위해 가장 중요한 전제 조건이다. 그런 점에서 우리는 위험을 감수하고 실패의 가능성을 견디는 법을 배워야 한다. 창의적인 사람들은 실망과 실패를 잘 견딘다. 그들은 좌절 인내력이 뛰어나다. 예를 들어, 윌리엄 셰익스피어(William Shakespeare)는 총 37개의 희곡을 썼지만 그 중에 진정한 걸작으로 평가받는 작품은 <햄릿>, <맥베스>, <리어왕> 정도다. 또 다른 예로, 발명가 토머스 알바 에디슨(Thomas Alva Edison)은 무려 1039개의 특허를 등록했으나 그를 전 세계적으로 유명하게 만든 것은 그중 10개도 채 되지 않는다. 베토벤의 경우도 마찬가지다. 그는 9개의 교향곡을 작곡했지만, 걸작으로 손꼽히는 것은 홀수 번호 작품들뿐이다. 이 모든 사실이 말하는 바는 한 가지다. 탁월한 아이디어 몇 가지를 얻으려면 그보다 훨씬 많은 수의 아이디어가 반드시 필요하다.

- **연구 현장의 사례**

이 사실은 연구 현장에서 나온 사례를 통해서도 증명되었다. 메사추세스공과대학(MIT)의 저명한 경제학자 피에르 아주레이(Pierre Azoulay) 교수와, 그에 못지않게 유명한 캘리포니아대학교 샌디에이고 캠퍼스(UCSD)의 조슈아 그래프 지빈(Joshua Graff Zivin) 교수가 몇 년 전에 흥미로운 연구를 하나 내놓았다. 그들이 던진 질문은 다음과 같았다.

- 양적으로나 질적으로 더 우수한 결과를 이끌어내는 연구 지원 방식은 무엇인가?

그들은 미국의 주요 연구지원 기관 둘을 비교했다. 하나는 국립보건원(NIH)으로 대단히 보수적이며 극도로 신중하게 운영되는 공공기관으로, 전 세계에서 가장 규모가 큰 공공 연구 자금 운용 기관이다. NIH는 짧은 주기로 성과를 평가하고 실패 위험을 최소화하려 애쓴다. 비교 대상으로 선정된 다른 기관은 하워드 휴스 의학 연구소(HHMI)로 전 세계에서 가장 큰 민간 연구재단이다. 이곳은 개별 프로젝트 보다는 연구자 개인에게 투자하고, 연구 성과는 무려 12년이라는 장기적 주기로 평가된다. 무엇보다 HHMI는 혁신적이기에 실패 위험이 큰 프로젝트를 제안하는 지원자들에게 기꺼이 자금을 배정한다.

그 결과는 연구계 밖에서도 주목할 만큼 흥미로운 내용이었다. HHMI가 지원한 프로젝트는 NIH 지원 프로젝트보다 월등히 많은 논문과 특허를 배출했으며, 논문이 전반적으로 인용된 빈도 또한 훨씬 높았다. 특히 HHMI 지원 대상자들이 전문서나 백과사전의 항목에 이름을 올리는 경우가 더 많았으며, 수상 횟수 또한 여섯 배나 많았다. 하지만 여기서 중요한 점은, HHMI의 지원금을 받은 프로젝트와 출판물 중 35%는 아무런 주목을 받지 못했다는 사실이다. 물론, NIH 지원을 받은 출판물 가운데 그런 경우는 훨씬 더 적었다. 이 연구를 수행한 아줄레와 그라프 지빈은 다음과 같은 결론에 도달했다. HHMI가 더 성공적일 수 있었던 비결은, 그들이 지원한 인력이 더 우수하거나 프로젝트당 지원금이 더 많아서가 아니라 과학자들이 더 많은 위험을 감수하며 연구할 수 있었고 (그것이 바로 지원 취지였다), 더 많은 신뢰를 받으며 (장기간 통제를 받지 않았다) 연구를 수행할 수 있었기 때문이다. 나아가 이 결과는, 창의성은 무엇보다 양의 문제이며 질은 그 다음에 따라온다는 사실을 보여준다.

> **열린 마음과 긍정적 관점을 훈련하라**
>
> - 눈 앞의 문제보다는 해결 가능성에 더 주목하라. 지금 당장은 최적의 해결책이 보이지 않더라도, 항상 다른 대안이 존재한다는 사실을 믿어야 한다.
> - 무엇보다 당신의 능력과 강점을 신뢰하라. 당신에게는 어떤 강점이 있는가? 지금 떠오르는 것을 다섯 개 이상 적어보라.
> - 긍정적인 것에 더 집중하라. 하루를 마무리하기 전, 잠시 시간을 내어 그 날 있었던 다섯 가지 긍정적인 순간을 기록해보라. 기분 좋은 사건이나 칭찬을 받은 일이나 그저 감사한 일도 좋다. 때로는 아주 작은 제스처, 이를테면 누군가의 미소나 다정한 말 한 마디일 수도 있다.
> - 실패에 좌절하지 말고 그것도 계획의 일부로 여겨라. 처음에 잘 되지 않던 일도 다음 번에는 나아질 수 있다. 실패를 계기로 다음에는 무엇을 더 잘 하거나 다르게 할 수 있을지를 고민해보라. "오늘이 당신의 친구가 아니었다면, 그는 분명 당신의 스승이었을 것이다."라는 말을 가슴에 새기자.

주의: 창의성은 기존 질서를 흔든다

창의성은 오늘날 삶에 필수적인 요소로 칭송받고, 즐거움과 발전, 미래지향적 혁신을 가능하게 하는 일종의 생명수처럼 여겨진다. 누가 창의적이고 싶지 않겠으며, 어느 기업이 창의적인 직원을 채용하고 싶지 않겠는가? 하지만 암묵적 편향에 관한 심리학적 연구는, 사람들이 겉으로 창의성에 대해 말하는 바가 우리 내면의, 특히 무의식적 태도와는 반드시 일치하지 않음을 보여준다. 최근 심리학 및 사회과학 분야의 연구에 따르면, 우리는 실제로 창의성과 창조성에 대해 일종의 반감을 가지고 있는 경향이 있다. 대부분 무의식적으로 우리는 창의성을 비판적으로 바라보거나 때로는 불편하게 느낀다. 그리고 최근 수행된 한 연구는, 이러한 무의식적 편향이 우리로 하여금 혁신적인 프로젝트를 망설이게 하거나 창의적인 인재 채용을 주저하게 만들 수 있다는 사실을 보여주었다.

잭 곤칼로(Jack Goncalo)와 그의 미국 연구팀의 연구에 따르면, 많은 사람들이 창의성이라는 개념을 구토나 독 같은 부정적인 이미지와 연관짓는 경향이 있었다. 또한 연구진은 사람들이 창의성에 대해 갖는 무의식적인 태도를 분석했고, 그 결과 혁신이 불확실성을 강화할 수 있기 때문에 종종 창의성을 회피하고 싶은 자극으로 받아들이기도 한다는 사실이 드러났다. 연구팀은 실험대상자들을 두 그룹으로 나누었다. 한 그룹에게는 실험 종료 후 일부 참가자들에게 보너스를 제공하겠지만, 누가 받을 것인지는 성과가 아니라 무작위 추첨으로 선정된다고 알렸다. 이 발표는 당연히 참가자들 사이에 불확실성을 유발했다. 반면, 통제 집단에게는 보너스에 대한 언급을 하지 않았고 당연히 불안도 생기지 않았다. 이후 연구자들은 두 그룹 모두에게 창의성에 대한 인식을 평가할 수 있는 일련의 과제를 제시했다. 측정은 두 가지 방식으로 이뤄졌다. 하나는 참가자들의 명시적 태도였고, 다른 하나는 무의식적 정서 반응이었다. 즉, 그들이 창의성에 대해 말한 바는 실제 느낀 감정과 일치했을까?

이런 유형의 연구는 '암묵적 편향'으로 알려진 현상과 관련이 있다. 전반적으로는 사람들이 특정 편견을 가지고 있는지를 연구하는 데 활용된다.

실험 참가자들의 명시적 태도를 알아보기 위해 연구자들은 '새롭다', '창의적이다', '독창적이다'와 같은 표현들에 대해 자신의 감정을 평가하는 설문지를 작성하도록 했다. 그 결과, 참가자들은 이러한 표현들과 관련된 긍정적인 연상을 드러냈다.

참가자들의 숨겨진 감정을 파악하기 위해 연구자들은 이른바 '암묵적 연상 테스트'라 불리는 똑똑한 컴퓨터 프로그램을 활용했다. 이 테스트는 화면에 한 쌍의 아이디어를 제시하고 이에 대해 실험 참가자가 얼마나 빠르게 반응하는지 측정하는 방식이다.

과제 수행 중 참가자들에게는 창의성을 암시하는 단어들과 그 반의어(예: '실용적인', '유용한'), 그리고 긍정적인 연상을 불러일으키는 단어들('햇빛', '미소', '하늘', '평화') 또는 부정적인 연상을 유도하는 단어들('독', '고통', '지옥', '구토')이 짝을 이루어 제시되었다. 그 결과에서 연구자들은 유의미한 차이를 발견했다. 두 집단 모두 '실용적인'과 '유용한'이라는 단어와 관련해서는 긍정적인 연상을 보였다. 하지만 보너스를 받을 수 있을지 알 수 없어 불안감을 느꼈던 집단은 창의성을 나타내는 단어에 대해 더 많은 부정적 연상을 드러냈다.

사람들이 창의성에 관해 이러한 암묵적 편향을 갖게 된 이유는 새로운 창조물이 본질적으로 기존 질서를 흔들 수 있다는 점에서 찾을 수 있다. 창의성은 대게 바람직한 결과를 보장하지 않는 변화를 의미한다.

우리는 기본적으로 현 상태가 안전하다고 믿으며, 하물며 창의성을 원한다고 주장하는 기업의 경영진들조차도 새로운 아이디어에 대해서는 반사적으로 거부 반응을 보일 때가 많다. 경영진은 "우리는 혁신적이다."라고 말하지만 직원들이 새로운 아이디어를 제안하면 일단은 거부하고 본다. 특히 직업적으로 현상유지에 많은 것을 투자하는 사람일수록 변화를 곧 불확실성과 연결 지으려는 충동이 강하고 그로 인해 두려움을 느낀다.

중간 계급 관리자 입장에서는 새로운 아이디어를 내서 얻을 이득이 거의 없다. 그들의 주요 목표는 기존의 과제가 정한 숫자를 충족시키는 것이다.

이 점은 연구자들에게 또 다른 수수께끼를 던진다. 불안정한 상황에 처한 사람일수록 창의적인 해결책이 절실할 수 있음에도 정작 그런 해결책을 받아들이는 데 더 큰 어려움을 겪기 때문이다. 이와 관련해 이 연구 결과는 깊은 아이러니를 내포하고 있다. 기존 연구들은 불확실성이 창의적 사고를 촉진한다고 밝혀왔지만, 최근의 연구들은 불확실성이 오히려 우리가 창의성을 인식하는 능력을 방해할 수 있다는 것을 보여준다. 우리가 창의성을 가장 필요로 하는 순간에 오히려 그것을 배제하는 것이다. 즉, 보상이 따르는 위험은 우리의 창의적 사고를 자극하지만, 막연한 불확실성은 오히려 창의성을 위축시키는 것이다.

그리고 창의성에 관한 이러한 편향은 고용주가 직원을 선발하는 데에도 영향을 미친다. 한 심리학 실험에서 연구자들은 참가자들을 두 그룹으로 나누고, 가상의 입사 지원자 '마이클'에 대한 설명글을 읽도록 했다. 마이클은 매우 혁신적이고 기업가 정신이 뛰어난 인물로 묘사되었다. 단, 한 그룹에게는 그가 새로운 운동화를 개발하는 데 창의적 감각과 능력을 발휘했다고 설명했고, 다른 그룹에게는 그가 새로운 성인용품을 발명했다고 설명했다. 제품의 용도가 다를 뿐, 마이클의 창의성에 관한 설명은 완전히 동일했다. 이후 참가자들은 "마이클은 얼마나 창의적인가?", "그는 전통적인 사고방식과 혁신적인 사고방식 중 어디에 더 가까운가?"와 같은 질문에 답했다. 그 결과, 마이클이 운동화와 관련해 창의력을 발휘했다고 읽은 그룹이, 성인용품을 발명했다고 읽은 그룹보다 그를 훨씬 더 창의적인 인물로 평가했다.

그런 다음 연구자들은 이전 연구에서와 마찬가지로, 암묵적 편향을 측정하는 실험을 진행했다. 이는 두 집단의 참가자들이 마이클에 대해 말로 표현한 평가와 그들의 생각이 일치하는지를 확인하기 위한 것이었다. 그 결과, 무의식적 수준에서는 두 그룹이 모두 마이클을 동일한 정도로 창의적인 인물로 인식하고 있었다.

연구자들은 이러한 결과를, 사회적 낙인이 창의성에 대한 인식을 흐리게 한다는 징후로 해석한다. 신발 발명가는 명백히 창의적인 인물로 간주되지만 성인용품 발명가는 그렇지 않다는 결과는, 우리의 인식이 실제로는 공정하지 않다는 인상을 준다. 궁극적으로 연구진은 이것이 우리 사회에서 누가 창의적인 인물로 칭송받는가, 그리고 누구의 작업이 시대적 낙인 탓에 창의적인 기여로 인정받지 못하는가를 여실히 드러내는 사례라고 보았다. 연구에서 그 대표적 사례로 든 인물은 매춘부와 약물중독자를 주로 그렸던 19세기 후반의 화가 앙리 드 툴루즈 로트렉(Henri de Toulouse-Lautrec)이다. 그는 프랑스 파리 캬바레 계에서는 매우 인기가 있었지만, 대중적으로는 사후에야 비로소 인정을 받았다.

▶나만의 만트라

아마 당신에게도 이런 경험이 있을 것이다. 우연히 마주친 한 문장, 한 단어, 한 이미지가 계기가 되어 수많은 생각과 아이디어가 꼬리를 물며 떠오르고 그 여운이 오래도록 머릿속을 맴도는 순간 말이다. 마음을 동하게 하는 강렬한 한 마디, 감동적인 사진 한 장, 가슴 떨리는 노래 가사 한 줄.

영감을 발견하면 꼭 메모로 남겨두라. 혹은 휴대전화에 따로 저장 폴더를 만들어 두는 것도 좋다!

질문: AI는 창의적일 수 있을까?

컴퓨터 프로그램이 창의적일 수 있다는 생각은 많은 사람들에게 일종의 모순처럼 들린다. 기계나 알고리즘의 본질은 결국 '기계적'인 것이고, 이는 창의성과는 정반대되는 개념이기 때문이다. 흔히들 컴퓨터는 인간이 프로그램을 입력한 대로만 실행할 수 있다고 말한다. 그렇기 때문에 창의성이 새로운 무언가를 스스로 만들어내는 것을 의미한다고 정의할 때 컴퓨터는 창의적일 수 없다고 생각한다.

하지만 바둑을 학습한 컴퓨터 프로그램 '알파고(AlphaGo)'가 2016년 유명한 바둑 경기에서 프로그래머조차 예측하지 못한 수를 둔 이후부터는 이러한 이해방식이 더 이상 유효하지 않게 되었다. 심지어 같은 해에 알파고는 한국 출신의 세계적인 프로 기사를 물리치기도 했다. 1990년만 해도 바둑 프로그램들은 제법 잘 하는 초보자 수준에 불과했으나 몇십 년 만에 엄청난 발전을 이루었다.

렘브란트의 그림이나 바흐의 음악 작품을 모방하도록 만들어진 AI 알고리즘 또한 프로그래머조차 예측하지 못한 그림과 음악을 만들어냈으며 어떤 작품에서는 진정성까지 느껴졌다. 컴퓨터 프로그램도 원칙적으로는 창의적일 수 있다는 얘기다.

음악 제작에서도 비슷한 사례들이 있다. 이 분야에서 컴퓨터는 적어도 기분 좋은 음악을 만들어내는 수준에 도달했다. 이런 식으로 음악을 제작하는 컴퓨터 프로그램 중 가장 유명한 것은 작곡가 데이비드 코프(David Cope)가 개발한 '음악 지능 실험(Experiments in Musical Intelligence, EMI)'다. 이 AI 프로그램은 다양한 클래식 작곡가의 스타일로 음악을 생성하도록 개발되었다. 그 결과물 중 일부는 전문 음악가들조차 실제 작곡가가 쓴 것이라고 착각할 정도로 정교했다. 그렇다면 EMI는 창의적일까? 꼭 그렇지만은 않다. EMI에 의해 생산된 음악 작품들은 코프의 음악학적 지식에 기반하고 있었고, 그의 음악적 아이디어가 프로그램 속에 녹아 있었기 때문이다. 무엇보다 이 알고리즘은 자기가 생성한 음악을 음악적 개념 면에서나, 그 정서적 영향 면에서 전혀 이해하지 못했다. 따라서 이 프로그램은 자신의 음악적 성과를 평가할 수 없었고, 어떤 곡을 발표할지 말지를 결정하는 것은 코프의 몫이었다. 결국 음악 분야에서도 마찬가지로, 창의성은 좋은 음악이 무엇인지를 이해하고 컴퓨터의 결과물을 평가할 수 있는 인간과의 협업을 통해서만 실현될 수 있다.

창의성은 인간을 다른 종과 구별 짓는 가장 본질적인 특성 가운데 하나다. 그것은 이성적 사고 능력과 더불어 우리가 가장 자랑스럽게 여기는 우리의 능력이기도 하다. 그러나 인간을 인간답게 만드는 것은 단지 창의적 사고 과

▶멋지게 실패하기
지난달에 내가 저지른 가장 큰 실수는 무엇인가? 철저하게 실패했거나 완전히 헛다리 짚은 순간은 언제인가? 그 실패를 기쁘게 받아들이고, 거기서 무엇을 배웠는지 되짚어보라.

정 그 자체만은 아니다. 그 결과를 이해하고, 그것이 무엇을 움직이는지를 인식하며, 그 가치를 알아보는 능력 또한 창의성의 일부다. 이러한 통찰력은 관객 뿐 아니라 창의적인 과학자나 작가, 예술가에게도 필요하다. 이러한 능력이 결여된다면, 그 어떤 작품도 진정으로 '창의적'이라 평가받을 수 없다. 따라서 자신이 만들어낸 것을 이해하고, 그것의 참신함과 독창성을 인식하며, 그것을 스스로 평가할 수 있는 능력도 창의성이다. 그런 의미에서, 2024년을 기준으로 했을때, 창의적이라 부를 수 있는 컴퓨터는 존재하지 않는다.

"컴퓨터가 창의적일 수 있는가?"라는 질문에 짧게 답하자면, 원칙적으로는 그럴 가능성이 있다. 그러나 그렇게 빨리 일어날 일은 아니다.

'창의적인 사회'가 된다는 것?

실패를 좌절이 아닌 도전으로 받아들이는 문화에서는, 개인이 다가오는 사회 변화에 훨씬 더 쉽게 대응할 수 있다. 세계는 변화하고 있으며, 세계화와 디지털 연결망, 인공지능 기술 발전으로 인해 그 속도는 점점 더 빨라지고 있다. 실패를 두려워하지 않고 새로운 상황에 맞서는 법을 익힌 사람, 창의적 기법을 통해 자신의 잠재력과 아이디어를 발전시킬 줄 아는 사람, 낯선 질문을 던지고 낯선 해법을 시도하는 데 익숙한 사람은 그 변화에 더 효과적으로, 그리고 불안 없이 적응할 수 있다. 그리고 그런 사람일수록 미래를 더 능숙하게 다룰 가능성이 높고, 정신적으로도 더 안정적일 것이다.

이를 위해 무엇보다 필요한 것은, 사람들이 획일성을 추구하도록 강요받지 않고, 다양성을 단지 참고 견디는 것이 아니라 풍요로움으로 받아들이는 사회다. 그러기 위해서는 다채로운 의견과 세계 인식의 팔레트를 허용하고 감당할 수 있어야 하며, 누구도 새로운 언어 규칙을 섣불리 강요해서는 안 된다. 편견 없는 토론 문화를 실제로 기대할 수 있을 때, 생각의 다양성이 쉽게 싹틀 수 있다.

특히 우리가 세상을 낙관적으로 바라보려 애쓸 때, 좋은 아이디어를 더 많이 떠올릴 수 있다는 사실은 연구를 통해 입증되었다. 낙관주의자는 비관주의자보다 더 많은 아이디어를 떠올리며, 변화의 가능성을 믿는다.

어쩌면 이것이야말로 우리 사회가 늘 기억해야 할 무언가일지도 모른다. 우리는 장래에 무엇이 해결 가능하고, 무엇이 불가능한지를 단정할 수 없다. 하지만 연구 결과는 우리가 변화와 해결 가능성을 믿을 때 실제로 답을 발견하게 된다는 사실을 말해준다.

<창의성 훈련>

- 생각을 둘러싼 생각들

생각은 단순히 사실을 아는 것 이상이다! 듀덴(Duden) 사전에 따르면, 생각이란 인식하고 판단하는 인간의 능력을 활용하는 일, 이해력을 작동시키는 것, 그리고 무언가를 염두에 두고 이리저리 따져보는 행위라고 한다. 그렇다면 '비틀어 생각한다는 것'은 무슨 뜻일까? '모퉁이를 돌아 생각하기'나 '생각이 제자리를 맴도는' 경우는 또 어떨까? 혹시 사고의 방향과 관련해 떠오르는 표현이 더 있는가? 아니면 당신은 어떻게 생각하는가? 냉철하게, 소리 내어, 분명하게, 세계적으로, 자유롭게, 실용적으로?

생각에 대해 생각하는 것은, 바로 생각하는 신체 기관을 통해 할 수 있는 가장 흥미로운 활동 중 하나다. 당신은 뇌로 아픈 무릎을 걱정할 수는 있어도, 무릎으로 아픈 머리를 생각할 수는 없다!

그러니 이참에 생각에 대한 마인드맵을 그려보는 건 어떨까? 아니면 그저 떠오르는 표현을 나열해보는 것도 좋다. 사고방식, 사고패턴, 생각의 벽, 생각의 굴레, 사유의 그물망, 되씹다, 곱씹다, 다시 생각하다...

각각의 단어들은 서로 조금씩 다른 함의를 담고 있다. 하지만 이 모든 단어들에 공통된 메시지가 있다면 그것은 바로 생각은 즐겁다는 것이다!

카이로스를 기다리며

토마스 물트하웁(Thomas Multhaup)은 한때 가톨릭 사제였으나 교회 사역에서 물러난 뒤로는 주로 결혼식 주례자, 장례식 집전자, 신앙과 무관한 영적 상담가로 일하고 있다. 2020년부터는 '독일 장례 집전자 협회(BATF e.V; www.trauerfeiern.net)'의 초대 회장직을 맡고 있다.

장례 집전은 고도로 창의적인 행위다. 누군가 세상을 떠났을 때, 어떤 이유에서든 유족이 종교인의 집례를 원하지 않는다면, 직업 장례 집전자가 그 역할을 맡는다. 이때는 종교적 예식에서처럼 전례나 기도가 중심이 되는 것이 아니라 고인의 생애, 삶의 이야기, 그리고 그를 유일무이한 존재로 만든 요소들이 장례식의 중심이 된다. 이 점이 기독교식 장례와 가장 크게 다른 점이다.

추도사를 준비하기 위해 나는 유족이나 지인들과 사전 면담을 하며 '브리핑'을 받는다. 이때부터 이미 창의성이 필요하다. 중요한 것은 단순히 형식적인 연표를 받아 적는 것이 아니라, 필수적인 정보 너머로 그 사람의 생애를 이룬 중요한 사건들, 성격들, 그리고 그 사람만의 고유한 특징을 알아가는 일이기 때문이다. 이 작업에서 공감 능력 또한 없어선 안 될 자질이다. 대화를 하다 보면 어떤 사실은 의도적으로 누락되거나 혹은 마치 '연막을 치듯' 모호하게 이야기되는 경우가 많다. 많은 사람들의 일대기에 실패, 상처, 수치심과 연관된 주제들이 존재한다. 이런 지점에 이르렀을 때, 나는 존중과 공감을 다하여, 그러나 설득력 있게, 추도의 목적은 '이상화'가 아니라 '진솔한 기억'에 있다는 사실을 설명한다.

이 과정에는 엄청난 창의성이 필요하다. 그리고 바로 그런 순간에 나는 종종 유족에게 꺼림칙한 주제일지라도 진정성 있는 방식으로 추도사에 담길 수 있으니 그런 얘길 해보는 건 어떨지 제안한다.

추도사에 관한 나의 신조는, 꼭 말로 표현하지 않아도 모든 것을 말할 수 있다는 것이다. 바울 사도의 말을 빌리자면, 모든 말은 사랑 안에서 '전해져야' 한다.

개인적으로는 교회에서의 경험이 장례 집전자로서 활동하는 데 큰 도움이 된다. 나는 신학을 전공했고, 한때 교회에서 영적 돌봄을 담당했던 사람으로서 말과 의례의 차이를 안다. 그러므로 추도사는 장례식의 일부가 되어야 한다. 비종교적 장례식에서도 마찬가지다. 물론 성공적인 추도사가 훌륭한 이별을 보장하는 것은 아니다.

나는 사전면담과 장례식 사이에 늘 며칠의 여유를 두고자 노력한다. 빠듯한 시간 안에 창의성을 발휘하는 건 내 방식이 아니기 때문이다.

나는 내가 하는 일을 때때로 드립커피 내리는 일에 비유하곤 한다. 사전면담에서 유족들이 드리퍼에 물을 부으면, 다음 며칠간은 시간을 들여 고민하며 서서히 올바른 단어들로 무르익길 기다린다. 그렇게 고르고 고른 단어들은 장례식 당일에 사람들에게 위로가 되고, 이별의 슬픔을 지탱해준다.

하지만 '올바른 단어들'이란 무엇일까?

미사여구가 지나치고 감정 과잉에 현실감 없는 표현은, 누구도 듣고 싶어 하지 않는다. 삶에 가까운 말, 따뜻한 말, 존중을 담은 말이 중요하다.

내가 말하는 창의성이란, 고인의 삶과 고인이 살아온 방식에 어울리는 표현을 찾는 일이다. 유족에게 위로가 되면서도, 묵은 상처를 들추지 않고 따뜻한 추억을 불러일으킬 수 있는 말이 필요하다. 이런 말들을 이야기의 적절한 자리에 배치하기 위해서는, 단순한 섬세함만으로는 부족하다.

예나 지금이나 나에게 독서는 이 일을 해내는 데 큰 버팀목이자 없어선 안 될 기반이다. 때로는 글의 내용보다도, 작가가 어떤 방식으로 사안을 풀어내는지, 어떻게 하면 독자가 마치 이야기 혹은 설명의 일부가 된 듯한 인상을 받는지를 배우는 게 더 중요하다. 창의력이 마비되고 도움이 필요할 때는, 우리 팀이나 협회 동료들과 경험을 나누는 일이 큰 힘이 되기도 한다.

그리고 나만의 방식으로 보자면 창의성의 일부는 바로 '카이로스(Kairos)', 즉 결정적 순간을 기다리는 데 있다. 대부분 무슨 말을 할지는 금세 감이 온다. 하지만 그 말을 어떻게 표현할지는 언제나 곧바로 떠오르지는 않는다. 그럴 때 조바심을 내지 않고, 유의어 사전 같은 기술적 도구의 도움을 받아 빠르게 마무리 지으려 하지 않는 법을 나는 배워야 했다. 그리고 그 기다림은 늘 보람이 있었다. 지금까지는 언제나 시간이 흐르면 내 느낌에 꼭 맞는, 수사적으로도 고인에게도 적절한 표현이 떠올랐다.

하지만 추도사를 낭독하는 순간까지 창의성의 역할을 얕보아선 안 된다. 장례식의 상황이 필요로 한다면, 즉석에서 표현을 바꾸거나 써 놓은 원고에서 벗어나야 하는 경우도 있기 때문이다. 그러나 이런 일은 정말로 자신 있는 사람만이 확실하게 할 수 있다. 그 몇 초 동안 떠오른 즉흥적인 표현은 더 이상 숙고하거나 검토할 시간이 없다.

매일같이 슬픔에 잠긴 사람들과 마주하는 이는, 자기 자신을 돌보고 그 감정을 다루는 과정에서도 창의성이 필요하다. 속된 말로, 매번 함께 죽을 수도 없고, 늘 슬퍼할 수도 없지 않은가.

그래도 나는 언제나 그들의 슬픔과 함께 한다. 이 일을 단지 습관처럼, 피상적으로 한다면 한 사람을 위한 진실한 추도사는 사실상 죽게 되는 셈이다. 이렇게 매번 장례식을 마무리 한 다음에는, 스스로도 그 일을 정리할 수 있는 창의적인 방식이 반드시 필요한데, 나는 주로 몸을 움직이거나 음악의 힘을 빌린다. 때론 휴대폰 게임 한 판이면 생각을 다시 정돈하는 데 충분하다.

부록
연습문제

1. 다음 사각형으로 무엇을 만들 수 있을까? 연필 한 자루만 있으면 할 수 있는 연습이다. 그럼 시작해 보자!

2.

3. 나의 스케치

4. 다음 삼각형으로는 무엇을 만들 수 있을까? 연필 한 자루만 있으면 할 수 있는 연습이다. 자, 그럼 시작해 보자!

5.

조각 케이크, 삼각자, 텐트, 냅킨, 가랜더, 트라이앵글, 정삼각형 삼각자, 소나무, 다락방, 요트, 깃발, 교회 탑, 파르마산 치즈, 깔때기, 별, 피라미드 혹은 지붕, 비키니 팬츠 혹은 팬티, 다락 창문, 샴페인 잔, 화살 혹은 측량용 화살, 케이크 주걱, 표지판, 우산 혹은 양산

6. 3분 연습의 예

군중	속도 늦추기	보라색	지속가능한
-집단 -사람들 -쇄도 -다수 -밀집 -집회 -혼잡 -무리 -떼 -청중 -운집한 무리 -부대 -패거리 -대중 -무더기 -북적북적 -우글우글	-느린 -느긋한 -늦추다 -게으름 -짬 -감속 -슬로우 푸드 -만끽 -의미 있는 -소중한 -분주하지 않은 -편안한 -침착한 -차근차근 -항상 차례차례	-라일락 색 -제비꽃 -라벤더 -빛의 스펙트럼 상 파랑과 빨강 사이 -자주색 -파랑+빨강 -대담한 선택 -밀카(Milka) 초콜릿 광고에 등장하는 보라색 소 -자수정 -파란 수국 -가톨릭 주교의 색 -여성의 힘 -영성 -여성 해방 -인상주의 화가들	-근본적인 -의미 있는 -오래 지속되는 -효과가 뚜렷한 -미래 지향적인 -지속적인 -유력한 -급격한 -강조하여 -효과적으로 -효력이 있는 -단호한 -구체적인 영향을 끼치는 -심각한 -깊이 파고드는 -파급력이 큰 -선도적인 -영구적인 -중요한 -주목할 만한 -자연친화적인 -녹색의 -생태학적인

7. TAQ 기법

주제 (Theme)	• 핵심 단어는 무엇인가? • 핵심 주장은 무엇인가? • 왜 이 주제가 중요한가?
연상 (Association)	• 나는 이 주제와 관련해 무엇을 경험하고, 듣거나 읽었는가? • 내가 이 주제에 관해 모르는 것은 무엇인가? • 이 주제는 감정적으로 와 닿는가? • 이 주제와 관련된 고정관념이 있는가? • 내 이웃들은 이것에 관해 뭐라고 말할까? • 나는 이 주제를 내 어머니에게 어떻게 설명할 수 있을까?
질문 (Question)	• 어디서? • 어떻게? • 무엇을? • 왜? • 누가? • 언제?

8. TAQ 기법 활용 예시

우리 가정은 좀 더 지속가능해져야 한다.

주제 **(Theme)**	**핵심 단어는 무엇인가?** 더 지속가능하게 살기 **핵심 주장은 무엇인가?** 지속가능한 삶은 의미 있고, 돈을 아낄 수 있으며, 삶의 만족도를 높여준다. **왜 이 주제가 중요한가?** 이 주제는 사회적으로 중요하다. 나는 거기에 기여하고 싶다
연상 **(Association)**	**나는 이 주제와 관련해 무엇을 경험하고, 듣거나 읽었는가?** 누구나 할 수 있다. 정보를 얻고, 방식을 바꾸고, 사소한 것까지 신경을 써야만 한다. 주의: 모든 정보가 정확하지는 않다. **내가 이 주제에 관해 모르는 것은 무엇인가?** 얼마나 많은 시간을 투자해야 할까? 결국에는 돈이 더 많이 드는 건 아닐까? 관련한 정보를 다 어디에서 얻을 수 있을까? **이 주제는 감정적으로 와 닿는가?** 그렇다. 그래서 나는 이 프로젝트에 많은 에너지를 쏟고 있으며 진심으로 이 일을 내 사명으로 여기고 있다. **이 주제와 관련된 고정관념이 있는가?** 지속가능성은 재미가 없고 번거롭다. **내 이웃들은 이것에 관해 뭐라고 말할까?** 저 사람도 트렌드에 편승하는군! **나는 이 주제를 내 어머니에게 어떻게 설명할 수 있을까?** 더 지속가능한 삶은 미래를 위한 내 의무예요. 결국은 우리를 더 행복하게 해줄 거예요.

질문 (Question)	**어디서?** 일단은 집 안의 일상적인 것들부터 시작한다. 그다음 주거, 교통, 여행... **어떻게?** 서랍을 모두 확인하여 중복되거나 오랫동안 사용하지 않은 물건들을 정리한다. 방을 하나씩 점검하여 앞으로 우리가 주의해야 할 것들이 무엇인지 확인한다. 우리가 포기한 것과 바꾸고 싶은 것들을 목록으로 만든다. **무엇을?** 식료품 점검, 철저한 재고 계획, 육류 소비 줄이기, 욕실과 주방 용품을 플라스틱 없는 포장으로 구입하기, 비누, 샴푸, 로션, 세제 등을 직접 만들기, 미세플라스틱 제로, 채소 직접 재배 **왜?** 의미 있는 일을 함께 하는 것이므로, 또한 그 과정에서 가족이 좀 더 끈끈하게 묶일 수 있기 때문에 **누가?** 가족 모두가 함께 한다. 지루하지 않도록 매달 임무를 바꿔가는 프로젝트다. 철저한 분리수거를 실천한 후, 가족은 세부적인 계획을 세워 다음과 같은 임무를 수행한다: 먼저 한 명이 각 제품에서 지속가능성이 어떤 의미인지를 조사하고, 지속가능성과 관련된 지역 활동 단체에 가입한다. 다른 한 명은 물, 전기, 생활용품 등에서 절약할 수 있는 항목을 점검한다. 다른 한 명은 구매, 물품 준비, 수리 등을 담당한다(바로 새 물건을 사지 않는다!). 마지막 한 명은 텃밭에서 채소와 과일을 재배할 계획을 세우고 가족의 식생활을 주로 책임진다. **언제?** 다음 달 1일, 가족 구성원 각자가 자신의 아이디어를 발표하는 것으로 시작한다.

9. 결혼식에 관한 마인드맵

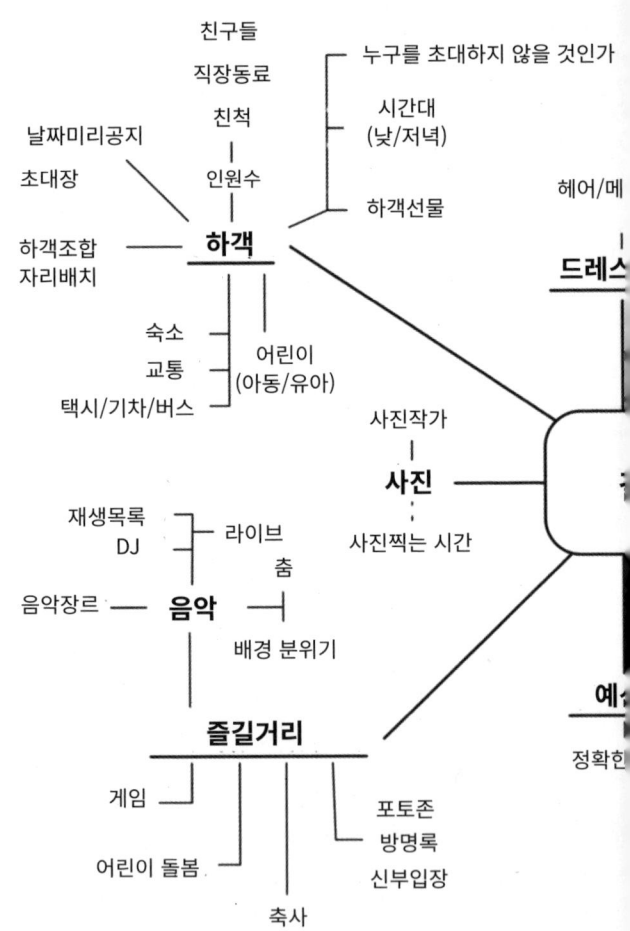

자유식 결혼식 이후 피로연

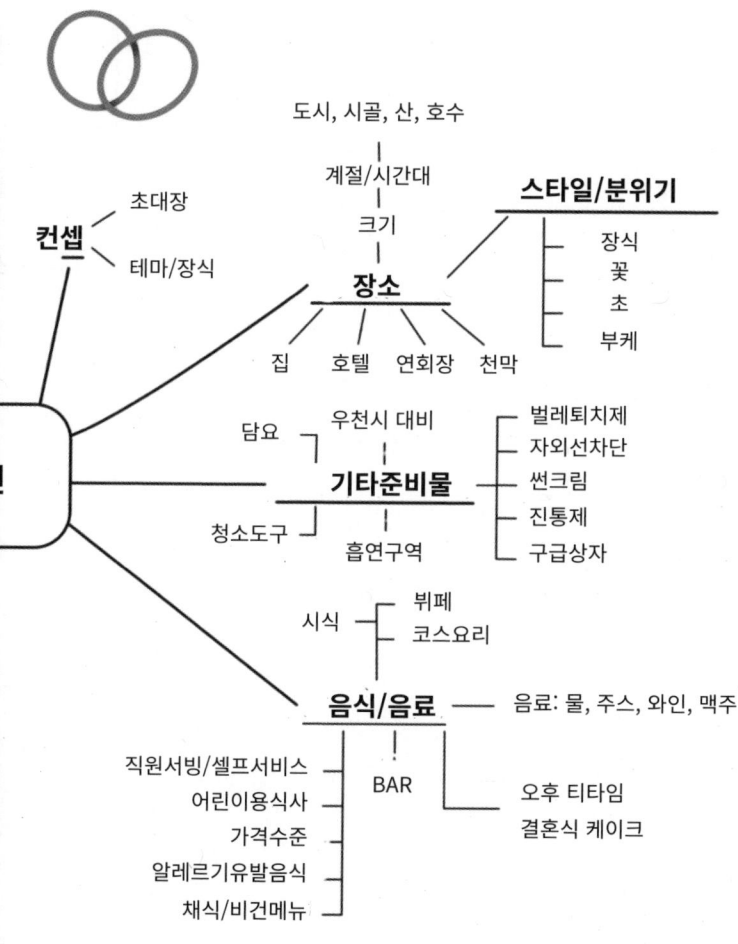

10. 이미지 브레인스토밍

질문 설정

대체 세계 / 대체 인물	현실 주제에 적용

11. 이미지 브레인스토밍

질문: IT 부서 팀워크 강화 방안

정글 / 축구팀	현실 주제에 적용
선수들이 서로 알아보지 못함 - 나무가 울창하고 바닥이 어두움 ● 알록달록한 옷이 도움이 됨	채소밭에서 일할 때 입을 알록달록한 티셔츠를 팀마다 다른 색깔로 마련한다.
넓은 운동장이 없음 - 새로운 경기 규칙이 필요함 ● 여러 개의 작은 팀이 나무 사이에서 경기. 헤딩을 많이 하고 바닥 접촉은 줄임	소그룹으로 나누어 각기 다른 밭과 다른 작물을 맡아 관리한다.
원시림은 어두우므로 빛이 거의 없음 ● 조명이 필요	IT 직원들은 온종일 자연광을 쐬지 못하고 컴퓨터 앞에만 앉아있으므로 햇빛과 신선한 공기를 마시며 야외활동을 하는 것은 긍정적인 변화다.
먹을 것이 거의 없고 과일만 있음 ● 경기를 뛰지 않는 사람들은 다른 선수들을 위해 과일을 채집	IT 부서의 작은 팀으로 나누어 회사 옥상 정원이나 임대 텃밭에서 공동으로 채소를 키운다.
물이 충분치 않음 ● 경기를 뛰지 않는 사람들은 큰 나뭇잎으로 빗물을 모음	텃밭에서 쓸 용도로 자연물을 모티브로 디자인 한 물병을 지급한다.
피할 오두막이 없음 ● 큰 나뭇잎과 가지로 피난처 짓기	여름이 끝날 무렵, 모든 팀이 함께 회사 식당에서 자신들이 수확한 채소로 맛있는 요리를 만든다.
정글의 소음으로 선수들 목소리가 들리지 않음 ● 선수들에게 각자 다른 소리를 내는 호루라기를 지급	채소밭에서 일할 때 들을 수 있도록 회사 측에서 스피커와 온라인 음악 구독 서비스를 제공한다.
코치가 없음 ● 선수들이 한 명씩 돌아가며 코치 역할을 맡음	텃밭에서는 전문가가 파종과 모종 심기, 수확을 도와주고, 나중에는 요리사가 요리 준비를 돕는다.

12. 플립플롭 기법

질문 설정

FLOP - 문제가 커지는 요인?	FLIP - 그것을 막을 대책?

13. 플립플롭 기법

질문: 요리 잡지 판매량을 올릴 방법은 무엇인가?

FLOP 문제가 커지는 요인? 아무도 그 잡지를 사려 하지 않는다.	FLIP - 그것을 막을 대책? 그 잡지를 더 매력적으로 만드는법
판형이 너무 작아서 글씨를 알아보기 힘들다.	잘 읽히는 글씨체, 판형이 너무 작지 않게, 정보는 한눈에 보기 쉽게 정리
요리 사진이 흑백이고 흐릿하다.	요리 사진은 색채가 선명하게, 깊은 피사계 심도로 범위를 분명하게 촬영
잡지의 냄새가 좋지 않다.	레몬이나 허브 향을 잡지에 입힌다.
레시피가 전부 비슷비슷하다.	채식요리나 비건식, 간편식이나 손이 많이 가는 요리 등 다양한 레시피를 담는다.
재료가 모두 비싸고 시중에서 구하기 어렵다.	재료는 일반 가게에서 쉽게 구할 수 있어야 하며, 특수한 상점에서만 구할 수 있는 이국적인 재료는 아주 가끔씩만 활용한다.
잡지가 가게에서 잘 보이지 않고, 가판대 제일 밑 칸에 숨겨져 있다.	단독 가판대를 설치하거나 계산대 옆에 잡지를 두면 제일 눈에 띈다. 경품 추첨을 통해 화제를 집중시키는 것도 좋다.
판형이 너무 커서 주방 조리대와 맞지 않는다.	한손에 들어가는 판형, 한 장에 레시피 하나씩
종이가 너무 얇다.	요리 잡지는 여러 번 펼쳐보게 되고, 오래 보관하고 자주 사용하기 때문에 더 두꺼운 종이로 제작할 필요가 있다.
잡지에 얼룩이 있다.	요리할 때 레시피를 펼쳐서 가스레인지 옆에 두면 음식이 튈 수 있으므로 코팅 처리된 종이가 필요하다.

부록 14: 오스본 체크리스트

다른 활용	
조정	
변화	
확대	
축소	
대체	
교체	
반전	
결합	
변환	

부록 15: 오스본 체크리스트
예: XY 마을의 부활절 행사. 웹사이트에 게시할 활동 주제

다른 활용
한 가족이 '부활절 어린 양 모양 쿠키 굽기' 동영상을 찍는다.

초콜릿 공장에서 대형 토끼모양 초콜릿을 기증받는다. 토요일에서 부활절 당일로 넘어가는 자정, 즉 고난일이 끝나는 동시에 모든 관광객들이 초콜릿 토끼를 갈라서 나눠먹을 수 있다.

조정
XY 마을 아마추어 연극단의 부활절 공연 입장권은 퍼즐 조각처럼 생긴 작은 나무 조각이다. 공연이 끝나면 관객들이 모두 모여 그 퍼즐조각을 맞추어 하나의 그림을 완성할 수 있다. 그 그림은 XY 마을의 부활절 모닥불 모습을 담고 있다.

변화
삶은 달걀의 독특한 냄새는 어떻게 생기는 것일까? XY 마을 고등학교 학생들이 화학 수업 시간에 이를 설명하는 전시를 준비했다.

부활절 방학 중에도 학교에 다니는 자녀가 있는 가정을 위한 과외 수업.

확대

세계에서 가장 큰 달걀의 무게는? 다양한 색깔의 커다란 달걀을 낳는 아주 특별한 양계 농장을 방문.

전 세계에는 어떤 부활절 풍습이 있을까? 관광객들은 인터렉티브 세계지도를 통해 그 정보를 확인할 수 있다.

사람은 하루에 달걀을 몇 개까지 먹어도 될까? 지역 전문대학의 영양학자와 가정의학과 의사가 달걀에 함유된 콜레스테롤, 레시틴, 비타민 A, D, E, 다양한 비타민 B, 아연, 철, 셀레늄 등에 대해 설명해준다. 매주 토요일 열리는 주말 장터에서.

축소

세계에서 가장 작은 토끼는 어디에 살고 있을까? XY 마을 토끼들에 관한 강연을 마을 회관에서 개최. 강연자는 수석 산림관리관 마이어 씨. 귀가 아래로 늘어진 토끼가 야생에서 살아남기 어려운 이유에 대한 설명도 함께.

대체

부활절을 물속에서 축하한다면? 흥미로운 아이디어를 수집한다. XY 지역의 관광명소인 '푸른 연못'을 방문하여 그 생성에 관한 이야기를 듣는다. 연못에는 잉어가 많으므로 무료 낚시도 가능하다.

유기농 부활절 달걀을 채색하는 염료는 어디에서 올까? XY 지역 식물학자가 관광객들과 함께 자연에서 염색에 활용할 수 있는 식물을 직접 찾아보고 천연 염료를 만들어보는 시간을 가진다.

전환
달걀이 말하는 부활절에 관한 심경! XY 마을에서 가장 유명한 작가가 이번 부활절 특별 이벤트를 위해 단편소설을 썼다. 그는 달걀의 시점에서 이야기를 구성했다. 이 소설은 웹사이트에서 온라인으로 볼 수 있으며, 작가의 친필 사인이 들어간 인쇄본 1천부가 특별히 XY 마을에서 추첨으로 배부된다.

비건은 부활절을 어떻게 보낼까?

고난주간 금욕을 대안적으로 보내기: 디지털 디톡스-휴대폰과 컴퓨터 없이 지내기. 지역 내 호텔 세 곳에서 와이파이 없는 휴가를 제공한다.

반전
부활절을 기념하지 않는다면 XY 마을에서 무엇을 할 수 있을까?

XY 마을에서 '부활절 거부자'를 찾아 그 초상화를 그린다.

결합

소설 '한 달걀이 말하다'는 열린 결말로 모든 독자들이 온라인에서 이야기를 이어쓸 수 있다.

변형

부활절 모닥불 그리기- 미술 교실
부활절 모닥불을 위한 음악 작곡
지역 방송국은 재미있는 부활절 몸 개그 영상을 모아 방영

16. 635 기법

6명의 참가자가 5분마다 아이디어를 3개씩 내어 30분 동안 총 108개의 아이디어를 모은다.

다음 표를 6부씩 복사한 다음, 각 참가자가 한 장씩 갖는다. 5분마다 옆자리 참가자에게 종이를 넘겨가며 6장의 모든 칸을 채운다.

17. 635 기법

예: 스트레스 없는 크리스마스 연휴를 맞이하고자 한다면 어떻게 해야 할까?

여행을 떠난다.	아무도 초대하지 않는다.	아무 초대에도 응하지 않는다.
모두에게 몸이 아프거나 감기에 걸렸다고 말한다.	요리를 하거나 쿠키를 굽지 않는다. 이브 밤에는 피자를 배달시킨다.	캐롤을 듣지 않기 위해 시내로 나가지 않는다.
이브 밤에 친구들과 카드 게임 약속을 잡는다.	책 5권을 사거나 다운로드하여 한 주에 다 읽는다.	종교적인 이유로 크리스마스를 기념하지 않는 곳으로 여행을 떠난다.
한 주동안 무료 급식소에서 봉사를 한다.	선물을 사지 않는다.	모든 가족 친지들에게 올해는 아무도 찾아오지 않길 바란다고 알린다. 대신 10월에 미리 다정한 카드를 보낸다.
크리스마스 카드를 쓰지 않는다.	직접 쓴 것이 아니라, 글귀가 박혀 있는 온라인 카드를 이메일로 보낸다.	크리스마스 장식을 하지 않는다. TV에서 방영하는 특선 영화를 보지 않으려고 스트리밍 채널만 시청한다.
일주일 간 야자수를 배경으로 온라인 요가 수련을 한다.	혼잡을 피해 한적한 시골집에 사는 다른 가족과 집 바꾸어 살기를 한다.	새해맞이 대청소 대신 크리스마스맞이 대청소를 한다.

굿 아이디어!

초판 1쇄 발행 2025년 9월 30일

지은이	마틴 코르테, 개비 미케타
옮긴이	이지윤
펴낸이	김하은
펴낸곳	청담출판사
팩스	+82 02-6442-0616
이메일	contact@cdpublishing.kr
출판등록	2023. 11. 28 제 2023-000360호
ISBN	979-11-988866-5-1 03190

©Cheongdam Publishing, 2025, Printed in Seoul, Korea
저작권법에 의해 보호를 받는 저작물로 무단전재와 무단복제를 금합니다.
잘못된 책은 구입한 곳에서 바꾸어 드립니다.